LA PRATIQUE COURANTE DE L'ITALIEN

LES LANGUES MODERNES

Découvrir l'italien

Collection dirigée par Christian Bec

LA PRATIQUE COURANTE DE L'ITALIEN

Sandro Baffi

Maître de conférences à l'Université de Paris-Sorbonne

Enregistrement sur cassettes

Le Livre de Poche

Sommaire

Alphabet Phonétique International (API)
Liste des symboles et équivalents en français :

Les voyelles :

[i]	v**i**no, **i**dea	[ɔ]	r**o**sa, **o**cchio (b**o**tte)
[e]	st**e**lla, **e**d**e**ra, (v**é**rit**é**)	[o]	mim**o** (be**au**)
[ɛ]	**e**poca, ecc**e**tto, (apr**è**s)	[u]	**u**tile, z**u**cca, (t**ou**t)
[a]	mamm**a**		

Les consonnes :

[p]	**p**adre	[f]	a**f**a, **f**aro
[b]	**b**am**b**ino	[v]	**v**ero, bra**v**o
[t]	**t**u**tt**o	[l]	**l**etto, a**l**a
[d]	**d**a**d**o	[ʎ]	**gl**i
[k]	**c**ane, **ch**ilo	[r]	**r**ete, a**r**co
[g]	**g**ola, **gh**iro, (**g**aze)	[m]	**m**a**mm**a
[s]	**s**ano (**s**ol)	[n]	**n**o, fuma**n**te
[z]	**s**vago, e**s**ame (**z**èbre)	[ɲ]	**gn**omo, (monta**gn**e)
[ʃ]	**sc**ena (**ch**at)	[j]	bu**i**o, p**i**ù (p**i**ed)
[tʃ]	pa**c**e, lan**c**iare	[w]	**u**omo, g**u**erra (**ou**i)
[dʒ]	**g**iro, **g**ioco		

AVANT-PROPOS

La Pratique courante de l'italien s'adresse à tous ceux – étudiants ou non – qui, ayant déjà commencé l'apprentissage de la langue italienne ou en possédant des notions, souhaitent améliorer leurs connaissances et acquérir une meilleure pratique de la langue parlée.

Cette méthode suppose donc acquises les règles essentielles de la grammaire et de la syntaxe. Elle permettra à son utilisateur de progresser dans la compréhension et dans l'expression de la langue telle qu'elle est parlée aujourd'hui en Italie.

Structure et contenu

L'ouvrage comprend 30 unités. Chacune d'elles comporte :

- un texte,
- sa traduction,
- une fiche de vocabulaire,
- une fiche de grammaire,
- une fiche linguistique.

1. Les *textes* sont des dialogues qui reproduisent des situations concrètes de la vie courante et tiennent compte de la diversité des niveaux de langue.

2. Les *traductions* permettent de vérifier que le dialogue a été compris.

3. À la rubrique « Vocabulaire et expressions », le lecteur trouvera une explication simple de mots ou de locutions dont le sens n'apparaît pas immédiatement, et aussi mention d'expressions idiomatiques.

4. La rubrique « Grammaire » reprend et analyse les principales difficultés apparues dans le dialogue. Ces explications sont suivies d'exercices d'application (transformation, traduction).

5. La rubrique « Prononciation/Intonation/Structure » est destinée à faciliter une expression correcte, compréhensible et naturelle. Pratiquer une langue signifie, en effet, être capable de comprendre et de communiquer un message, mais aussi de percevoir les changements d'intonation, les moments d'émotion ou d'emphase, et d'être en mesure de les communiquer soi-même.

6. Dans la rubrique « Communication », le lecteur trouvera des éléments qui lui permettront de faire face à des situations de la vie courante (formules de salutation, présentation d'une lettre, etc.).

La Pratique courante de l'italien est accompagnée de deux cassettes qui reprennent les dialogues de chaque unité. Pour tirer pleinement profit de cette méthode, leur utilisation est vivement conseillée.

En fin de volume, le lecteur pourra consulter un *Mémento grammatical* qui rappelle les règles essentielles et la morphologie verbale. Il trouvera également les corrigés de tous les exercices.

Mode d'emploi

Il est souhaitable de suivre la progression proposée par les dialogues. Toutefois, c'est au lecteur d'apprécier s'il doit s'apesantir sur telle ou telle leçon.

Pour chaque unité nous suggérons de procéder ainsi :
– écouter attentivement le dialogue enregistré, le livre étant fermé. Si tout n'a pas été compris, procéder à une deuxième écoute ;
– répondre aux questions de compréhension posées

dans l'enregistrement ; on les trouvera également p. 227 du livre ;

– écouter le dialogue en suivant le texte sur le livre, mais sans regarder la traduction ;

– comparer le texte et sa traduction ;

– lire les fiches de vocabulaire et de grammaire ;

– faire les exercices et vérifier les réponses en se reportant au corrigé ;

– faire les exercices proposés à la rubrique « Prononciation/Intonation ». Si cela est possible, enregistrer les réponses et les comparer avec celles qui sont proposées dans la cassette.

L'italien aujourd'hui

Si vous êtes déjà allé en Italie, vous avez pu remarquer qu'il existe de fortes différences régionales dans la prononciation, l'intonation, le vocabulaire et certaines structures de la langue. Cela est dû au fait que l'unité politique de l'Italie est relativement récente (fin du XIXe siècle) et que son unité linguistique est encore plus récente.

L'italien existe comme langue littéraire depuis le XIIIe siècle : il s'est constitué à partir du dialecte toscan et plus particulièrement de la langue parlée à Florence. Dans le reste de l'Italie, chaque région (Piémont, Émilie, Ombrie, Abruzzes, Sicile...) avait son propre dialecte.

Depuis le début du siècle, l'unification linguistique s'est faite grâce à l'école, aux migrations internes, à l'urbanisation et, récemment, aux médias.

Elle est pratiquement achevée, mais des particularités subsistent.

L'italien utilisé dans **La Pratique courante** est l'italien « standard », celui qui permet aux Italiens de communiquer entre eux. Cette langue commune est cependant caractérisée, selon l'origine sociale ou géographique du locuteur, par des régionalismes dans la prononciation, le vocabulaire ou la syntaxe. Nous serons donc amenés à signaler ces particularités.

LA PRATIQUE COURANTE DE L'ITALIEN

1. STASERA USCIAMO

Due ragazzi, Vittorio e Gianni, vanno a prendere le amiche per uscire insieme.

L. = Laura — **C.** = Cecilia — **V.** = Vittorio — **G.** = Gianni

V. Salve ragazze, siete pronte?

L. Ciao Vittorio. Siamo quasi pronte. Ma non c'è Gianni?

G. Eccomi. Ma come, noi abbiamo fatto in fretta e furia per non essere in ritardo, e voi ve la prendete comoda[1].

L. Che esagerato! Siamo pronte fra un attimo[2]. Oggi c'era un traffico incredibile. Cecilia è tornata a casa tardi. Poi ha voluto fare la doccia e così è ancora di là che si sta preparando. Dove andiamo stasera?

V. Pensavamo di mangiare un tramezzino[3] o una pizza, poi andare a fare quattro salti in discoteca. Che ve ne pare?

L. Per me va bene. Bisognerà però che non torniamo tanto tardi. Domattina devo partire più presto del solito e non voglio fare le ore piccole[4]. L'ultima volta ci avete riportato a casa alle due di notte! E poi ho paura che Cecilia sia stanca.

C. Io stanca? Neanche per sogno[5]! Quando si tratta di andare a ballare sono sempre pronta.

V. Guardala qui! Ma che bel vestito! Come sei elegante!

L. Hai sentito Cecilia? I ragazzi ci portano a ballare.

V. Sì, lo stavo dicendo a Laura. C'è un locale nuovo che ha appena aperto e sembra che sia simpatico. E poi è vicino, è appena fuori città, così non torniamo tardi.

C. Meglio. Hanno parlato di nebbia per stanotte[6] e domattina. A proposito, chi guida stasera?

V. Guido io. Se non vi dispiace andiamo con la mia macchina, anche se non è bella spaziosa. Ma era ancora fuori, mentre quella di Gianni era già nel box.

G. Ma come la fate lunga! Possiamo discutere in macchina. Se continuate a chiacchierare, va a finire che non partiamo più.

C. Hai ragione Gianni. E' tutta colpa mia! Ma adesso veniamo. Laura, non stare a cercare, prendo io le chiavi di casa.

V. Non prendertela, Gianni, tanto io e te non abbiamo fretta.

G. Lo so, ma è sempre così con le ragazze.

1. CE SOIR, ON SORT

Deux amis, Jean et Victor, vont chercher leurs amies pour sortir ensemble.

L. = Laure — C. = Cécile — V. = Victor — J. = Jean

V. Salut, les filles, vous êtes prêtes ?
L. Salut, Victor. Nous sommes presque prêtes. Mais Jean n'est pas là ?
J. Me voici. Mais comment, nous nous sommes dépêchés pour ne pas arriver en retard, et vous, vous prenez tout votre temps.
L. Tu exagères ! Nous sommes prêtes dans un instant. Aujourd'hui il y avait une circulation incroyable. Cécile est rentrée tard à la maison. Ensuite elle a voulu prendre une douche et c'est pour ça qu'elle est encore à côté en train de se préparer. Où est-ce qu'on va ce soir ?
V. On pensait aller manger un sandwich ou une pizza et puis aller danser un peu. Qu'est-ce que vous en dites ?
L. Pour moi c'est d'accord. Mais il ne faudra pas rentrer trop tard. Demain matin je dois partir plus tôt que d'habitude et je ne veux pas rentrer au milieu de la nuit. La dernière fois, vous nous avez ramenées à la maison à deux heures du matin ! Et j'ai peur aussi que Cécile ne soit fatiguée.
C. Moi, fatiguée ? Pas le moins du monde ! Lorsqu'il s'agit d'aller danser, je suis toujours prête.
V. Regarde-la ! Quelle jolie robe ! Comme tu es élégante !
L. Tu as entendu, Cécile ? Les garçons nous emmènent danser.
V. Oui, j'étais en train de le dire à Laura. Il y a une nouvelle boîte qui vient d'ouvrir, il paraît que c'est sympa. Et c'est tout près, à la sortie de la ville, comme ça on ne rentrera pas trop tard.
L. Ça vaut mieux. On a encore parlé de brouillard pour cette nuit et demain matin. Au fait, qui conduit ce soir ?
V. Moi. Si vous voulez bien, on y va avec ma voiture, même si elle n'est pas très spacieuse. Mais elle était encore dehors alors que celle de Jean était déjà dans le garage.
J. Mais vous n'en finissez plus ! On peut bavarder dans la voiture. Si vous continuez à discuter, on ne partira plus.
C. Tu as raison, Jean. C'est entièrement de ma faute, mais maintenant on arrive. Laure, ne cherche pas, c'est moi qui prends les clés de la maison.
V. Ne t'en fais pas, Jean, de toute façon, toi et moi on a tout notre temps.
J. Je sais, mais c'est toujours pareil avec les filles.

1*a*. VOCABULAIRE ET EXPRESSIONS

1. **ve la prendete comoda :** *vous prenez tout votre temps.* Dans de nombreuses expressions, l'italien utilise le pronom **la** dans le sens indéterminé de **la cosa, la faccenda**. Quelques exemples avec **prendere** :

Non devi prendertela. *Tu ne dois pas t'en faire.*
Se l'è presa male. *Il l'a mal pris.*
Se la prende sempre con me. *Il s'en prend toujours à moi.*
Cf. aussi plus bas : **farla lunga** : *traîner en longueur.*
Sicché, per non farla lunga, gli ho detto di no.
Alors, en deux mots, je lui ai dit que non.

2. **un attimo :** *un instant.* On emploie aussi le diminutif **attimino** : *un petit instant.*

In questo lavoro non bisogna avere un attimo di disattenzione. *Dans ce travail, il ne faut pas avoir une seconde d'inattention.*

Un attimo, per favore! *Une seconde, s'il vous plaît!*

La langue orale utilise aussi, de façon impropre, **attimo** et **attimino** dans le sens de *un peu, un petit peu.*

Fatti un attimino più in là! *Pousse-toi un petit peu plus loin!*

3. **un tramezzino :** c'est un sandwich fait avec du pain de mie, généralement de forme triangulaire. Ce mot avait été proposé pour remplacer l'anglicisme **sandwich**. Le mot anglais n'a pas disparu, mais est concurrencé par **panino imbottito** ou, plus simplement, **panino**.

4. **le ore piccole :** *après minuit.* Ce sont les heures après minuit, qui ont justement un chiffre « petit ». Le dialogue en donne un exemple dans la phrase suivante : **le due di notte**. Remarquez l'expression temporelle différente : c'est encore la nuit en italien, mais c'est déjà le matin en français.

5. **Neanche per sogno!** Expression hyperbolique qui indique la négation absolue; mot à mot : *même pas en rêve,* donc *pas du tout, jamais de la vie, pas le moins du monde...* Comme en français, les rêves sont associés à de nombreuses expressions de sens figuré. Rappelons seulement :

Sogni d'oro! *Fais de beaux rêves!*

6. **stanotte** mis pour **questa notte**. L'aphérèse de l'adjectif **questo** est fréquente dans les expressions usuelles :

stamattina (= questa mattina) : *ce matin*
stasera (= questa sera) : *ce soir*
stavolta (= questa volta) : *cette fois*

Même phénomène pour **domattina (= domani mattina)** : *demain matin.*

1*b*. GRAMMAIRE

L'EMPLOI DU PRONOM PERSONNEL SUJET

Noi abbiamo fatto in fretta e furia... e voi ve la prendete comoda...
Io stanca?

Normalement le pronom personnel sujet n'est pas exprimé, car la terminaison du verbe suffit pour désigner le sujet. Cependant, celui-ci est exprimé par un pronom personnel :

1. lorsqu'il faut éviter l'ambiguïté :

Stavano discutendo : Carlo voleva uscire e Lucia no, ma poi lei ha finito col cedere. *Ils étaient en train de discuter : Charles voulait sortir et Lucie non, mais elle a fini par céder.*

2. avec les trois premières personnes du subjonctif présent (qui ont la même forme) afin d'éviter la confusion :

Non voglio che lui resti qui.
Je ne veux pas qu'il reste ici.

3. lorsque l'on insiste sur l'opposition entre deux sujets (dans ce cas pour la 3e personne, on utilise les formes indirectes **lui/lei/loro**).

Io mi do da fare per cambiare la gomma, e lui se ne sta a guardare. *Moi, je me donne du mal pour changer la roue, et lui, il est planté là à regarder.*

Remarques

1. Aujourd'hui les formes traditionnelles du pronom sujet de la 3e personne du singulier **(egli/esso ; ella/essa)** ont été délaissées au profit des formes indirectes **lui/lei**. Au pluriel, on utilise habituellement **loro**.

2. Les pronoms personnels sujets de 1re et 2e personne sont **io** et **tu**, même lorsque le verbe n'est pas exprimé.

Chi viene con me? - Io!
Qui est-ce qui vient avec moi? – Moi!

TU / TE

Dans la langue orale, on entend souvent **te** comme sujet à la place de **tu**, surtout lorsqu'il y a plusieurs sujets.

Io e te l'abbiamo visto, ma lui no.
Toi et moi nous l'avons vu, mais pas lui.

Pour l'ordre des pronoms personnels, *cf.* p. 161.

LE PRONOM PERSONNEL SUJET POSTPOSÉ

Prendo io le chiavi di casa.

La postposition du pronom personnel sujet correspond à une mise en relief ; cette structure peut se traduire par : *c'est moi, (toi, lui...) qui...*

Gli hai detto tu di non venire.
C'est toi qui lui as dit de ne pas venir.

☞ **A.** *Transformer suivant le modèle :*

L'ho fatto → l'ho fatto io.

1. Mi ha telefonato. 2. Andremo a trovarli. 3. Hai dimenticato di spegnere la luce. 4. Glielo abbiamo detto. 5. Li ho chiamati. 6. E' partita. 7. Le ho scritto. 8. Ho vinto. 9. Hanno deciso di non collaborare più con noi. 10. Ha rifiutato di rispondere.

☞ **B.** *Traduire les phrases transformées.*

L'EXCLAMATION

Che bel vestito !
Como sei elegante !

Dans la langue orale, l'exclamation est introduite par :

– che en phrase nominale (sans verbe)
Che bello ! *Que c'est joli !*
Che macchina ! *Quelle voiture !*

– come (ou quanto) avec un verbe
Com'è bello ! *Que c'est joli !*
Com'è bella quella macchina ! *Qu'elle est jolie cette voiture !*

Remarques

– La chaîne « déterminant + adj. + nom » n'est pas possible en italien.
Oh ! Che bella casa ! *Oh ! La jolie maison !*

– Il existe, par contre, une forme relâchée :
Che stanco che sono ! *Qu'est-ce que je suis fatigué !*
Che gentile che sei ! *Qu'est-ce que tu es gentil !*
On dira plutôt : **Come sono stanco ! Come sei gentile !**

☞ **C.** *Traduire :*

1. Quel travail *(fatica, f.) !* 2. Qu'il est mignon *(carino)* ! 3. Quel monde sur cette plage ! 4. Que c'est agréable ! 5. Quelle vitesse ! 6. Quel toupet *(faccia tosta) !* 7. Que je suis content de te revoir ! 8. La jolie robe ! 9. Qu'est-ce que vous êtes en retard ! 10. Que c'est facile !

1c. PRONONCIATION

LES SONS DE L'ITALIEN (1)

Malgré les apparences, il n'est pas toujours aisé pour un locuteur francophone de s'exprimer correctement en italien. Pour y parvenir, il faut passer par l'apprentissage de la prononciation, de l'intonation, et par la connaissance de quelques particularités stylistiques.

Nous allons donc procéder à la révision des sons qui, dans la prononciation ou l'écriture, peuvent constituer une difficulté pour le locuteur francophone. Nous utiliserons les symboles de l'Alphabet Phonétique International (API). Lorsque ce sera nécessaire, les voyelles toniques seront soulignées.

L'italien est une langue qui présente, par rapport à d'autres comme le français, un faible écart entre le son et la ou les lettres qui le représentent. Il est donc relativement facile de passer de l'écrit à l'oral et inversement.

Par contre, il comporte des sons que le français n'a pas et surtout, le mot écrit italien ne correspond pas toujours au son auquel on l'associe en français.

L'italien comporte aujourd'hui ***28 sons*** : 7 voyelles et 21 consonnes. Nous allons les examiner en partant des ***21 lettres*** qui composent l'alphabet italien.

VOYELLES

a se prononce [a] comme dans patte.
e se prononce [e] ou [ɛ] comme dans vérité et après.
i se prononce [i] comme dans riz.
o se prononce [o] ou [ɔ] comme dans sot ou sotte.
u se prononce toujours [u] comme dans tout.

Remarques

1. Dans les diphtongues (**-au-**, **-ai-**, **-eu-**, **-ei-**, etc.), on prononce chaque lettre : **aurora** [aurɔra], **mai** [mai], **europeo** [ɛuropɛo].

2. Il n'y a pas de voyelles nasalisées ([ã] de encore, [œ̃] de brun, [ɛ̃] de brin, [ɔ̃] de long).

☞ **D.** *Prononcer ces mots, puis vérifier avec l'enregistrement :* collaudo, feudale, Mauro, auguri, maiale, airone, audace, audiovisivo, aumento, austerità, autentico, autobotte, autostop, autorizzare, eucalipto, euforia, eufemismo, europeo, sei, dei, veicolo.

2. CHIEDA AL VIGILE

In macchina, in una via di Milano, un automobilista e la moglie chiedono la strada.

A. = automobilista — **M.** = la moglie — **V.** = il vigile
S. = un signore

A. Ecco, non so più dove siamo. Sono tutte uguali queste strade, e col traffico che c'è uno non si può neanche fermare per orientarsi un po'.
M. Chiedi a qualcuno! Se no, continuiamo fino chissà quando. C'è un signore lì che aspetta il tram. Chiedilo a lui, dovrebbe essere pratico[1] di Milano.
A. Scusi, vado bene per piazza Duomo?
S. Sì, è la direzione giusta, ma non so se può arrivarci in macchina. Io prendo sempre il tram e non conosco i sensi unici. Chieda piuttosto al vigile[2] laggiù.
A. Grazie, non l'avevo visto. Chiederò a lui.
(Al vigile) Buongiorno. Dica[3], per piazza Duomo?
V. Se continua dritto va bene, ma non ci può andare in macchina. Vede quel cartello, lì comincia la zona[4] pedonale.
A. Cosa posso fare allora?
V. Guardi, io le consiglio di posteggiare appena può, e di continuare a piedi.
A. Ma vorrei arrivare il più vicino possibile. Devo andare a ritirare un pacco e non vorrei fare tanta strada a piedi.
V. Allora dovrebbe andare fino al primo semaforo e girare a destra. Poi continua fino alla seconda traversa e lì gira a sinistra. Va avanti un trecento metri[5] e troverà un posteggio custodito. Se non ci fosse posto, cerchi di lasciar giù la macchina sul corso.
A. Grazie. Sa, non siamo molto pratici di Milano, pensavamo di riuscire a trovare da soli.
V. Effettivamente tra i sensi unici e l'isola pedonale[6] non è facile girare in questa zona; per di più ci sono dei lavori in corso e in alcune strade è vietato il transito.
A. Grazie mille. *(Alla moglie)* Cerchiamo di avvicinarci al massimo. Vuol dire che se proprio non troveremo posto, tu starai in macchina mentre io andrò a prendere il pacco.
M. Ma sei matto? parla piano, se ti sente il vigile, poi viene a darci la multa.

2. DEMANDEZ À L'AGENT

En voiture, dans une rue de Milan, un automobiliste et sa femme demandent leur chemin.

A. = l'automobiliste — F. = sa femme — P. = l'agent
M. = un monsieur

A. Ça y est, je ne sais plus où on est. Ces rues sont toutes pareilles, et avec cette circulation on ne peut même pas s'arrêter pour chercher sa route.
F. Demande à quelqu'un ! Sinon, on peut continuer comme ça un bon moment. Il y a un monsieur qui attend le tram. Pose-lui la question, il devrait bien connaître Milan.
A. Excusez-moi, est-ce que c'est bon pour Piazza Duomo ?
M. Oui, c'est la bonne direction, mais je ne sais pas si vous pouvez y aller en voiture. Je prends toujours le tram et je ne connais pas les sens uniques. Demandez plutôt à l'agent là-bas.
A. Merci, je ne l'avais pas vu. Je vais (le) lui demander. *(À l'agent)* Bonjour. S'il vous plaît, pour Piazza Duomo ?
P. Si vous allez tout droit c'est bon, mais vous ne pouvez pas y aller en voiture. Vous voyez ce panneau ? c'est le début des rues piétonnes.
A. Qu'est-ce que je peux faire alors ?
P. Écoutez, je vous conseille de vous garer dès que vous le pouvez, et de poursuivre à pied.
A. Mais je voudrais arriver le plus près possible. Je dois aller retirer un colis et je n'ai pas envie de faire beaucoup de chemin à pied.
P. Alors vous devriez aller jusqu'au premier feu et tourner à droite. Ensuite, vous continuez jusqu'à la deuxième rue et là vous tournez à gauche. Vous poursuivez environ trois cents mètres et vous trouverez un parking gardé. S'il n'y avait plus de place, essayez de vous garer sur le boulevard.
A. Merci. Vous savez, nous ne connaissons pas bien Milan, et nous pensions trouver tout seuls.
P. Effectivement avec les sens uniques et les rues piétonnes, il n'est pas facile de circuler dans ce quartier. D'autant plus qu'il y a des travaux et que dans certaines rues la circulation est interdite.
A. Merci beaucoup. *(À sa femme)* On va essayer de se rapprocher au maximum. Ça veut dire que si vraiment nous ne trouvons pas de place, tu resteras dans la voiture pendant que j'irai chercher le colis.
F. Tu es fou ? Parle tout bas, si l'agent t'entend, il va venir te mettre un P.-V.

2*a*. VOCABULAIRE ET EXPRESSIONS

1. **pratico :** *pratique*, mais aussi *expert* en quelque chose.
E' molto pratica la bici in città.
C'est très pratique le vélo en ville.
Non sono pratico di motori.
Je ne m'y connais pas en mécanique.

2. **il vigile :** *l'agent*. Plus précisément, c'est l'agent de la police municipale (**polizia urbana**) préposé à la circulation. Ne pas confondre **il vigile** avec **il vigilante** (pluriel : **i vigilantes**), c'est-à-dire le vigile d'une société privée de gardiennage.
À connaître aussi **i vigili del fuoco** : *les sapeurs-pompiers.*

3. **Dica :** avec **Scusi** et **Senta**, c'est la formule habituelle pour s'adresser à quelqu'un qu'on ne connaît pas ou pour attirer son attention (mot à mot : *Dites !*). Peut se traduire par : *s'il vous plaît.*

4. **la zona :** selon le contexte, plusieurs traductions sont possibles : *zone, région, quartier, site, secteur.*
Abita in una zona residenziale.
Il habite dans un quartier résidentiel.
Non dimenticarti che siamo in zona disco.
N'oublie pas que nous sommes en zone bleue.
Le zone archeologiche sono aperte fino a un'ora prima del tramonto. *Les sites archéologiques ferment une heure avant le coucher du soleil (sont ouverts jusqu'à).*
E' una zona montagnosa. *C'est une région de montagne.*
in zona / fuori zona : *dans les environs / loin, en déplacement.*
À connaître aussi l'expression, dérivée du football, employée au sens propre et au sens figuré :
in zona Cesarini : *au dernier moment* (du nom d'un joueur de football qui à plusieurs occasions marqua des buts décisifs à la 90e minute).

5. **un trecento metri :** *environ trois cents mètres.* L'article indéfini devant un numéral indique l'approximation.
Quella giacca costerà un trecentomila lire.
Cette veste doit coûter environ trois cent mille lires.

6. **isola pedonale** ou **zona pedonale :** l'ensemble des rues, généralement dans le centre ville, réservées aux piétons.

2*b*. GRAMMAIRE

LA PHRASE HYPOTHÉTIQUE (1)

Se continua dritto, va bene.
Se non troveremo posto, tu starai in macchina.

Lorsque dans une phrase hypothétique le verbe de la principale est au futur, le verbe de la subordonnée doit aussi être mis au futur.

Se farà bello, andremo a fare un pic nic.
S'il fait beau, nous irons faire un pique-nique.

En réalité aujourd'hui, le présent étant souvent utilisé dans la langue parlée à la place du futur lorsque le contexte est explicite, on emploie de plus en plus le présent dans la principale et dans la subordonnée à la place du futur.

Se pioverà, resteremo in casa → Se piove, restiamo in casa.

Par contre, il faut éviter de confondre le présent et le futur, en calquant la phrase italienne sur la phrase française. Cette construction n'est pas incorrecte, mais réservée à des situations où les deux temps sont réellement distincts :

Se il treno è in orario, arriveremo in tempo per la coincidenza. *Si le train est à l'heure, nous arriverons à temps pour la correspondance.*

☞ **A.** *Transformer selon le modèle :*

Se c'è qualcosa di nuovo, ti telefono. →
Se ci sarà qualcosa di nuovo, ti telefonerò.

1. Se finiamo prima delle otto, possiamo vedere la partita. 2. Se lui telefona tu gli dici che non ci sono. 3. Se non vogliono venire, partiamo da soli. 4. Suo padre gli ha promesso che se è promosso gli compera il motorino. 5. Se c'è sciopero dei treni non possiamo partire.

☞ **B.** *Traduire avec des hypothétiques au futur :*

1. Nous irons visiter le musée des Offices s'il n'y a pas trop de monde. 2. Si dimanche prochain vous gagnez *(vincere)* le match, vous irez en finale. 3. Je le lui dirai si je le vois. 4. Si un agent passe, je lui expliquerai que je n'avais plus de monnaie. 5. Si le déficit public ne diminue pas *(diminuire)*, le gouvernement sera obligé *(costretto a)* d'augmenter les impôts.

LES ARTICLES CONTRACTÉS

Col traffico che c'è - sul corso

Rappelons que la combinaison d'une préposition et d'un article défini donne l'article contracté.

L'emploi de l'article contracté est obligatoire avec les prépositions **a/di/da/su/in** (*cf.* le tableau complet des combinaisons dans le mémento grammatical).

Avec la préposition **con**, on utilise parfois la forme qui correspond à **con + il** : **col** ; les autres ne sont pratiquement pas employées. Tout à fait désuètes sont les formes avec **per**.

C'est le mot qui suit immédiatement l'article contracté qui en détermine la forme.

☞ **C.** *Compléter en choisissant l'article contracté qui convient :*

1. Torna (da)... ufficio alle sette. 2. Le chiavi (di)... macchina sono (su)... tavolino. 3. E' partito (con)... macchina (di)... genitori. 4. Siediti pure (su)... poltrona, io mi metto (su)... divano. 5. (In)... mia azienda ci sono cinquanta dipendenti. 6. E' una bevanda energetica, è la bevanda (di)... sportivi. 7. Non dirlo (a)... altri, deve restare segreto. 8. Ci ha mandato una cartolina (da)... Francia. 9. Qual'è la marca (di)... tuo computer? 10. E' appena tornato da un viaggio (in).... Stati Uniti.

PLURIELS GÊNANTS (1)

I sensi unici - non siamo pratici

Les noms et les adjectifs se terminant par **-co** ont leur pluriel masculin en :

-chi et **-ghi** s'ils sont accentués sur l'avant-dernière syllabe ;
-ci et **-gi** s'ils sont accentués sur l'antépénultième.

Quelques exceptions : **amico/amici, nemico/nemici, porco/porci, greco/greci.**

E' un aperitivo analcolico → Sono aperitivi analcolici.

Le pluriel féminin est toujours en **-che** :

E' una questione politica → Sono questioni politiche.

☞ **D.** *Mettre au pluriel selon le modèle :*

E' ricco → Sono ricchi. *Les voyelles toniques sont soulignées.*

1. Non è tedesco, è austriaco. 2. E' un difetto fisico. 3. E' un gioco elettronico. 4. E' uno sciocco *(sot)* 5. E' un guasto *(une panne)* meccanico. 6. E' un problema politico. 7. E' un prodotto tipico. 8. E' un quadro realistico. 9. E' un mobile antico. 10. E' uno spettacolo magnifico.

2*c*. PRONONCIATION

LES SONS DE L'ITALIEN (2)

CONSONNES

Les lettres qui se prononcent toujours comme en français sont : **b** [b], **d** [d], **f** [f] (ne s'écrit jamais « ph »), **m** [m], **n** [n], **p** [p], **v** [v].

Par contre :

c se prononce [tʃ] devant **e** et **i** : **ciao, celeste**
[k] devant **a, o, u** et **h** : **caro, cotto, cupo, chiave.**

g se prononce [dʒ] devant **e** et **i** : **giorno, gesto**
[g] devant **a, o, u, h** : **gallo, goloso, gufo, ghiotto.**

h ne se prononce jamais.

l se prononce [l] : lana, mais dans le groupe **-gl-** se prononce parfois [ʎ], *cf.* plus bas.

q se prononce [k], mais on fait entendre aussi la voyelle **u** qui suit toujours et se prononce [w] : cin**que** [tʃinkwe].

r se prononce [r], c'est-à-dire apical ou roulé : **grido, ridere.**

s a une prononciation sourde [s] : **stanco**, ou sonore : [z] **sdegno.**

t [t] se prononce toujours [t], même suivi de **i.**

z a une prononciation sourde [ts] **azienda** ou sonore [dz] : **azione.**

Certains groupes ont une prononciation différente :

-il(l)- se prononce toujours [il] (comme dans vil) et non [j] (comme dans travail) : **brillare.**

-gl- suivi de **i** ou **e** se prononce [ʎ] : **giglio.**

-sc- suivi de **i** ou **e** se prononce [ʃ] (comme dans **chat**) : **liscio** ; suivi de **a, o, u, h,** ou d'une consonne, se prononce [sk] **fischiare, scuro.**

Les lettres **j, k, w, x, y** n'existent pas en italien. On les utilise cependant dans les mots étrangers et dans les néologismes formés à partir de ces mots.

☞ **E.** *Prononcer ces phrases, puis vérifier avec l'enregistrement :*

1. Sono rimasti qui solo cinque minuti. 2. Sua figlia si chiama Chiara. 3. Quante storie, bastava chiederlo prima ! 4. Vuoi un caffè ? Te lo faccio subito. 5. Guardate che bei fiori, ce ne sono proprio di tutti i colori. 6. Io non so sciare, ma mi piace lo stesso andare in montagna d'inverno. 7. E' senz'altro un prezzo conveniente, io però non mi fiderei. 8. Non fermarti lì, stanno giocando a bocce. 9. Anche se volessi, non riuscirei a convincerlo. 10. Mal comune, mezzo gaudio.

3. IN MENSA

Due colleghe si ritrovano alla mensa[1] aziendale.

F. = Fiorella — **S.** = Sandra

F. Ciao, Sandra. C'è un posto libero vicino a te, posso sedermi o aspetti qualcuno?

S. Non aspetto nessuno, siediti pure. Così chiaccheriamo un po'.

F. Ecco. Ma non hai preso quasi niente, solo mozzarella e pomodoro e un po' di prosciutto.

S. Eh sì, devo stare attenta. Da quando sono tornata dalle ferie ho messo su due chili. Non mi era mai capitato prima, allora adesso non sgarro. Tu invece ti sei presa una pastasciutta. Non riesco a capire come tu faccia a mangiare tanto e a restare snella[2].

F. Io mangio normalmente. Cerco solo di non esagerare e di equilibrare i vari tipi[3] di alimenti. In quanto alla pastasciutta, lo sai, oggi lo dicono anche i dietologi, la dieta[4] mediterranea non fa ingrassare. La pasta è un alimento completo, basta integrarla con proteine, vitamine e fibre.

S. Sì, ho letto qualcosa sulla famosa piramide del mangiar sano. Ma non so esattamente cosa sia.

F. Immagina una piramide divisa orizzontalmente in quattro fasce : alla base ci sono gli alimenti necessari per l'apporto di carboidrati, come pane, pasta, riso. Poi, salendo, trovi gli alimenti di origine vegetale, la frutta e la verdura[5], che ti danno vitamine e fibre. Solo in terza posizione trovi gli alimenti di origine animale, per l'apporto quotidiano di proteine : carne, pesce, uova, latte. Infine, al vertice, quindi in pochissima quantità, i grassi e gli zuccheri. L'importante è mangiare sano, avere un'alimentazione completa ed equilibrata.

S. Hai ragione. Dovrei fare come te, ma sai, la sera, quando arrivo a casa, con mio marito e due figli che hanno una fame da lupo, non posso star lì a misurare la pasta, le proteine e via dicendo. Ecco perché a mezzogiorno cerco di star leggera il più possibile.

F. Ammetto che è più difficile quando si è in compagnia. Sai cosa dovresti fare? Convincere tuo marito di mettersi a dieta anche lui. Insinua, facendo finta di niente, che da un po' di tempo i pantaloni gli vanno stretti, che sta mettendo su un po' di pancia, che dovrebbe dimagrire un po'...

S. Perché no? E' l'unica soluzione.

3. À LA CANTINE

Deux collègues se retrouvent à la cantine.

F. = Flore — S. = Sandra

F. Salut, Sandra. Il y une place libre à côté de toi, je peux m'asseoir ou tu attends quelqu'un?

S. Je n'attends personne, tu peux t'asseoir. On va pouvoir bavarder un peu.

F. Ça y est. Mais tu n'as presque rien pris, seulement un peu de mozzarella avec des tomates et du jambon.

S. Eh oui ! Il faut que je fasse attention. Depuis mon retour de vacances, j'ai pris deux kilos. Ça ne m'était jamais arrivé avant, alors maintenant je ne fais pas d'écarts. Toi, par contre, tu as pris des pâtes. Je n'arrive pas à comprendre comment tu fais pour manger autant et rester mince.

F. Je mange normalement. J'essaie seulement de ne pas exagérer et d'équilibrer les différentes sortes d'aliments. En ce qui concerne les pâtes, tu sais, même les diététiciens le disent : l'alimentation méditerranéenne ne fait pas grossir. Les pâtes sont un aliment complet, il suffit de l'intégrer avec des protéines, des vitamines, des fibres.

S. Oui, j'ai entendu parler de la célèbre pyramide de l'alimentation saine, mais je ne sais pas au juste ce que c'est.

F. Imagine une pyramide partagée horizontalement en quatre parties : à la base on trouve les aliments nécessaires à l'apport en glucides, comme le pain, les pâtes, le riz. Ensuite, en montant, on trouve les aliments d'origine végétale : les fruits et les légumes qui t'apportent les vitamines et les fibres. C'est seulement à la troisième place que tu trouves les aliments d'origine animale, pour l'apport en protéines : la viande, le poisson, les œufs, le lait. Enfin, au sommet, et donc en très faible quantité, les graisses et les sucres. L'essentiel, c'est de manger de la nourriture saine, d'avoir une alimentation complète et équilibrée.

S. Tu as raison. Je devrais faire comme toi, mais tu sais, le soir quand j'arrive à la maison, avec mon mari et deux garçons qui ont une faim de loup, je ne peux pas passer mon temps à mesurer les pâtes, les protéines et ainsi de suite. Voilà pourquoi à midi, j'essaie de manger le plus léger possible.

F. Je reconnais que c'est plus difficile quand on est avec d'autres. Sais-tu ce que tu devrais faire? Convaincre ton mari de se mettre aussi au régime. Insinue, en faisant semblant de rien, que depuis quelque temps ses pantalons le serrent, qu'il est train de prendre du ventre, qu'il devrait maigrir un peu...

S. Pourquoi pas, c'est la seule solution !

3*a*. VOCABULAIRE ET EXPRESSIONS

1. **la mensa :** c'est le lieu de la restauration collective, aussi bien dans une école **(mensa scolastica)**, à l'université, **(mensa universitaria)**, que dans une entreprise **(mensa aziendale)** ou à l'armée **(mensa ufficiali)**.
La domenica la mensa universitaria è chiusa.
Le dimanche le restau-U est fermé.
Lo hanno attribuito alla mensa ufficiali.
On l'a affecté au mess.

2. **snello :** *mince* et *souple* en même temps.
Ha partorito un mese fa, ma ha già une figura snella. *Elle a accouché il y a un mois, mais elle a déjà une silhouette mince.*
Au sens figuré aussi :
Mi piace quello scrittore, ha uno stile snello.
J'aime bien cet écrivain, il a un style alerte.

3. **i vari tipi :** *les différentes sortes.* L'adjectif vario a plusieurs sens :
Ci siamo già incontrati varie volte.
Nous nous sommes déjà rencontrés plusieurs fois.
C'erano persone di varie età.
Il y avait des gens de différents âges.
E' una trasmissione varia e piacevole.
C'est une émission vivante et agréable.

4. **la dieta :** *le régime,* mais aussi le type d'*alimentation.*
Deve seguire una dieta ferrea. *Il doit suivre un régime strict.*
Dopo quello che ha avuto, è meglio che stia in dieta.
Après ce qu'il a eu, il vaut mieux qu'il se mette à la diète.
Dovrei fare una dieta dimagrante.
Je devrais faire un régime amaigrissant.
Attention aux dérivés :
Non vuole consultare un dietologo.
Il ne veut pas consulter un diététicien.
Sono prodotti dietetici. *Ce sont des produits diététiques.*
La dieta mediterranea est l'alimentation basée sur les produits typiques des régions méditerranéennes : pâtes, pain, fruits et légumes, huile d'olive...

5. **la frutta, la verdura :** mots collectifs qui désignent, au singulier, l'ensemble des fruits et des légumes destinés à la consommation. Relevez la différence :
Se esci, non dimenticare di comprare la frutta.
Si tu sors, n'oublie pas d'acheter les fruits.
Quel melo è carico di frutti. *Ce pommier est couvert de fruits.*

3*b*. GRAMMAIRE

LA TRADUCTION DE « IL Y A »

C'è un posto libero.
Ci sono gli alimenti necessari.

Alors que dans la locution *il y a* le sujet du verbe est toujours le pronom singulier *il*, dans la locution italienne correspondante le sujet est la personne ou l'objet dont on parle. Il faut donc faire l'accord du verbe avec le sujet réel.

A Parma c'è un magnifico duomo romanico.
À Parme, il y a une magnifique cathédrale romane.
A quella conferenza c'erano solo venti persone.
À cette conférence, il n'y avait que vingt personnes.

☞ **A.** *Compléter par* c'è/ci sono :

1. In questa macchina... cinque posti. 2. In questa città non... l'aeroporto. 3. Guardate a pagina 7,... una cartina d'Italia. 4. Sul tavolo... vari dischi. Prendi quello che preferisci. 5. Non... mai una trasmissione interessante a quest'ora. 6. Ai piedi del Monviso... un rifugio. 7. In quel palazzo... otto appartamenti. 8. Non... frutta per la cena. Potresti andare a comprarla? 9. In quel tratto d'autostrada... tre uscite. 10. Nel pacchetto... otto yoghurt.

STARE A + INFINITIF

Non posso stare a misurare

Cette construction indique une action ou une situation dans sa durée.

Staremo a vedere. *On verra bien.*
Sta a vedere che stasera non viene.
Tu vas voir que ce soir il ne viendra pas.
Cosa stai a raccontare? *Qu'est-ce que tu racontes?*
Stammi a sentire! *Écoute-moi!*

Dans le registre familier, « **cosa + stare a + infinitif** » a la valeur de **perché** :

Se non sei contento, cosa ci stai a fare?
Si tu n'es pas content, pourquoi y restes-tu?

☞ **B.** *Traduire :*

1. Non starmi a raccontar bugie! 2. Cosa state a cercare quel foglio, non ne val la pena. 3. Non state ad ascoltare quel farabutto, potreste pentirvene. 4. Devi ricordartelo da solo, non posso stare a ripeterlo ogni volta. 5. Sta' a vedere che anche oggi arriva in ritardo.

LA TRADUCTION DE « ARRIVER »

Non mi era mai capitato
Non riesco a capire
Quando arrivo a casa

Le verbe *arriver* se traduit de différentes façons selon qu'il indique :

– un événement qui se produit.
Cosa gli è successo ? *Qu'est-ce qui lui est arrivé ?*

– le fait de parvenir quelque part.
Siamo arrivati alle undici. *Nous sommes arrivés à onze heures.*

– la possibilité ou l'effort pour faire quelque chose.
Non riesco ad aprire questa scatola.
Je n'arrive pas à ouvrir cette boîte.

Remarques

1. Attention aux formes du verbe **riuscire**, qui se conjugue comme **uscire**.

Présent : **riesco** - **riesci** - **riesce** - **riusciamo** - **riuscite** - **riescono.**

2. Aux temps composés, l'auxiliaire de **riuscire** est **essere**.

☞ **C.** *Traduire :*

1. À quelle heure arriverez-vous ? 2. Aide-le, il n'y arrive pas tout seul *(da solo).* 3. Lorsque nous sommes arrivés, ils étaient déjà partis. 4. Ça lui est déjà arrivé d'oublier un rendez-vous. 5. Ne t'en fais pas *(prendersela),* ça peut arriver à tout le monde. 6. Il nous téléphonera dès qu'il sera arrivé (dès que : *non appena*). 7. Pourquoi tu n'es pas content ? Qu'est-ce qui t'arrive ? 8. J'ai fait tout ce que j'ai pu, mais je ne suis pas arrivé à le convaincre. 9. Est-ce que tu arrives à attraper ce livre là-haut ? Moi je ne suis pas assez grand. 10. En marchant de ce pas, nous arriverons au sommet dans deux heures.

PLURIELS GÊNANTS (2)

I dietologi

Les mots se terminant par **-logo** ont leur pluriel en **-logi** s'ils désignent des personnes, en **-loghi** dans les autres cas.

Vari sociologi hanno commentato i risultati dell'inchiesta.
Plusieurs sociologues ont commenté les résultats de l'enquête.
Per trovare quell'articolo, bisogna consultare i cataloghi.
Pour trouver cet article, il faut consulter les catalogues.

3c. PRONONCIATION

L'ACCENT DE MOT (1)

Chaque mot contient une syllabe, appelée tonique, sur laquelle la voix s'appuie davantage. La syllabe tonique est caractérisée par un allongement de la durée, mais surtout par une intensité plus forte et une légère élévation tonale : **ragazzo, amico, andiamo, dimmelo**...

La place de la syllabe (ou voyelle) tonique est variable, d'où les difficultés de prononciation surtout pour un locuteur francophone habitué à accentuer la dernière syllabe. Il est indispensable de placer correctement l'accent tonique, car un déplacement de l'accent peut changer le sens du mot, et cette faute, perçue immédiatement, introduit un écart plus fort que certaines fautes de morphologie ou de syntaxe.

L'accent tonique peut se trouver : – sur la dernière syllabe, le mot est alors appelé **tronco** (*tronqué* ou *oxyton*) : **città, caffè, calamità** ; – sur l'avant-dernière, le mot est appelé **piano** *(paroxyton)* : **bello, vicino, finestra** ; – sur l'antépénultième, le mot est appelé **sdrucciolo** *(proparoxyton)* : **rapido, telefono** ; – plus rarement sur la quatrième syllabe avant la fin, il est alors **bisdrucciolo**. Dans la combinaison du verbe avec les pronoms personnels, l'accent peut arriver jusqu'à la sixième syllabe avant la fin, mais ce ne sont que des cas de figure assez rares.

Il n'est pas possible de savoir toujours où placer l'accent car, sauf pour les mots tronqués, il n'est pas marqué graphiquement. Retenez une première indication pratique qui souffre cependant quelques exceptions : lorsque les mots français et italiens ont la même racine, repérez la voyelle sur laquelle porte l'accent en français : prendre, mettre, ami, fenêtre, possible, simple, Suisse, Europe, prince, principe, etc. Placez ensuite l'accent sur la même voyelle en italien, sans vous occuper des syllabes qui suivent : **prendere, mettere, amico, finestra, possibile, semplice, Svizzera, Europa, principe, principio**...

4. NIENTE MALE !

Due amici si ritrovano in strada, uno sta salendo in macchina.

G. = Gianpaolo — **S.** = Stefano

S. E' tua questa macchina ? Non sapevo che l'avessi cambiata.

G. No, non è mia, è di mio fratello. Mi ha chiesto di portargliela al lavaggio, lui non aveva tempo. Ti piace ?

S. Niente male ! Ma non è la nuova 164 ?

G. No, è la 155. E' un turbodiesel.

S. Ne ho sentito parlare. Ne dicono un gran bene.

G. Mio fratello ne è molto contento. Dice che consuma poco, che è veloce e silenziosa.

S. Certo che un diesel non è scattante[1] come i motori a benzina.

G. Ti sbagli. I diesel di oggi non sono come quelli di vent'anni fa. E poi è allestita e rifinita bene : servosterzo, apertura centralizzata, alzacristalli elettrici, il cruscotto è completo.

S. E' vero che quando uno fa molti chilometri, è meglio avere un diesel, il gasolio costa meno della benzina, anche se c'è il superbollo[2].

G. Mio fratello è un patito delle Alfa, ma voleva un diesel per ragioni di economia. Quella che aveva prima era a benzina ; lui l'aveva messa al gas liquido, però non era molto soddisfatto. Così, quando è uscita questa, ha dato dentro[3] quella che aveva e se l'è comperata.

S. Anche a me piacerebbero le macchine veloci, ma siccome la uso per il lavoro, devo star piuttosto sul pratico ; ho bisogno di una macchina con una buona capacità di carico, allora mi son preso una station wagon[4]. Ma adesso per girare in città sto pensando ad un'utilitaria. Vorrei prenderla di seconda mano ; sto facendo le inserzioni sui giornali. Tutti ti propongono delle macchine quasi nuove, tenute bene, poi[5], quando le vedi, ti accorgi che sono tutte sgangherate.

G. Guarda, se sento parlare di un'occasione, te lo faccio sapere. Bene, ora ti devo lasciare. Ciao.

S. Ciao. Ma... si fida tuo fratello a prestarti la macchina ?

G. Cosa credi ? Gli faccio un piacere io. Non val la pena avere una macchina del genere se non la tieni pulita...

4. PAS MAL DU TOUT !

Deux amis se retrouvent dans la rue, l'un d'eux est en train de monter dans une voiture.

J.-P. = Jean-Paul — S. = Stéphane

S. Elle est à toi cette voiture? Je ne savais pas que tu en avais changé.

J.-P. Non, elle n'est pas à moi, elle est à mon frère. Il m'a demandé de l'emmener au lavage, il n'avait pas le temps. Elle te plaît?

S. Pas mal du tout! Ce n'est pas la nouvelle 164?

J.-P. Non, c'est la 155. C'est une turbodiesel.

S. J'en ai entendu parler. Tout le monde en dit le plus grand bien.

J.-P. Mon frère en est très content. Il dit qu'elle consomme peu, qu'elle est rapide et silencieuse.

S. Il est sûr qu'un diesel n'est pas aussi nerveux que les moteurs à essence.

J.-P. Tu as tort. Les diesels d'aujourd'hui ne sont pas comme ceux d'il y a vingt ans. Et en plus elle est bien équipée et bien finie : direction assistée, ouverture centralisée, lève-vitres électrique de série, le tableau de bord est complet.

S. Il est vrai que si on fait beaucoup de kilomètres, il vaut mieux avoir un diesel : le gasoil est moins cher que l'essence, même s'il faut payer la vignette spéciale.

J.-P. Mon frère est un fana des Alfa, mais il voulait un diesel parce que c'est plus économique. Celle qu'il avait avant était à essence, lui il l'avait mise au G.P.L., mais il n'en était pas très content. C'est pourquoi, lorsque celle-ci est sortie, il a profité d'une reprise et il l'a achetée.

S. Moi aussi j'aimerais beaucoup les voitures rapides, mais comme je m'en sers pour mon travail, je dois regarder le côté pratique. J'ai besoin d'une voiture avec beaucoup de place, alors j'ai acheté un break. Mais pour la ville il va falloir que je m'achète une petite voiture. J'en voudrais une d'occasion, alors je regarde les annonces dans les journaux. On te propose toujours des voitures presque neuves, bien entretenues, puis, quand tu les vois, tu t'aperçois qu'elles sont en mauvais état.

J.-P. Écoute, si j'entends parler d'une occasion, je te fais signe. Bon, il faut que je te laisse, salut.

S. Salut. Mais... il n'a pas peur ton frère de te prêter sa voiture?

J.-P. Qu'est-ce que tu crois? C'est moi qui lui rends un service. Ça ne vaut pas la peine d'avoir une voiture pareille si on ne la garde pas propre...

4*a*. VOCABULAIRE ET EXPRESSIONS

1. **scattante :** dans ce contexte, *nerveuse, avec de bonnes reprises.* Du verbe **scattare**, qui comporte plusieurs acceptions.
La presenza degli intrusi ha fatto scattare l'allarme.
La présence des intrus a déclenché l'alarme.
E' uno che scatta facilmente.
C'est quelqu'un qui s'emporte facilement.
E' scattato a trecento metri dal traguardo.
Il a fait un sprint à trois cents mètres de l'arrivée.
Non muoverti, vorrei scattare una foto.
Ne bouge pas, je voudrais prendre une photo.
2. **il superbollo :** c'est une vignette spéciale pour les voitures ayant un moteur diesel. La vignette normale s'appelle **il bollo**. D'autres emplois :
Devo comperare una marca da bollo da 5 000 lire.
Je dois acheter un timbre fiscal de 5 000 lires.
La domanda va inoltrata su carta da bollo.
La requête doit être présentée sur papier timbré.
Non dimenticare di mettere il (franco) bollo sulla lettera.
N'oublie pas de mettre le timbre sur la lettre.
3. **dare dentro :** expression de la langue parlée pour indiquer une reprise. Autre acception : **darci dentro** : *donner le maximum.*
Dacci dentro se vuoi riuscire. *Vas-y à fond si tu veux réussir.*
4. **station wagon :** *break.* Prononcé ['stɛʃon 'vɛgon], ce mot anglais a pratiquement remplacé le correspondant italien **giardinetta.**
Un peu plus bas, on trouve **un'utilitaria** : *une petite voiture.*
À connaître aussi : **una spider** (voiture décapotable à deux places) et **una** (ou **un**) **fuoristrada** (une voiture 4x4).
5. **poi :** mot à mot *puis*; ici, *en plus.* Les valeurs de cet adverbe sont nombreuses (*ensuite, d'ailleurs, quant à..., alors!, après tout,* etc.) :
Prima ho telefonato, poi ho scritto per confermare.
D'abord j'ai téléphoné, ensuite j'ai écrit pour confirmer.
Che male c'è poi? *Après tout, quel mal y a-t-il à ça?*
Io poi non sono affatto d'accordo.
Quant à moi, je ne suis pas du tout d'accord.
Questa poi, non me la sarei mai aspettata!
Ça alors, je ne m'y attendais vraiment pas!
A proposito, ci siete andati poi al cinema? Au fait, vous êtes allés au cinéma à la fin (vous avez fini par y aller...)?

4b. GRAMMAIRE

LA POSSESSION

È tua?
È di mio fratello.

La possession s'exprime en italien avec la préposition **di**.
Di chi è questo orologio? *À qui est cette montre?*
Cependant lorsque le possesseur est représenté en français par un pronom personnel, on utilise en italien le pronom possessif correspondant.
Sono vostre queste chiavi? *Elles sont à vous ces clés?*

☞ **A.** *Traduire :*
1. N'abîme *(rovinare)* pas ce livre, il n'est pas à moi. 2. Ils sont à toi ces papiers *(carte)*? 3. C'est la maison de mes parents. 4. Je ne sais pas à qui est ce parapluie. 5. Il est à moi.

MI PIACE / MI PIACCIONO

Ti piace?
Mi sono sempre piaciute.

1. Pour dire qu'on aime quelque chose, on utilise le verbe **piacere**. Le sujet de la phrase étant la chose qu'on aime (ou qu'on n'aime pas), il faut donc faire l'accord du verbe au singulier (**piace**) ou au pluriel (**piacciono**) selon que le sujet est au singulier ou au pluriel.

2. Attention aux temps composés : l'auxiliaire est **essere**, et le participe passé s'accorde en genre et en nombre avec le sujet.
Ti sono piaciute le tagliatelle? *Tu as aimé les tagliatelles?*

Remarque

Autrefois, les Italiens faisaient une distinction nette dans l'emploi de **amare** (réservé à un rapport profond et complet, entre deux époux par exemple), **voler bene** (rapport d'affection ou d'amour, entre parents et enfants), et **piacere** (pour des objets). Aujourd'hui cette distinction se perd et l'on entend aussi **amare** pour des abstraits ou des choses.
Amo la musica. *J'aime la musique.*

☞ **B.** *Choisir la forme qui convient :*
Ex. : **i gelati → Mi piacciono molto.**
1. questo panorama. **2.** gli ossibuchi. **3.** la musica classica. **4.** andare in montagna. **5.** il calcio. **6.** le parole crociate. **7.** i viaggi. **8.** i film francesi. **9.** la cucina italiana. **10.** i fumetti.

☞ **C.** *Traduire :*
1. Tu as aimé le film? **2.** Il n'a pas aimé. **3.** Ça t'a plu la promenade *(il giro)* en bateau? **4.** Il a toujours aimé les filles rousses. **5.** Au restaurant nous avons mangé des moules *(le cozze)*, mais Paola n'a pas aimé. **6.** Vous avez aimé les modèles de Versace? **7.** Il n'aime pas l'art contemporain. **8.** J'aimerais partir quelques jours à la mer. **9.** Nous avons beaucoup aimé ce spectacle. **10.** Je suis sûr que tu aimeras ce roman, il faut que tu le lises.

COME / SICCOME

Non sono come quelli di vent'anni fa.
Siccome sono spesso via...

Ne pas confondre **come** et **siccome**. Le premier est un adverbe qui a une valeur modale :

Non fare come lui. *Ne fais pas comme lui.*

Le deuxième est une conjonction de valeur causale *(puisque, étant donné que...)*.

Siccome non c'era, ho lasciato un messaggio sulla segreteria telefonica. *Comme il n'était pas là, j'ai laissé un message sur son répondeur téléphonique.*

PLURIELS GÊNANTS (3)

le macchine veloci

Rappelons que les adjectifs se terminant en **-e** ont leur pluriel en **-i**, même au féminin.

E' una ragazza intelligente → Sono ragazze intelligenti.

Veillez à former correctement ces pluriels.

☞ **D.** *Mettre au pluriel :*
Ex. : **E' una ragazza francese → Sono ragazze francesi.**
1. E' una cosa incredibile. **2.** E' una turista inglese. **3.** E' una legge recente. **4.** E' una discussione animata. **5.** E' una faccenda personale. **6.** E' una posizione assurda. 7. E' una bambina vivace. **8.** E' una domanda imbarazzante **9.** E' un'offerta conveniente. **10.** E' una proposta inaccettabile.

4c. PRONONCIATION

L'ACCENT DE MOT (2)

Pour l'accent, les mots monosyllabiques et tronqués ne posent pas de problèmes : **do**, **va**, **fu**, **perché**, **velocità**.

Les mots bisyllabiques non tronqués sont évidemment **piani** : **pane**, **roba**, **casa**, **bello**, **caro**, etc.

Les mots comportant plus de deux syllabes sont **sdruccioli** :
– lorsqu'ils se terminent par **-abile** (**paragonabile**) ; **-ibile** (**possibile**) ; **-evole/evolo** (**confortevole**, **benevolo**) ; **-gine** (**origine**) ; **-ico** (sauf **amico/nemico**, **antico** et quelques autres ; **automatico**) ; **-ice** (**semplice**) ; **-ido** (**rapido**) ; **-ita** (**vendita**) ;
– lorsqu'ils sont composés et que le deuxième élément est latin ou grec : **-fero** (**mammifero**) ; **-pede** (**bipede** ; **velocipede**) ; **-sono** (**unisono**) ; **-fono** (**telefono**) ; **-metro** (**termometro**) ; **-geno** (**spinterogeno**) ; **-tesi** (**ipotesi**) ; etc.

Dans les autres cas, ils sont **piani**, notamment :
– lorsqu'ils se terminent par **-ione** (**azione**) ; **-enda** (**faccenda**) ; **-ato/ata** (**mercato**, **girata**) ; **-ale** (**canale**), **-ano** (**italiano**) ;
– ou par un suffixe altératif : **-one**, **-etto/a**, **ino/a**, **-accio** (**finestrone**, **casetta**, **ragazzino**, **robaccia**).

Remarques

1. Dans les mots de plus de trois syllabes, il peut y avoir aussi un accent secondaire. L'italien répugne en effet à laisser plus de deux syllabes non accentuées entre deux syllabes fortes. Ex. : **Austerità** se prononce en réalité **austerità**, **intimità** → **intimità** ; **velocemente** → **velocemente**.

2. Il existe des homonymes : le déplacement de l'accent change le sens du mot. Quelques exemples :

ancora *(ancre)*	**ancora** *(encore)*
calamita *(aimant)*	**calamità** *(calamité)*
leggere *(lire)*	**leggere** *(légères)*
principi *(princes)*	**principi** *(principes)*
tendine *(tendon)*	**tendine** *(rideaux)*

☞ **E.** *Placer l'accent en soulignant la voyelle tonique, puis vérifier avec l'enregistrement :*
Stazione, parenti, nota, complice, ippodromo, bellissimo, vertigine, quartetto, ribelle, leggermente, ripido, ermetico, eredità, collezione, francobollo, decadenza, merenda, stupidaggine, candido, compagno, ricordo, in bilico, cesta, fiammifero, forbice, citofono, pomeriggio, cassettone, salvagente, cantico, romanzo, lontano, eco, libraio, formaggio, economico, vergine, finale, bibita, elezioni, fanale.

5. DOMANI, SMETTO DI FUMARE

Due amici stanno facendo quattro passi. Chiacchierano del più e del meno.

E. = Enrico — **L.** = Lorenzo

E. Avresti da accendere[1] ?

L. Macché[2] accendere ! Non lo sai che ho smesso di fumare da un anno ormai ?

E. Scusa, è vero. Ma non trovo più il mio accendino, chissà dove l'avrò lasciato...

L. Anche tu però dovresti smettere. Non è poi così difficile, basta un po' di forza di volontà.

E. Hai ragione, ma è tanto che cerco di smettere, che ormai mi sono abituato all'idea di smettere e di ricominciare. Riesco a star senza fumare mezza giornata, poi crollo. Ricompro un pacchetto dicendomi : è l'ultimo, questa è la volta buona... e ricomincio.

L. Sei un po' come quel tizio[3] della barzelletta che diceva : smettere ? è facilissimo : io smetto ogni giorno !

E. Sì, sono un po' così. Sai le ho tentate tutte, perfino l'agopuntura. Adesso parlano di cerotti alla nicotina. Ho quasi voglia di provare.

L. Tutte balle[4]. Sai cosa dovresti fare ? guardare le lastre dei polmoni di un fumatore, penso che basterebbe a farti passare la voglia.

E. Oh, quando uno ha il vizio del fumo, neanche con la paura lo fai smettere.

L. Come no ? Guarda me ! Io fumavo come una ciminiera[5], poi un giorno ho detto : basta ! E' come una droga, devo vincere me stesso. Non è stata la paura a farmi smettere, ma un senso di dipendenza, l'impressione di essere schiavo del tabacco.

E. E' un po' così. Hai proprio ragione, devo smettere. Tanto più che oggi se fumi ti senti quasi un paria, una persona da evitare : non puoi più fumare nei luoghi pubblici, tutti ti dicono che ti rovini la tua salute e che danneggi quella degli altri, sicché ti senti colpevole, ti nascondi quasi.

L. Bravo, vedi che te ne rendi conto ? Ma dove vai ?

E. Aspetta un attimo, ho visto una tabaccheria[6] all'angolo. Vado a comprare una scatola di cerini[7].

L. Ma come, non hai detto che smettevi ?

E. Bè[8], smetterò domani, ma adesso devo proprio fumarmi una sigaretta.

5. DEMAIN, J'ARRÊTE DE FUMER

Deux amis se promènent. Ils bavardent de tout et de rien.

H. = Henri — L. = Laurent

H. Tu aurais du feu ?

L. Tu n'y penses pas ! Tu ne sais pas que ça fait presque un an que j'ai arrêté de fumer ?

H. Excuse-moi, c'est vrai. Mais je ne trouve plus mon briquet, Dieu sait où j'ai pu le laisser...

L. Toi aussi tu devrais arrêter. Ce n'est pas si difficile, il suffit d'avoir un peu de volonté.

H. Tu as raison, mais ça fait si longtemps que j'essaie d'arrêter, que je me suis habitué à l'idée d'arrêter et de recommencer. J'arrive à me passer de cigarette une demi-journée, mais après je craque. Je rachète un paquet en me disant : c'est le dernier, cette fois, ça y est... et je recommence.

L. Tu es comme le type de l'histoire qui disait : arrêter ? c'est très facile, moi, j'arrête tous les jours !

H. Oui, je suis un peu comme ça. J'ai tout essayé, même l'acupuncture. Maintenant on parle de timbres à la nicotine. J'ai presque envie d'essayer.

L. Des bêtises ! Tu sais ce que tu devrais faire ? Regarder les radios des poumons d'un fumeur, je crois que ça suffirait pour te faire passer l'envie.

H. Bof, quand on est fumeur, même la peur ne peut pas faire arrêter.

L. Comment donc ? Regarde-moi ! Je fumais comme un pompier, mais un jour je me suis dit : ça suffit ! C'est comme une drogue, je dois arrêter. Ce n'est pas la peur qui m'a fait arrêter, mais une sensation de dépendance, l'impression d'être esclave du tabac.

H. C'est un peu ça. Tu as tout à fait raison, il faut vraiment que j'arrête. D'autant plus qu'aujourd'hui, quelqu'un qui fume est comme un paria, une personne à éviter : il ne peut plus fumer dans les lieux publics, tout le monde lui dit qu'il détruit sa santé et qu'il abîme celle des autres, si bien qu'il se sent coupable, il se cacherait presque.

L. Très bien, tu vois bien que tu t'en rends compte. Mais où vas-tu ?

H. Attends-moi un instant, j'ai vu un marchand de tabac au coin. Je vais acheter une boîte d'allumettes.

L. Comment ? tu n'as pas dit que tu arrêtais ?

H. Eh bien... j'arrêterai demain, mais maintenant il faut que je fume une cigarette.

5*a*. VOCABULAIRE ET EXPRESSIONS

1. **da accendere :** mot à mot *de quoi allumer.* Expression figée pour demander du feu. Remarquer la valeur finale de la préposition **da**, comme dans :

C'è qualcosa da bere ? *Est-ce qu'il y a quelque chose à boire ?*

2. **Macché :** interjection qui exprime ou renforce une négation. Peut être employée absolument, ou avec un nom, un verbe, un adjectif, un adverbe.

- **E' venuto anche lui ? - Macché !**

– *Il est venu aussi ? – Pas du tout !*

- **E' divertente quel film ? - Macché divertente, è noiosissimo !** – *C'est un film amusant ? – Pas du tout, il est ennuyeux au possible.*

3. **quel tizio :** se dit d'une personne indéterminée ou de quelqu'un que l'on ne veut pas nommer. Le féminin est **tizia.** Remarquer aussi l'expression **Tizio, Caio e Sempronio** :

Mi aveva promesso di mantenere il segreto, ma poi è andato a dirlo a Tizio, Caio e Sempronio. *Il m'avait promis de garder le secret, mais après il est allé le raconter à tout le monde.*

4. **Balle ! :** au sens figuré, *sornettes ! balivernes !* Synonymes : **frottole, panzane, fandonie.**

Dérivés : **raccontaballe, ballista** : *menteur.* **Sballare** signifie *raconter des choses invraisemblables,* mais aussi *exagérer, se tromper* :

E' un ragionamento sballato.

C'est un raisonnement qui ne tient pas debout.

5. **ciminiera :** c'est la cheminée d'une usine ou d'un bateau. D'où l'expression :

fumare come una ciminiera, *fumer comme un pompier.*

On dit aussi : **fumare come un turco.**

6. **Tabaccheria :** c'est le magasin où l'on vend le tabac. On dit aussi **tabacchino, tabaccaio** (marchand de tabac, buraliste) et, dans certaines régions, **appalto.** L'enseigne en est une lettre T blanche sur fond noir.

7. **cerini :** ce sont des allumettes dont la tige est enduite de cire. Les allumettes en bois sont appelées **fiammiferi** (masculin).

8. **Bè... :** orthographié aussi **beh**, c'est une interjection qui manifeste une réticence, un embarras, ou sert tout simplement à conclure un propos. Toujours en début de phrase.

Bè, si è fatto tardi, è ora di tornare a casa.

Eh bien, il se fait tard, c'est l'heure de rentrer.

5*b*. GRAMMAIRE

PLACE DU PRONOM PERSONNEL FAIBLE

Ricompro un pacchetto dicendomi...
Non è stata la paura a farmi smettere.

1. Le pronom personnel de forme faible ou atone (à l'exception de **loro**) se place devant le verbe sauf avec l'infinitif, le gérondif, l'impératif et le participe.

Lorsque il est placé après le verbe, le pronom est soudé au verbe avec lequel il forme un seul mot.

Sono partiti lasciandolo solo.
Ils sont partis en le laissant tout seul.
Prendilo ! *Prends-le !*

2. Lorsque le pronom se combine avec un infinitif, le **-e** final de l'infinitif disparaît :

Non voglio rispondere → Non voglio rispondergli.

Remarque

Rappelons que l'impératif négatif singulier est formé de **non** + infinitif :

Non ascoltarlo ! *Ne l'écoute pas !*
Par contre, la forme de politesse emploie le subjonctif, donc :
Non lo ascolti ! *Ne l'écoutez pas !*

3. Avec **stare** et les verbes semi-auxiliaires (**volere, dovere, potere, sapere**), le pronom peut être placé avant le semi-auxiliaire, ou après le verbe.

Non ti può rispondere subito = Non può risponderti subito.

☞ **A.** *Transformer en remplaçant les éléments entre crochets par un pronom.*

Ex. : **Non può spedire [il pacco] subito →**
Non può spedirlo subito.

1. Ha promesso di portare [a te] un regalo. 2. Mi ero dimenticato di dire [a voi] di non aspettare [me]. 3. Stanno guardando [la televisione]. 4. E' talmente antipatico che nessuno vuole mai invitare [lui]. 5. Mi sembra di aver lasciato [l'ombrello] al bar. 6. Che bel film! se avessi potuto, sarei rimasto a vedere [quel film] una seconda volta. 7. Ha promesso ai figli di portare [i figli] in vacanza al mare. 8. Corri incontro [a lui]! 9. Non dire [a lei] che ci siamo visti, potrebbe insospettirsi. 10. Sta spiegando [a lui] perché è in ritardo stamattina.

☞ **B.** *Traduire :*

1. N'oublie pas de me téléphoner ce soir. 2. Je n'ai pas eu le courage de lui dire la vérité. 3. Avec ces indications, vous ne pourrez pas vous tromper. 4. Donnez-moi un kilo d'oranges, s'il vous plaît (forme de politesse). 5. Il a un caractère plutôt difficile, on ne sait jamais comment lui parler. 6. Lorsque tu es arrivé, j'étais justement en train de lui expliquer ce qui s'était passé. 7. Je voudrais lui faire un cadeau pour son anniversaire. 8. Vous n'avez pas voulu nous écouter... tant pis pour vous ! 9. Il est tellement têtu *(testardo)* que tu n'arriveras pas à le convaincre. 10. Laissez-le tranquille, il a bien le droit de se reposer un peu !

« UNO » PRONOM INDÉFINI

Quando uno ha il vizio del fumo...

Le pronom **uno** indique de façon indéterminée une personne, sans donner plus de précisions. Il correspond alors à *quelqu'un* :

Ieri ho incontrato uno che ti conosce.

Hier j'ai rencontré quelqu'un qui te connaît.

Cependant **uno** a souvent une valeur impersonnelle ; il correspond alors à on :

Se uno vuole andare in centro, è meglio che prenda la metropolitana.

Si on veut aller dans le centre ville, il vaut mieux prendre le métro.

L'emploi de ce pronom est très fréquent dans la conversation.

« TU » GÉNÉRIQUE

Se fumi, ti senti quasi un paria...

Dans la conversation, on emploie souvent le pronom **tu** (avec le verbe et les possessifs à la 2e personne du singulier) pour indiquer une situation générale ou impersonnelle.

C'est ainsi par exemple que la publicité s'adresse, dans la grande majorité des cas, au consommateur, ou encore que l'auteur s'adresse à son lecteur. Cet emploi n'a rien de désobligeant.

Con il Photo CD System, non crederai ai tuoi occhi.

Avec le Photo CD System, vous n'en croirez pas vos yeux.

5*c*. PRONONCIATION

L'ACCENT DE PHRASE (1)

Dans la chaîne parlée, les mots n'ont pas tous la même importance. Certains sont plus marqués que d'autres, leur syllabe tonique est renforcée.

Non lo so. Come ti chiami? Ha due maschi e una femmina. Chi vuol venire?

Les éléments non accentués sont généralement les pronoms, les prépositions, les conjonctions, les articles, les auxiliaires et les semi-auxiliaires.

Le rythme de la phrase est donné par l'alternance entre les syllabes marquées et les syllabes non marquées. Les syllabes marquées peuvent porter un accent fort ou moyen. En effet, pour éviter une suite trop longue de syllabes non marquées, le locuteur introduit spontanément des accents secondaires ou moyens.

Nous les représenterons graphiquement comme suit : pour les temps forts la voyelle tonique principale est soulignée, pour l'accent secondaire la voyelle porte un accent grave(`); les temps faibles ne portent pas de marque. Les phrases vues plus haut se réécrivent de cette façon :

Non lo so. Còme ti chiami? Ha due maschi e ùna femmina. Chi vuol venire?

On trouve au maximum deux temps faibles entre deux temps forts; le rythme de la phrase est donc constitué d'une succession de formules binaires et ternaires mélangées.

☞ **C.** *Prononcer puis écouter les phrases suivantes, construites à partir des mots :* **piccolo, corre, su.**

1. Il piccolo corre. 2. Corre il piccolo. 3. Corri piccolo! 4. Piccolo corri! 5. Il piccolo corre su.

☞ **D.** *Répéter ces phrases du dialogue en soulignant les accents forts et les accents secondaires :*

1. Non è poi così difficile. 2. Chissà dove l'avrò lasciato. 3. E' tanto che cerco di smettere! 4. Poi un giorno ho detto : basta! 5. Questa è la volta buona! 6. Devo vincere me stesso. 7. Hai proprio ragione. 8. Aspetta un attimo! 9. Non hai detto che smettevi? 10. Smetterò domani.

6. VIDEOGIOCO O TRENINO

C. = Claudia — **P.** = Patrizia

C. Ciao, da dove salti fuori[1]?

P. Ciao, esco da quel negozio di giocattoli. Pensavo di comprare un regalo per il mio nipotino[2]. Sta arrivando il periodo delle feste e volevo trovargli qualcosa; ma sono molto imbarazzata, non so proprio cosa scegliere.

C. Quest'anno vanno forte i videogiochi. Mio figlio me ne ha chiesto uno per Natale.

P. Già. Ne stavamo parlando in negozio. Anche loro mi dicevano che i giocattoli tradizionali, trenini elettrici, soldatini, macchinine, bambole, peluche, non si vendono. I ragazzi vanno matti per i videogiochi. Mentre ero lì, sono entrati dei ragazzini per provare un giochetto elettronico. Dovevi vederli! Erano abilissimi. Io davanti a quei cosi sono disorientata, non so come fare, cosa premere, dove guardare; loro, invece, era come se ci avessero sempre giocato.

C. La tua è la tipica reazione da adulto. In genere gli adulti sono negati per questo tipo di attività che richiede prontezza di riflessi, e dicono che non sono giochi educativi. Certi psicologi sostengono invece che anche quei giochi stimolano la fantasia.

P. Io non ci credo proprio. Secondo me non fanno che sostituire una presenza che manca, sono il surrogato di una relazione umana. Una volta i genitori avevano più tempo da dedicare ai figli, oggi invece, con molte mamme che lavorano, i bambini sono sempre più soli. E per di più sono spesso figli unici, sicché[3] non hanno fratelli o sorelle per giocarci insieme. Allora si mettono davanti alla televisione o al videogioco.

C. Non è sbagliato, ma non basta a spiegare il loro successo. C'è da dire poi che si cerca sempre la novità. Guarda un giocattolo tradizionale come la bambola: oggi le bambole parlano, starnutiscono, fanno la pipì o addirittura sono incinte. Una volta bastavano due o tre straccetti e una bambina si faceva una bambola. Che poi i bambini si stancano presto dei giocattoli troppo complicati. Sai dove è andata a finire[4] la macchinina telecomandata che ho regalato l'anno scorso a mio figlio? In solaio. Insomma... allora, cosa hai scelto?

P. Per adesso niente. Penso che chiederò a mio nipote cosa preferisce. Non sarà una sorpresa, ma almeno sono sicura che gli piacerà.

6. JEUX VIDÉO OU TRAIN ÉLECTRIQUE

C. = Claudie — P. = Patricia

C. Salut, d'où sors-tu ?

P. Salut, je viens de ce magasin de jouets. Je pensais acheter un cadeau pour mon petit neveu. La période des fêtes arrive et je voulais lui trouver quelque chose ; mais je suis très indécise, je ne sais vraiment pas quoi choisir.

C. Cette année, les jeux vidéo ont beaucoup de succès. Mon fils m'en a demandé un pour Noël.

P. C'est vrai. On en parlait dans le magasin. On me disait aussi que les jouets traditionnels, les trains électriques, les petits soldats, les poupées, les peluches, ne se vendent pas. Les enfants raffolent des jeux vidéo. Pendant que j'étais là, des gamins sont entrés pour essayer un jeu électronique. Il fallait les voir ! Ils sont très habiles. Moi, devant ces machins, je suis déconcertée, je ne sais pas comment faire, sur quoi appuyer, où regarder. Eux, par contre, c'était comme s'ils avaient toujours joué avec.

C. Ta réaction est typique des adultes. En général, les adultes ne sont pas doués pour cette sorte d'activité qui exige des réflexes rapides, et comme ils sont mal à l'aise et qu'ils se sentent en difficulté, ils disent que ces jeux ne sont pas éducatifs. Alors que certains psychologues affirment que ces jeux aussi développent l'imagination.

P. Je n'y crois pas du tout. À mon avis ils ne font que remplacer une présence qui manque, ils sont l'ersatz d'un rapport humain. Autrefois les parents avaient plus de temps à consacrer aux enfants, alors qu'aujourd'hui, comme beaucoup de mères travaillent, les enfants sont de plus en plus seuls. Et ils sont souvent enfants uniques, donc ils n'ont pas de frères ou de sœurs pour jouer ensemble. Alors ils se mettent devant la télé ou devant les jeux vidéo.

C. Ce n'est pas faux ce que tu dis, mais ça ne suffit pas à expliquer ce succès. Il faut dire aussi qu'on recherche toujours la nouveauté. Regarde un jouet traditionnel comme la poupée : aujourd'hui les poupées parlent, éternuent, font pipi et même sont enceintes. Autrefois il suffisait de deux ou trois bouts de chiffon et une petite fille fabriquait sa poupée. Mais les enfants sont vite lassés des jouets trop compliqués. Est-ce que tu sais ce qu'est devenue la voiture télécommandée que j'ai offerte l'année dernière à mon fils ? Au grenier ! Enfin... alors, qu'est-ce que tu as choisi ?

P. Pour l'instant rien. Je crois que je vais demander à mon neveu ce qu'il préfère. Ce ne sera pas une surprise, mais au moins je suis sûre que ça lui plaira.

6*a*. VOCABULAIRE ET EXPRESSIONS

1. **Da dove salti fuori? :** *D'où sors-tu?*
La combinaison du verbe **saltare** avec l'adverbe **fuori** donne une expression vigoureuse et incisive.
E' saltato fuori che il colpevole era il maggiordomo.
On a découvert que le coupable était le maître d'hôtel.
A quel momento è saltato fuori con una freddura.
À ce moment-là il a lâché une boutade.
Queste chiavi devono saltar fuori!
Il faut retrouver ces clés!
Remarquer que l'auxiliaire de **saltare** est **essere**. À connaître aussi :
Cosa ti salta in mente?
Qu'est-ce qui te prend?
saltare di palo in frasca,
sauter du coq à l'âne.

2. **nipotino :** *petit neveu.* Diminutif de **nipote**. Attention : **il nipote**, c'est aussi bien le neveu que le petit-fils. De même, **la nipote** est la nièce et la petite-fille.

3. **sicché :** *si bien que, c'est pourquoi.* Cette conjonction a plusieurs valeurs :
E' piovuto tutto il giorno, sicché non son potuto uscire.
Il a plu toute la journée, si bien que je n'ai pas pu sortir.
Sicché, che cosa hai deciso?
Alors, qu'est-ce que tu as décidé?
Sicché ti sei comprato la macchina nuova!
Donc tu t'es acheté une nouvelle voiture!

4. **dove è andata a finire :** *où est-elle passée? ce qu'elle est devenue...* Quelques expressions avec le verbe **finire** :
Dove è andata a finire la mia cravatta?
Où est donc passée ma cravate?
Se continui ad andare così forte, va a finire che ti becchi una multa.
Si tu continues à rouler si vite, tu finiras par attraper un P.-V.
Non sapevamo dove fermarci e siamo andati a finire in un albergo squallido.
Nous ne savions pas où nous arrêter et nous avons échoué dans un hôtel minable.

6*b*. GRAMMAIRE

L'IMPARFAIT DE L'INDICATIF

Pensavo di comprare
Volevo trovargli

parl-	av	-	o	tem-	ev	-	o	part-	iv	-	o
parl-	av	-	i	tem-	ev	-	i	part-	iv	-	i
parl-	av	-	a	tem-	ev	-	a	part-	iv	-	a
parl-	av	-	amo	tem-	ev	-	amo	part-	iv	-	amo
parl-	av	-	ate	tem-	ev	-	ate	part-	iv	-	ate
parl-	av	-	ano	tem-	ev	-	ano	part-	iv	-	ano

Remarques

– on forme l'imparfait à partir du radical de l'infinitif ; il n'y a donc pas de forme particulière pour les verbes en **-sco** du 3e groupe. D'autre part, pour les verbes à double radical, on part bien du radical de l'infinitif. Ex. : **venire (vengo) → venivo** ; **potere (posso) → potevo** ;

– les terminaisons sont identiques pour les 3 groupes ; ce qui change c'est l'infixe entre le radical et la terminaison ;

– il est très facile de se souvenir de l'infixe : il reprend la voyelle thématique + la consonne -v- : **-av-** pour le 1er groupe ; **-ev-** pour le 2e ; **-iv-** pour le 3e ;

– l'accent tonique est sur l'infixe, sauf à la 1re et la 2e personne du pluriel où il porte sur la terminaison ;

– l'auxiliaire **essere** a des formes irrégulières, ainsi que les verbes qui ont un radical issu directement du latin : **fare → facevo**, **dire → dicevo**, **bere → bevevo**, **porre → ponevo**, **condurre → conducevo**, **trarre → traevo**. Naturellement, les dérivés de ces verbes ont le même radical : **condurre → conducevo**.

☞ **A.** *Transformer ces phrases en mettant les verbes soulignés à l'imparfait :*

1. Non vuole venire. 2. Hanno ragione. 3. Pensiamo di tornare entro sera. 4. Vengono insieme. 5. Non dice mai niente. 6. Non capisce quello che dicono. 7. Appena beve un goccio di vino, gli gira la testa. **8.** Non ne posso più. 9. Esce dall'ufficio alle 5. **10.** Stai leggendo il giornale.

LES MOTS ALTÉRÉS : LES DIMINUTIFS

Trenini elettrici
Macchinine

Le suffixe **-ino/a/i/e** donne au mot une idée de petitesse. Ainsi **casina = piccola casa, paesino = piccolo paese**.

Attention cependant : certains diminutifs ont acquis une signification nouvelle. Par exemple, ne pas confondre **fantino** (*le jockey*) et **fante** (*un fantassin* ou *un valet* au jeu de cartes).

D'autres suffixes diminutifs : **-etto (un giochetto)**, **-ello (un alberello)**.

Les noms propres sont parfois altérés :

Giuseppe → Giuseppino → Pino
Luigi → Luigino → Gino
Giovanni → Giovannino → Nino

Les adjectifs et certains adverbes peuvent également prendre ce suffixe :

Bellino quel quadro! *Ce tableau est assez joli!*
E' una domanda difficilina. *C'est une question plutôt difficile.*
E' andata benino. *Ça a assez bien marché.*

« CI » DÉMONSTRATIF NEUTRE

Come se ci avessero sempre giocato
Per giocarci insieme

Le pronom **ci** peut avoir la valeur de démonstratif neutre :

Non ci capisco niente. *Je n'y comprends rien.*
Non pensarci. *N'y pense pas.*

Dans la langue orale, il peut aussi se rapporter à une personne ou à un objet :

Non ci faccio affidamento. *Je n'ai pas confiance en lui.*

COME SE... + imparfait du subjonctif

Come se ci avessero sempre giocato

Après **come se**... il faut toujours mettre l'imparfait du subjonctif. Il s'agit en effet d'une comparaison hypothétique ou irréelle, et le subjonctif est le mode par excellence de l'hypothèse et de l'irréalité.

Faceva come se fosse a casa sua.
Il faisait comme s'il était chez lui.

☞ **B.** *Traduire :*

1. Faites comme si je n'étais pas là. 2. Il me regardait comme s'il n'avait pas entendu la question. 3. Il veut commander tout le monde comme s'il était le directeur. 4. Elle s'habille comme si elle avait encore vingt ans. 5. Ils ont continué comme si rien ne s'était passé.

6c. PRONONCIATION

L'ACCENT DE PHRASE (2)

Nous avons vu que le rythme de la phrase est donné par l'alternance entre temps forts et temps faibles et qu'on trouve au plus deux temps faibles entre deux temps forts.

Naturellement on peut avoir un ou deux temps faibles au début de l'énoncé (**non so dove siano, non andate con loro**), comme on peut terminer l'énoncé sur un temps fort (**Dìmmi perché !**).

Par contre, l'italien évite la succession de deux temps forts. Ainsi **sarà piccolo, ma è bello** (*il est peut-être petit, mais il est beau*) devient : **sàra piccolo, ma è bello**.

Remarques

1. Comme en français, pour des raisons d'emphase, on peut mettre en relief un mot en déplaçant l'accent de phrase :

E' il mio libro (*C'est mon livre*) devient

E' il mio libro (*C'est mon livre à moi*).

2. En italien, cependant, le mot garde une autonomie plus forte que dans d'autres langues (comme l'anglais) et il y a articulation pour tous les mots. Pour cette raison, et puisque les cas d'homonymie sont peu nombreux, les calembours sont rares en italien. Le mot est toujours perçu comme une unité stable, qui ne se confond pas avec les autres mots. Cela n'empêche pas qu'il y ait d'autres jeux de mots, basés sur l'assonance, la répétition, la proximité phonologique, etc.

3. L'italien présente une grande variété de possibilités rythmiques, d'autant que la place des mots à l'intérieur de la phrase est assez libre. L'utilisation de la langue italienne dans le chant lyrique est due à des raisons historiques (l'opéra est né en Italie au début du XVIe siècle), mais aussi à cette souplesse et variété rythmiques.

☞ **C.** *Repérer et souligner les accents de phrase :*

Ex. : **E' venuto a trovarti → E' venuto a trovarti**.

1. Ho sbagliato, lo so, ma non sapevo proprio come fare. 2. Mi ha detto lui di venire 3. Ti dispiace lasciarci soli? 4. Dammi retta, è meglio che queste cose si chiariscano al più presto. 5. Ci sono milioni di persone che la pensano come me. 6. Uffa papà, ma che pizza con queste raccomandazioni! 7. Il governo ha disposto misure d'emergenza. 8. Puoi venirlo a prendere oggi alle quattro. 9. Mi sa che si è fatto tardi; dobbiamo andare via. 10. Ma cosa gli è saltato in mente? Mi ha fatto fare la figura del mascalzone. 11. I malviventi sono fuggiti a bordo di un'Alfa Romeo. 12. Il mio avvocato pensa esattamente il contrario. 13. E' ovvio, non si può dargli torto. 14. Restate qui, potreste prendere freddo. 15. Io non farei mai una cosa del genere.

☞ **D.** *Lire à voix haute ces mêmes phrases. Ne pas hésiter à faire chanter sa voix en accentuant le rythme.*

7. ALLA FERMATA DELL'AUTOBUS

Alla fermata dell'autobus, un signore e una signora.

Sig. = un signore — **Sig.ra** = una signora

Sig. Scusi, è molto che aspetta il 9?

Sig.ra Guardi, io sono qui da un quarto d'ora; ho visto passare il 7 cinque minuti fa, ma il 9 non è ancora passato.

Sig. Ma non doveva passare alle 12 e 30?

Sig.ra Sì, mi sembra, ma col traffico che c'è a quest'ora sarà un po' in ritardo. Neanche il 7 era in orario[1].

Sig. Non ci si può mai fidare[2] dei mezzi pubblici[3]. Ho un appuntamento fra mezz'ora in Piazza Duomo. Se non arriva entro cinque minuti non ce la farò mai. Avrei fatto meglio a prendere un taxi alla stazione; ma c'era da aspettare perfino per il taxi!

Sig.ra Avrebbe fatto meglio, sì. E' vero che c'è sempre la fila[4], ma alla Stazione Centrale ne passano molti di taxi, e non è poi che si aspetti molto.

Sig. Io pensavo che con le corsie preferenziali che stanno mettendo in centro, i trasporti pubblici fossero più puntuali.

Sig.ra Cosa vuole... mettono le corsie preferenziali, ma poi le macchine ci passano lo stesso, e ci si fermano anche i camion che fanno le consegne!

Sig. Ci vorrebbero più vigili! Une multa[5] bella salata, o addirittura il carro attrezzi[6], e le corsie sarebbero libere. Oppure isola pedonale in tutta la città, non solo in centro.

Sig.ra Prima o poi finirà così, perché tra traffico e smog non si può più andare avanti. Almeno quest'inverno, quando hanno messo le targhe alterne[7], si poteva circolare.

Sig. Sì, e la gente si è messa a comprare auto con la marmitta catalitica, così potevano prendere la macchina lo stesso.

Sig.ra Almeno l'aria era meno inquinata. Guardi, mi sembra che stia arrivando un pulmann[8].

Sig. Era ora! Ma è pieno zeppo[9]. Come si fa a salire?

Sig.ra Io aspetto il prossimo. Non ho fretta e non mi va[10] di stare stretti come delle acciughe.

Sig. Io no, lo prendo lo stesso, spero di arrivare in tempo. Arrivederci.

7. À L'ARRÊT DE L'AUTOBUS

À l'arrêt de l'autobus, un monsieur et une dame.

M. = le monsieur — Mme = la dame

M. S'il vous plaît, ça fait longtemps que vous attendez le bus n° 9?
Mme Écoutez, je suis là depuis un quart d'heure, j'ai vu passer le 7 il y a cinq minutes, mais le 9 n'est pas encore passé.
M. Mais il ne devait pas passer à 12 h 30?
Mme Oui, je crois, mais avec la circulation qu'il y a à cette heure-ci il doit être un peu en retard. Le 7 non plus n'était pas à l'heure.
M. On ne peut jamais compter sur les transports en commun. J'ai un rendez-vous dans une demi-heure piazza Duomo. S'il n'arrive pas dans cinq minutes je n'y serai jamais. J'aurais mieux fait de prendre un taxi à la gare; mais il fallait attendre même pour le taxi!
Mme Vous auriez mieux fait, en effet. C'est vrai qu'il y a toujours la queue, mais à la gare Centrale il passe beaucoup de taxis, et en réalité on n'attend jamais longtemps.
M. Je croyais qu'avec les voies réservées qu'on est en train d'installer dans le centre ville, les transports en commun étaient plus réguliers.
Mme Que voulez-vous, on installe des voies réservées, mais les voitures passent quand même et les camions de livraison s'y arrêtent aussi!
M. Il faudrait plus d'agents! Un bon P.-V. ou même la fourrière (le camion-grue) et les voies seraient dégagées. Ou alors des rues piétonnes dans toute la ville, pas seulement dans le centre.
Mme C'est bien comme ça que ça va se terminer, car avec la circulation et la pollution on ne peut pas continuer ainsi. Au moins cet hiver, lorsqu'on a imposé les numéros alternés, on pouvait circuler.
M. Oui, mais les gens ont commencé à acheter des voitures avec le pot catalytique, comme ça ils pouvaient prendre leur voiture quand même.
Mme Au moins l'air était moins pollué. Regardez, je crois qu'il y a un bus qui arrive.
M. Il était temps! Mais il est bondé! Comment va-t-on faire pour monter?
Mme Moi, j'attends le prochain. Je ne suis pas pressée et je n'ai pas envie qu'on soit serrés comme des sardines.
M. Moi pas, je le prends quand même. J'espère que je vais arriver à temps. Au revoir!

7*a*. VOCABULAIRE ET EXPRESSIONS

1. **in orario :** *à l'heure.* L'adjectif **puntuale** (*ponctuel*) peut se dire aussi d'un moyen de transport.

2. **fidarsi :** *compter sur.* Plusieurs acceptions pour ce verbe intransitif pronominal qui se construit avec la préposition **di** :

Fidati di me. *Fais-moi confiance.*

Non mi posso fidare di questa macchina.

Je ne peux pas compter sur cette voiture.

Non mi fido di uscire sola di sera.

Non, je n'ai pas le courage / je n'ose pas sortir seule le soir.

3. **i mezzi pubblici / i trasporti pubblici :** *les transports en commun.*

Dans ce contexte, **un mezzo** est un moyen de locomotion.

4. **la fila :** *la file d'attente.* **Fare la fila** : *faire la queue.*

Attention : **mettersi in fila** peut signifier *prendre la file*, mais aussi *se mettre en rang.*

5. **una multa :** *l'amende, le P.-V.* Elle peut être très élevée, **salata**, tout comme **un prezzo salato**. À noter : **prendere la multa** : *avoir un P.-V.* À connaître aussi le verbe **conciliare** qui dans ce contexte précis signifie *régler*, *payer* une amende sur-le-champ.

6. **il carro attrezzi :** le camion qui dépanne ou... enlève les voitures gênantes (*camion-grue*). L'expression est utilisée habituellement pour désigner aussi la fourrière.

7. **le targhe alterne :** Pour faire face au problème de la pollution, surtout pendant les mois d'hiver, plusieurs grandes villes italiennes ont imposé la circulation alternée des voitures : selon le numéro de la plaque d'immatriculation (pair ou impair), les voitures peuvent circuler un jour sur deux. Les voitures munies de pot catalytique en sont dispensées, d'où la progression des ventes de ce type de voitures.

8. **un pulmann :** synonyme d'**autobus**. La **corriera**, par contre, dessert les zones non urbaines.

9. **pieno zeppo :** l'adjectif **zeppo** (*bondé*, *bourré*) est souvent utilisé pour renforcer **pieno**.

10. **Non mi va :** *je n'ai pas envie de... ça ne me dit rien de...*

Non mi va di stare tappato in casa con questo bel tempo. *Je n'ai pas envie de rester enfermé à la maison par ce beau temps.*

En emploi absolu : **Non mi va** : *Ça ne me plaît pas.*

7b. GRAMMAIRE

LES COMPLÉMENTS DE TEMPS : LE PASSÉ

Io sono qui da un quarto d'ora.
Ho visto passare il 7 cinque minuti fa.

L'action ou l'événement situés dans le passé sont introduits par :
– **fa**, si l'on considère l'aspect ponctuel : **è successo un anno fa** ;
– **da**, si l'on considère l'aspect duratif : **ci conosciamo da dieci anni**.

À noter que **fa** est invariable (c'est une forme figée du verbe **fare**) et qu'il est toujours postposé : **due anni fa, una settimana fa**. On ne peut l'utiliser que pour une détermination temporelle relative au présent.

Pour indiquer l'aspect ponctuel, il existe une autre locution moins fréquente et possible seulement avec un pluriel : **or sono**, toujours postposée aussi : **lo incontrai la prima volta dieci anni or sono**.

À noter aussi : **è molto che** : *ça fait longtemps que...*

☞ **A.** *Traduire :*

1. Je ne l'avais pas vu depuis deux ans. 2. Nous étions rentrés depuis dix minutes lorsqu'ils sont arrivés. 3. Je lui ai écrit il y a un mois et il n'a pas encore répondu. 4. Ils se fréquentent depuis un an. 5. Enfin ! Ça fait une demi-heure que je vous attends.

LES COMPLÉMENTS DE TEMPS : LE FUTUR

Ho un appuntamento fra mezz'ora.
Se non arriva entro cinque minuti...

L'action ou l'événement situés dans le futur sont introduits par la préposition **fra/tra** :

Tornerà fra tre giorni. *Il reviendra dans trois jours.*

Pour indiquer un délai, une date à ne pas dépasser, on utilise la préposition **entro** :

Questa bolletta va pagata entro la fine del mese.
Cette facture doit être payée avant la fin du mois.

☞ **B.** *Traduire :*

1. Il faut que ce travail soit terminé d'ici la fin de la semaine. 2. Je serai prêt dans un quart d'heure. 3. Tes parents ont appelé il y a dix minutes ; ils rappelleront dans une heure. 4. Dépêche-toi ! Le train part dans trois minutes. 5. Il faut libérer la chambre avant 11 heures.

LES NOMS DE RUE...

Ho appuntamento in Piazza Duomo.

Lorsqu'elles sont complément de lieu, les indications de rues, de places sont toujours précédées de la préposition **in** :

Abito in via Garibaldi.

Ho parcheggiato la macchina in Piazza Venezia.

NEANCHE, NEMMENO, NEPPURE

Neanche il 7 era in orario.

Neanche, nemmeno, neppure *(même pas, non plus)* sont des adverbes de négation composés de « **ne** ». Comme les adjectifs et les pronoms négatifs (**nessuno/niente**) lorsqu'ils sont placés devant le verbe, ils remplacent la négation qui est donc omise. Lorsqu'ils suivent le verbe, celui-ci est précédé de la négation « **non** ».

Neanche tu lo sai → Non lo sai neanche tu.

☞ **C.** *Transformer suivant le modèle :*
Non è venuto nemmeno lui → Nemmeno lui è venuto.
1. Non erano arrivati nemmeno loro. 2. Non mi ha mandato nemmeno una cartolina. 3. Non ci siete andati neanche voi. 4. Non ho potuto parlargli nemmeno un minuto. 5. Dicono che non pioverà neanche oggi.

☞ **D.** *Transformer suivant le modèle :*
Neanche a noi è piaciuto → Non è piaciuto neanche a noi.
1. Neanche noi siamo stati invitati. 2. Neanche domani potrò venirti a trovare. 3. Nemmeno Carlo ne ha sentito parlare. 4. Nemmeno un'ora è rimasto. 5. Neanche tu hai capito quel che voleva dire.

☞ **E.** *Traduire en utilisant le lexique du dialogue :*
1. Je te fais confiance, je sais que tu es un ami. 2. Si vous étiez arrivés à l'heure, vous les auriez vus. 3. Il n'y a pas de train pour aller dans ce village; il faut prendre le car. 4. Vous auriez mieux fait de ne pas les acheter. 5. Ça te dit de sortir ce soir? 6. Le métro était bondé; on était serré comme des sardines. 7. Il faut toujours faire la queue à ce guichet *(sportello)*. 8. Les ventes de voitures équipées de pot catalytique ont progressé de façon spectaculaire. 9. À cette heure-ci, il y a une circulation incroyable. 10. Ça ne peut plus continuer ainsi. Il faut faire quelque chose.

7*c*. PRONONCIATION

LE REDOUBLEMENT CONSONANTIQUE

À la différence de ce qui se passe en français aujourd'hui, en italien les consonnes doubles (ou *géminées*) ont une prononciation différente des consonnes simples : une intensité plus forte et un léger allongement de la syllabe.

Remarques

1. Dans certaines régions du Nord, surtout en Vénétie et à Bologne, les consonnes géminées ne sont pas respectées dans la langue parlée. Cela est compensé par un allongement considérable de la voyelle qui suit. Ainsi **bottega** est prononcé [**boteega**].

2. Il existe de nombreux cas de paronymie : le non respect de la gémination entraîne un changement de sens. Quelques exemples :

fato (*destinée*)	**fatto** (*fait*)
cane (*chien*)	**canne** (*roseaux*)
capello (*cheveu*)	**cappello** (*chapeau*)
casa (*maison*)	**cassa** (*caisse*)
capi (*chefs*)	**cappi** (*nœuds*)
caro (*cher*)	**carro** (*char*)
nona (*neuvième*)	**nonna** (*grand-mère*)

☞ **F.** *Prononcer, puis vérifier avec l'enregistrement :*
macchina, anello, brutto, collega, rossetto, allenatore, bicicletta, fiaccola, Marcello, reddito, accordo, uccello, farfalla, vaccino, tafferuglio, sussurro, biscotto, asciutta, rivoltella, pizza, mamma, aggirare, zeppo, coccodrillo, casetta, Giovanni, ricco, buccia, detto, nonno.

☞ **G.** *Prononcer, puis vérifier :*
1. Poveretto! com'è ridotto male! 2. I corridori arriveranno alle sette. 3. Che bello questo palazzo! 4. Mi sono allontanato dalla zona, tirava brutta aria. 5. Hanno mandato i confetti del battesimo. 6. Dammi la tua penna, la mia è rotta. 7. Improvvisamente, dei passi nella notte, uno scricchiolio sinistro; chi poteva mai essere? 8. Stai attento che scotta! 9. E' una città bellissima, mi piacerebbe tornarci. 10. Butta via quella roba, è tutta sporca.

8. GLI SCRUTINI

Due amici si ritrovano nell'atrio del liceo.

M. = Mario — **D.** = Davide

M. Ciao Davide. Cosa fai da queste parti oggi?
D. Sono venuto a vedere gli esiti degli scrutini[1], ma li affiggono solo domani.
M. E pensi di farcela?
D. Sono scarso in matematica e in inglese. In inglese dovrebbe andarmi liscia[2], per la matematica[3] invece ho paura.
M. Chi avevi quest'anno in matematica?
D. La Moretti[4]. E' una carogna. Mai una volta che mi abbia dato un bel voto, al massimo la sufficienza[5].
M. Anche tu però, non è che ce la metta tutta.
D. Ma le sue lezioni sono barbose, sempre la stessa solfa. E poi non ci sa fare con i giovani. E un mucchio di compiti per casa.
M. Per forza! Non sei più alle medie[6]. Alle superiori c'è più da studiare, soprattutto allo Scientifico[7].
D. Lo so, ma con quella non mi trovo proprio. Il guaio è che, se mi rimanda, i miei non mi comprano il motorino che mi avevano promesso. Mi farebbe comodo[8] quest'estate per andare in piscina con gli amici. Se no, devo prendere il pulmann e col caldo che fa qui d'estate...
M. Chissà che tu non sia promosso[9] lo stesso. Magari, invece di rimandarti solo per una materia, decidono di promuoverti per il rotto della cuffia.
D. L'ultima volta che mia madre è andata a udienze[10], la prof le ha detto che se non mi mettevo a studiare sul serio non mi promuoveva. E siccome allo Scientifico la matematica è la materia più importante...
M. Uomo avvisato mezzo salvato...
D. Sì, ma il semestre è finito maluccio. L'ultimo compito in classe non mi è andato bene[11]. C'è poco da fare, faccio fatica in matematica; avrei dovuto fare ragioneria.
M. Ma guarda che anche a ragioneria si fa un bel po'[12] di matematica.
D. Non è la stessa cosa. E poi non avrei avuto la Moretti....
M. Povero illuso[13], ci sarebbe stato qualcun altro come lei.
D. Ma il motorino lo avrei avuto!

8. LE CONSEIL DE CLASSE

Deux amis se retrouvent dans le hall de leur lycée.

M. = Marc — D. = David

M. Salut David. Qu'est-ce que tu fais par ici aujourd'hui?
D. Je suis venu voir les résultats du conseil de classe, mais on ne les affiche que demain.
M. Tu penses que tu as réussi?
D. Je suis juste en maths et en anglais. En anglais ça devrait passer, mais j'ai peur pour les maths.
M. Qui est-ce que tu avais en maths cette année?
D. Mme Moretti. C'est une peau de vache. Impossible d'avoir une bonne note avec elle, au maximum la moyenne.
M. De ton côté aussi, on ne peut pas dire que tu as fait de ton mieux.
D. Mais ses cours sont barbants. Toujours la même rengaine. Et elle ne sait pas s'y prendre avec les jeunes. Elle est trop sévère. Elle donne un tas de devoirs à la maison.
M. Bien sûr (Forcément)! Tu n'es plus au collège. Au lycée, il faut travailler davantage, surtout dans les sections scientifiques.
D. Je sais. Mais avec celle-là, je ne m'entends vraiment pas. Le problème c'est que, si je dois repasser en septembre, mes parents ne m'achèteront pas la mobylette qu'ils m'avaient promise. Ça m'arrangerait cet été pour aller à la piscine avec les copains. Sinon je dois prendre le bus, et avec la chaleur qu'il fait ici l'été...
M. Peut-être bien que tu pourrais être reçu. Peut-être qu'au lieu de te faire repasser une seule matière en septembre, ils ont décidé de te faire passer quand même.
D. La dernière fois que ma mère est allée voir la prof, elle lui a dit que si je ne me mettais pas à travailler sérieusement, elle ne me ferait pas passer. Et puisque dans les sections scientifiques, les maths c'est la matière la plus importante...
M. Un homme averti en vaut deux!
D. Oui, mais le semestre s'est plutôt mal terminé. Le dernier contrôle n'a pas bien marché. Il n'y a rien a faire, j'ai du mal en maths, j'aurais dû choisir une section de comptabilité.
M. Tu sais, dans les sections de comptabilité, on fait aussi pas mal de maths.
D. Ce n'est pas pareil. Je n'aurais pas eu Mme Moretti.
M. Pauvre naïf! Tu aurais eu quelqu'un d'autre comme elle.
D. Mais ma mobylette, je l'aurais eue!

8*a*. VOCABULAIRE ET EXPRESSIONS

1. **gli scrutini :** *le conseil de classe.* Évaluation d'un élève à la fin d'une période ou de l'année scolaire. Dans ce sens, toujours au pluriel. Au singulier, il désigne l'opération électorale ou son mode : **scrutinio segreto, di lista**...

2. **dovrebbe andarmi liscia :** *je devrais m'en tirer.*
Mi è andata liscia. *Je m'en suis bien tiré.*
À remarquer : l'accord de l'adjecif au féminin avec un sous-entendu **cosa, faccenda.** Le sens de cette expression est analogue à celui du verbe **cavarsela**, ce dernier cependant implique un effort de la part de l'intéressé.

3. **matematica.** Comme substantif, toujours au singulier.

4. **la Moretti.** L'emploi de l'article devant le patronyme n'a rien de péjoratif, mais c'est plutôt familier ; on l'utilise pour des personnes de connaissance. L'article est très fréquent avec les prénoms : **Me lo ha detto la Paola.** *C'est Paola qui me l'a dit.*

5. **la sufficienza :** *la moyenne.* Les notes sont sur 10, pour avoir la moyenne il faut avoir au moins 6. À l'université, les notes sont sur 30, sauf pour la soutenance de la maîtrise **(laurea)** qui est sur 110 ; on peut avoir aussi les félicitations du jury **(con lode).**
À remarquer également : **un bel voto,** *une bonne note ;* **un brutto voto,** *une mauvaise note.*

6. **le medie / le superiori.** L'enseignement secondaire comprend en Italie **le medie (inferiori)** (trois ans qui correspondent au collège) et **le (medie) superiori** (5 ans qui correspondent au lycée). La fin de l'enseignement secondaire est sanctionnée par un examen appelé **Maturità.**

7. **lo Scientifico.** Lycée à option scientifique. Il n'y a pas de lycée polyvalent en Italie, chaque établissement correspond à une orientation.

À connaître aussi : **il (liceo) Classico**, lycée à option littéraire ; les matières principales sont les lettres, la philosophie, les langues anciennes ; **Ragioneria**, établissement qui prépare au diplôme de comptabilité et aux métiers du commerce, de la banque ; **il (liceo) Linguistico**, pour l'étude des langues étrangères ; **le (scuole) Magistrali**, qui prépare les futurs instituteurs **(maestri** et **maestre).**

8. **mi farebbe comodo :** *ça m'arrangerait bien.* L'adjectif **comodo** (*confortable*) est présent dans plusieurs expressions.

Rappelons les principales :

Questa giacca ti sta comoda.

Cette veste est un peu large pour toi.

Su questa poltrona si sta proprio comodi.

Dans ce fauteuil on est vraiment bien.

Stia comodo ! *Ne vous dérangez pas !*

9. **promuovere.** Dans le système italien, un élève peut être promosso (*reçu*), **bocciato** ou **respinto** (*recalé*) ou encore **rimandato** (il doit repasser en septembre les matières, trois au maximum, pour lesquelles il n'a pas eu la moyenne en juin).

10. **udienza.** Mot à mot : *audience.* Dans ce contexte spécifique le mot indique les rencontres individuelles parents-professeurs.

11. **non mi è andato bene :** *ça n'a pas bien marché.* Évidemment on peut dire aussi **è andato male** : *ça a mal marché, ça a raté.*

À retenir :

Ti è andata bene. *Tu as eu de la chance.*

12. **un bel po' :** L'adjectif **bel** (**bello**) renforce la valeur de po' (**poco**). Donc *pas mal.*

13. **illuso :** (part. passé du verbe **illudere**) au sens propre, c'est quelqu'un qui est victime d'une illusion. Utilisé comme synonyme de *naïf, nigaud.*

☞ **A.** *Traduire :*

1. Il a eu un accident *(incidente)* sur sa mobylette mais il a eu de la chance, il s'en est tiré avec quelques éraflures *(graffio).* 2. Il ne sait pas ce qu'il va faire après son bac. 3. Je lui ai dit qu'on était pressé, mais il a pris tout son temps. 4. Ils ont visité pas mal d'appartements, mais ils n'ont pas trouvé. 5. C'est un garçon intelligent, mais il a du mal à se concentrer.

8*b*. GRAMMAIRE

VERBE DE MOUVEMENT + INFINITIF

Sono venuto a vedere

Lorsqu'un verbe de mouvement (**andare**, **venire**, **correre**, **salire**, **scendere**, etc.) est suivi d'un infinitif, celui-ci est précédé de la préposition **a**.

☞ **B.** *Traduire :*
1. Ils sont allés acheter leurs billets. 2. Dès qu'il a vu qu'il était reçu, il a couru annoncer la bonne nouvelle à ses parents. 3. Nous viendrons vous chercher *(prendere)* à 8 heures et demie. 4. Je monte chez moi prévenir ma femme et je viens avec vous. 5. Il est descendu voir s'il y avait du courrier dans la boîte aux lettres *(cassetta delle lettere).*

LA CONSTRUCTION IMPLICITE À SUJET UNIQUE

Pensi di farcela

Dans une proposition substantive implicite, l'infinitif est précédé de la préposition **di** lorsque le sujet de la principale et de la subordonnée est le même :

(Io) spero che (io) ce la farò → spero di farcela.

(Loro) sanno che (loro) hanno sbagliato → sanno di aver sbagliato.

Bien entendu, lorsque le sujet des deux verbes n'est pas identique, la construction implicite n'est pas possible :

Spero che tu ce la farai. *J'espère que tu y arriveras.*

Loro sanno che tu hai sbagliato. *Ils savent que tu t'es trompé.*

Exception

Lorsque le verbe de la principale exprime un ordre, un souhait ou une interdiction, on peut avoir une construction implicite, même si les sujets sont différents :

Mi ha chiesto di non dirlo a nessuno.
Il m'a demandé de ne le dire à personne.

☞ **C.** *Transformer suivant le modèle :*

Penso che ho dimenticato di pagare →
Penso di aver dimenticato di pagare.

1. Ammetto che ho torto. 2. Ha dimostrato che è capace di farlo. 3. Hanno deciso che partiranno insieme. 4. Ha dichiarato che non ha visto niente. 5. Avete creduto che eravate da soli.

8c. PRONONCIATION

LE REDOUBLEMENT SYNTAXIQUE

C'est un phénomène phonétique, limité donc à la langue orale : lorsqu'un mot commençant par une consonne est précédé par un mot se terminant par une voyelle, dans certaines conditions il se produit un renforcement de la consonne initiale.

Ce redoublement n'est pas marqué graphiquement. Il se produit entre deux mots étroitement liés par leur sens et leur fonction. On le retrouve plus particulièrement :
– lorsque le premier mot est oxyton (tronqué) : **starò bravo**, qui est donc prononcé **starò bbravo** ;
– après un mot monosyllabique, surtout un verbe, une conjonction, une préposition, un pronom : **è bravo**, prononcé **è bbravo** ; **sono rimasti a Roma**, prononcé : **sono rimasti a Rroma** ; **chi parla ?** prononcé **chi pparla ?**

Remarque

Ce phénomène est typique des régions du Centre-Sud en général, et de la Toscane en particulier ; par contre, il est presque absent dans les régions du Nord où même les doubles consonnes sont simplifiées.

Il n'est donc pas nécessaire de le respecter, au contraire, mais il faut le connaître pour ne pas le confondre avec le véritable redoublement consonantique.

☞ **D.** *Exercice de révision. Comment diriez-vous... ?*

1. S'il vous plaît, Madame ! 2. Merci beaucoup. 3. Assieds-toi donc ! 4. Pas mal du tout ! 5. Ce n'est pas faux. 6. Je n'y crois pas du tout. 7. Vous auriez mieux fait d'y aller tout de suite. 8. Des balivernes ! 9. Fais-moi confiance. 10. Est-ce qu'il y a quelque chose à manger ici ? 11. Tiens, je vais te raconter une histoire drôle. 12. Où est-il passé ? 13. Tu as fini ? – Pas du tout ! 14. Ça ne m'était jamais arrivé. 15. Attends-moi un instant ! 16. Qui veux encore un peu de tarte ? – Moi ! 17. Il se trompe, c'est toi qui as raison. 18. J'ai tout essayé, mais je n'ai pas réussi à arrêter. 19. C'est ça ! 20. Qu'est-ce qui t'est passé par la tête ?

9. PREZZI CONVENIENTI

Al supermercato.

L. = Luigi — **M.G.** = Maria Grazia

L. Mica[1] male questo nuovo supermercato. Ma quanta gente!

M.G. Sì, però i prezzi sono convenienti[2].

L. Guarda che fila alle casse. Speriamo che quando arriveremo noi ci sia meno da aspettare.

M.G. Sta' attento col carrello, Luigi. Per poco non[3] buttavi giù quella pila di scatole.

L. Cosa vuoi, c'è poco spazio tra gli scaffali, si passa appena in due[4]. Hai già comprato frutta e verdura?

M.G. Sì, ho preso uva e pere. Le pere sono molto mature, non ne ho prese molte, non vorrei che andassero a male. Poi ho preso insalata, pomodori e zucchini.

L. Io ho preso due etti[5] di prosciutto crudo per stasera, così anche se rientriamo tardi è subito pronto. E due braciole[6] per domani.

M.G. Hai fatto bene. Adesso la pasta[7]. Per una volta che vieni a fare le spese, dimmi tu che qualità preferisci.

L. Per me vanno tutte bene, basta che poi sia cotta come si deve.

M.G. Prendiamo questa, è la stessa che ho preso l'ultima volta; ti era piaciuta no?

L. Sì sì, ma fa' un po' più alla svelta, se no domattina siamo ancora qui.

M.G. E il caffé... vediamo, ecco; però sarebbe più conveniente prendere questa confezione da tre pacchetti. Ne hai tre per il prezzo di due. Cosa ne pensi?

L. Comincio ad essere stufo, prendi quello che vuoi, ma sbrigati. Finisce sempre così al supermercato. Ti fanno comprare il doppio di quello che avresti voluto e ti porti a casa un mucchio di roba che poi non sai neanche dove metterla.

M.G. Ecco, ho quasi finito. Qualche bibita e possiamo andare.

L. Aspetta, aspetta. Mi sono scordato[8] di comprare dei rasoi. Hai visto dove sono? Ne avrei bisogno.

M.G. Sì, li ho visti nel reparto qui di fianco. Vai pure intanto che io do un'occhiata ai prodotti per la casa.

L. Ti lascio il carrello, ci ritroviamo qui fra due minuti esatti.

M.G. Va' bene. Minuto più, minuto meno, tanto alla cassa c'è da fare la fila!

9. DES PRIX INTÉRESSANTS

Au supermarché.

L. = Louis — M.G. = Maria Grazia

L. Pas mal du tout ce nouveau supermarché. Mais quel monde !

M.G. C'est vrai, mais les prix sont intéressants.

L. Regarde la queue qu'il y a aux caisses. Espérons que lorsque nous y arriverons, il y aura moins à attendre.

M.G. Fais attention avec le caddie, Louis. Tu as failli renverser cette pile de boîtes.

L. Qu'est-ce que tu veux, il y a peu de place entre les rayons, on passe à peine à deux. Tu as déjà acheté les fruits et les légumes ?

M.G. Oui, j'ai pris du raisin et des poires. Les poires sont très mûres, je n'en ai pas pris beaucoup, je ne voudrais pas qu'elles s'abîment. J'ai pris aussi de la salade, des tomates et des courgettes.

L. Moi j'ai pris deux cents grammes de jambon cru pour ce soir, comme ça ce sera vite prêt même si on rentre tard. Et deux côtelettes pour demain.

M.G. Tu as bien fait ; maintenant les pâtes. Pour une fois que tu viens faire les courses avec moi, tu vas me dire quelle qualité tu préfères.

L. Pour moi, tout va bien, il suffit qu'après elles soient cuites comme il faut.

M.G. On va prendre celles-ci. Ce sont les mêmes que j'ai prises la dernière fois. Tu avais aimé, n'est-ce pas ?

L. Oui, oui, mais un peu plus vite, on ne va quand même pas coucher ici.

M.G. Et le café... voyons, il serait plus intéressant de prendre ce lot de trois paquets. On en a trois pour le prix de deux. Qu'est-ce que tu en penses ?

L. Je commence à en avoir marre, prends ce que tu veux, mais dépêche-toi. Ça se termine toujours comme ça au supermarché. On vous fait acheter le double de ce qu'on aurait voulu et on rapporte à la maison un tas de choses qu'on ne sait même pas où ranger.

M.G. Ça y est, j'ai presque fini. Quelques boissons et on peut partir.

L. Attends, attends ! J'ai oublié d'acheter des rasoirs. Est-ce que tu as vu où ils sont ? J'en ai besoin.

M.G. Oui, je les ai vus dans le rayon tout à côté. Vas-y pendant que je jette un coup d'œil aux produits ménagers.

L. Je te laisse le caddie, on se retrouve ici dans deux minutes précises.

M.G. D'accord, mais une minute de plus ou de moins, de toute façon il faut faire la queue à la caisse.

9*a*. VOCABULAIRE ET EXPRESSIONS

1. **mica :** négation très fréquente dans la langue parlée pour renforcer **non**. **Non ho mica fame** : *je n'ai pas faim*. Elle peut aussi remplacer **non** :
– devant un verbe : **Mica è facile questo compito.**
Il n'est pas du tout facile ce devoir.
– devant un adjectif : **Mica brutta la ragazza.**
Elle n'est pas mal du tout cette fille.
– devant un adverbe : **Mica male.** *Pas mal du tout.*

2. **conveniente.** Outre le sens premier de *adéquat, convenable*, l'adjectif a pris aussi la valeur, en parlant de prix ou de marchandises, d'*avantageux, intéressant.*

3. **per poco non... :** quasi quasi.
Per poco non perdevo il treno. *J'ai failli rater mon train.*
On peut dire aussi : **C'è mancato poco che non perdessi il treno.**

4. **in due :** *à deux.* Remarquer l'emploi de la préposition **in**.
Verremo in cinque. *Nous viendrons à cinq.*
Sono rimasti in due. *Ils sont restés à deux.*

5. **due etti :** *deux cents grammes.* Deux remarques. La première, c'est que la charcuterie ne s'achète pas par tranches, mais au poids. Deuxièmement, voici quelques unités de mesures utilisées couramment : l'**etto** (abréviation d'**ettogrammo**) = 100 g ; **mezzo chilo** (il n'y a pas de livre), **un quintale** (100 kg).
Mi dia due etti e mezzo di carpaccio.
Donnez-moi deux cent cinquante grammes de carpaccio.
Quel signore lì peserà almeno un quintale.
Ce type-là doit peser au moins cent kilos.

6. **braciole :** selon les régions, c'est une côte de porc ou un bifteck.

7. **la pasta :** *les pâtes*, au singulier. Rappelons que **la pasta** peut être **asciutta** (tout le monde connaît) mais aussi **in brodo** (dans du bouillon).
Ne pas confondre avec il **pasticcino**, le gâteau individuel, qui se dit **pasta** également :
Ci hanno invitati per domani ; porteremo delle paste.
Ils nous ont invités pour demain ; nous apporterons des gâteaux.

8. **mi sono scordato :** *j'ai oublié.* Le verbe **scordare / scordarsi**, utilisé surtout dans la langue parlée, équivaut à **dimenticare / dimenticarsi**.

9*b*. GRAMMAIRE

ACCORD DU PARTICIPE PASSÉ AVEC LE C.O.D.

È la stessa che ho preso l'ultima volta.
Ne ho prese poche.
Li ho visti nel reparto qui di fianco.

1. L'accord du participe passé avec le C.O.D. placé avant le verbe est obligatoire seulement avec les pronoms personnels **lo/la/li/le** et avec le pronom **ne**.

2. Avec les autres pronoms personnels (**mi, ti, ci, vi**), l'usage est flottant, mas le non accord prévaut.

3. Lorsque le C.O.D. placé avant le verbe est un nom ou un autre pronom, on ne fait habituellement pas l'accord.

Vorrei dare un'occhiata alla rivista che hai portato a casa.
Je voudrais jeter un coup d'œil à la revue que tu as rapportée à la maison.
E' la ragazza che mi hai presentato tu l'altra sera.
C'est la jeune fille que tu m'as présentée l'autre soir.
C'eravate anche voi ? Io non vi ho visto (visti).
Vous y étiez aussi ? Je ne vous ai pas vus.

Remarque

On suit la règle générale avec le participe passé **fatto** suivi d'un infinitif.

Li ho fatti spedire in raccomandata.
Je les ai fait envoyer en recommandé.

☞ **A.** *Traduire :*

1. Montre-moi la cassette vidéo que tu as achetée hier. 2. Voici les livres que vous m'avez demandés (formule de politesse). 3. Savez-vous où sont mes clés? Je les avais laissées sur la petite table dans l'entrée. 4. Il nous a regardées, mais il ne nous a pas reconnues. 5. Le voisin m'a rendu les outils que tu lui avais prêtés.

LES INDÉFINIS DE QUANTITÉ

Quanta gente !
Non ne ho prese molte.

Les indéfinis de quantité **molto** *(beaucoup)*, **poco** *(peu)*, **troppo** *(trop)*, **parecchio** *(beaucoup)*, **tanto** *(tant)*, **altrettanto** *(autant)*, **quanto** *(combien, que de)*, lorsqu'ils accompagnent ou se rapportent à un nom sont des adjectifs ou des pronoms, ils s'accordent donc en genre et en nombre.

Par contre, lorsqu'ils accompagnent un adjectif ou un verbe, ils sont adverbes et ne s'accordent pas, ils sont invariables.

C'erano pochi spettatori, ma erano tutti molto contenti.
Il y avait beaucoup de spectateurs, mais ils étaient tous très satisfaits.

☞ **B.** *Traduire :*

1. Je n'ai jamais vu autant de touristes! 2. Il y a peu de chances (*probabilità*) pour qu'il puisse rentrer avant ce soir. 3. Elle a peu de patience avec les enfants. 4. Si les cerises coûtent trop cher, achètes-en, mais peu. 5. Tout le monde voudrait gagner beaucoup d'argent (*soldi*, pl.), mais sans trop se fatiguer.

OMISSION DU PARTITIF

Ho preso insalata, pomodori e zucchini.

L'article partitif, qui indique une partie d'un objet qui peut être partagé, ou une quantité indéfinie d'objets dénombrables, est omis :

1. dans les phrases négatives :
Non c'è più benzina. *Il n' y a plus d'essence.*
Non ha soldi. *Il n'a pas d'argent.*

2. avec les noms abstraits :
Non se sia coraggio o incoscienza.
Je ne sais pas si c'est du courage ou de l'inconscience.

Il est fréquemment omis aussi :

1. dans les énumérations :
C'erano francesi, inglesi, tedeschi, belgi, americani... non avevo mai visto tanti stranieri.
Il y avait des Français, des Anglais, des Allemands, des Belges, des Américains... je n'avais jamais vu autant d'étrangers.

2. lorsqu'on parle d'objet(s) pris comme espèce (au sens général) :
Avete pane? *Avez-vous du pain?*

☞ **C.** *Traduire :*

1. N'achète pas de spaghettis, il en reste deux boîtes. 2. C'était un voyage très intéressant : nous avons visité des églises, des abbayes, des châteaux, des palais et des musées. 3. Vous pouvez apporter de la charcuterie et du fromage; nous nous occuperons du reste. 4. Je n'ai plus d'allumettes, donne-moi ton briquet. 5. Il a du bon sens et de l'esprit d'initiative, il réussira certainement.

9*c*. PRONONCIATION

LES GROUPES -AN- / -AM-, -EN- / -EM-...

Il n'y a pas en italien de voyelles nasales. Dans la prononciation des groupes qui sont nasalisés en français, il faut donc veiller à dissocier les deux éléments qui les composent, en articulant fortement la voyelle et en l'appuyant sur la consonne précédente (et non sur la suivante).

– **an-** et **-am-** se prononcent [an], [am] : **antico** [antiko], **campo** [kampo] ;
– **en-** et **-em-** se prononcent [en] et [em] : **vendere** [vendere], **semplice** [semplitʃe] ;
– **in-** et **-im-** se prononcent [in] et [im] : **cinque** [tʃinkwe], **limpido** [limpido] ;
– **on-** et **-om-** se prononcent [on] et [om] : **mondo** [mondo], **complice** [komplitʃe] ;
– **un-** et **-um-** se prononcent [un] et [um] : **funzionario** [funtsjonario], **umbro** [umbro].

Attention surtout à la prononciation du suffixe adverbial **-mente** [-mente].

☞ **D.** *Prononcer et vérifier avec l'enregistrement :*

Sentimento, intelligente, dunque, ingrato, tenero, insolente, mentalità, conveniente, tranquillamente, interno, banda, benda, tonto, tinto, intellettuale, gentile, annientare, confortevole, intimità, enfatico, volentieri, incline, onda, linfa, ombra, lontanto, panca, cantare, insetto, semplicemente, complicato, lampada, riassunto, vincitore, compito, rotondo.

☞ **E.** *Prononcer et vérifier avec l'enregistrement :*

1. La gente era entusiasta. 2. E' venuto un venditore a proporre un'enciclopedia. 3. E' lì davanti a te, non lo vedi? 4. Non ne ho la minima intenzione. 5. Bisogna pagare in contanti. 6. La lingua batte dove il dente duole. 7. Non sono tanto contento, me ne pento già. 8. Entra, entra, gli altri invitati sono gia arrivati. 9. E' un ragazzo intelligente e simpatico. 10. A me la campagna piace d'estate, non d'inverno.

10. L'ORA LEGALE

Marta e Simona, due colleghe d'ufficio, stanno chiacchierando.

M. = Marta — **S.** = Simona

M. Venerdì, finalmente ! Domani e domenica potrò riposarmi un po', e dormire la mattina. Ne ho proprio bisogno.

S. Ricordati che domenica entra in vigore l'ora legale[1]. Bisogna mettere avanti[2] l'orologio[3] di un'ora.

M. E' vero ! Me l'ero dimenticato ! Accidenti ! e io che pensavo di poltrire[4] a letto domenica mattina !

S. Eh no ! Sarà meglio che ti alzi e che ti abitui subito al nuovo orario, se no lunedì mattina sarà dura[5] per venire in ufficio.

M. Mica solo lunedì mattina, mi ci vogliono due o tre giorni per abituarmi. Pure mio figlio fa fatica[6]. Per almeno una settimana è completamente sfasato nel mangiare e nel dormire. La mattina non riesce ad alzarsi, quando lo lascio a scuola è ancora mezzo addormentato, la sera invece non andrebbe più a letto. Per i pasti è la stessa cosa, non è mai il momento buono. A me questo sistema proprio non va. E per di più domenica prossima si dorme un'ora di meno.

S. E' vero che bisogna abituarsi, ma poi ci sono dei vantaggi. La sera per esempio puoi restare fuori di più, fa chiaro fino a tardi ; e d'estate la mattina ti alzi che fa ancora fresco.

M. Si, ma non cambia molto. Tanto[7] il gran caldo poi ce l'hai lo stesso. Dicono che lo fanno per diminuire i consumi[8] energetici, io non sono molto convinta, che sia di mattina o di sera, ad un certo momento la luce devi pure accenderla.

S. Ad ogni modo, adesso non si può più tornare indietro. L'Italia è stata praticamente la prima ad adottare l'ora legale, poi quasi tutti i paesi europei hanno fatto lo stesso.

M. E quest'autunno si ricomincia. Ma lì almeno si dorme un'ora di più !

S. Su, basta con le chiacchiere. Bisogna che finisca di battere questa relazione prima delle quattro ; il dottor Rossi vuole che sia pronta per lunedì mattina.

10. L'HEURE D'ÉTÉ

Marthe et Simone, deux collègues de bureau, sont en train de bavarder.

M. = Marthe — S. = Simone

M. Enfin ! vendredi ! Demain et dimanche je pourrai me reposer un peu, et dormir le matin. J'en ai vraiment besoin.
S. Rappelle-toi que c'est dimanche que commence l'heure d'été. Il faut avancer les montres d'une heure.
M. C'est vrai ! Je l'avais oublié ! Zut, et moi qui pensais faire la grasse matinée dimanche matin...
S. Eh non, il vaudra mieux que tu te lèves, et que tu t'habitues tout de suite à la nouvelle heure, sinon lundi matin ça va être dur pour venir au bureau.
M. Pas seulement lundi matin, il me faut deux ou trois jours pour m'habituer. Mon fils aussi a du mal. Pendant une semaine au moins, il est complètement déphasé pour manger et pour dormir. Le matin il n'arrive pas à se lever ; quand je le laisse à l'école, il est encore à moitié endormi, le soir par contre il n'irait jamais se coucher. Pour les repas c'est la même chose, ce n'est jamais le bon moment. Ce système ne me convient vraiment pas. Et en plus dimanche prochain, on dort une heure de moins.
S. Il est vrai qu'il faut s'habituer, mais il y a des avantages. Le soir par exemple, tu peux rester dehors plus longtemps, les journées sont longues ; et l'été, quand tu te lèves le matin, il fait encore frais.
M. Oui, mais ça ne change pas grand-chose. De toute façon la grosse chaleur on l'a quand même. Il paraît que c'est pour diminuer la consommation d'énergie, je n'en suis pas très convaincue ; que ce soit le matin ou le soir, il faut bien allumer à un moment ou à un autre.
S. De toute façon, maintenant, on ne peut plus revenir en arrière. En Italie on a été pratiquement les premiers à adopter l'heure d'été, maintenant tous les pays d'Europe l'ont aussi.
M. Et en automne il faudra recommencer. Mais là au moins on dormira une heure de plus.
S. Allez, ça suffit avec les bavardages. Il faut que je termine de taper ce rapport avant quatre heures. M. Rossi veut que ce soit prêt pour lundi matin.

10*a*. VOCABULAIRE ET EXPRESSIONS

1. **l'ora legale :** *l'heure d'été.* On l'appelle ainsi car elle ne correspond pas à l'heure solaire, mais est imposée par la loi.

2. **mettere avanti :** *avancer.* À noter les différents emplois du verbe **mettere** avec les adverbes déictiques : **mettere indietro** : *retarder*; **metter via** : *ranger*; **mettere dentro** : *rentrer qqch.* (en emploi absolu = *mettre en prison*) ; **metter giù** : *poser, laisser.*

3. **l'orologio.** Appellation générique de tout instrument pour mesurer le temps. La détermination est souvent sous-entendue, parfois exprimée : **orologio (da polso)** : *montre-bracelet*; **orologio da tasca (da taschino)** : *gousset*; **orologio a muro** : *horloge murale*; **orologio a pendolo** : *pendule.*

À noter aussi les expressions suivantes :
L'ho aspettata un'ora d'orologio.
Je l'ai attendue une heure entière (précise).
Il mio orologio spacca il minuto *Ma montre est très précise.*

4. **poltrire :** *faire la grasse matinée* ou *ne rien faire.*
Attention aux faux-amis : **poltrone** : *paresseux, fainéant.*
Ma che poltrone, non si alza mai prima delle dieci !
Quel paresseux, il ne se lève jamais avant dix heures !

5. **sarà dura :** *ça va être dur.* Remarquer l'accord de l'adjectif au féminin ; on sous-entend **la cosa, la faccenda.**

6. **far fatica :** *avoir du mal, peiner.* **Fatica**, au sens propre, c'est la fatigue ou le travail harassant ; on dit d'ailleurs :
le 12 fatiche d'Ercole : *les 12 travaux d'Hercule.*
Au sens dérivé, c'est aussi *la difficulté, la peine.*
Quel ragazzo fa fatica a capire la matematica.
Ce garçon a du mal à comprendre les maths.

7. **tanto**. Parmi les différents emplois de cet adverbe, relever la valeur de conclusion qu'il peut avoir dans ce contexte et qui est typique de la langue parlée : *de toute façon.*
Perché ripeterlo, tanto non serve a niente.
Pourquoi le répéter, de toute façon ça ne sert à rien.

8. **i consumi**. Dans la langue de l'économie et dans certaines expressions figées, ce mot est au pluriel.
I consumi delle famiglie sono aumentati del 2 %.
La consommation des ménages a augmenté de 2 %.
La società dei consumi. *La société de consommation.*

10*b*. GRAMMAIRE

BISOGNA / CI VUOLE / OCCORRE

Bisogna mettere avanti.
Ci vogliono due o tre giorni.

Pour traduire « il faut », il existe plusieurs possibilités :
– avec un verbe, on utilise **bisogna**. Le verbe peut être à l'infinitif :

Bisogna alzarsi presto.
Il faut se lever de bonne heure.
ou bien, dans une subordonnée, au subjonctif :
Bisogna che ti alzi presto.
Il faut que tu te lèves de bonne heure.

– avec un nom, on utilise **ci vuole / ci vogliono**, selon que le nom est au singulier ou au pluriel :

Ci vuole molta pazienza con lui.
Il faut beaucoup de patience avec lui.
Ci vogliono tre ore per andarci.
Il faut trois heures pour y aller.

Remarques

1. Attention à la concordance des temps avec **bisogna che** :
Bisogna che tu venga subito.
Il faut que tu viennes tout de suite.
Bisognava che tu venissi subito.
Il fallait que tu viennes tout de suite.

2. Après le conditionnel **bisognerebbe che**, on met toujours l'imparfait du subjonctif :
Bisognerebbe che tu venissi subito.
Il faudrait que tu viennes tout de suite.

3. Il existe une troisième possibilité, valable dans tous les cas, mais moins fréquente dans la langue parlée, surtout avec un verbe, **occorre / occorrono** :
Mi occorre una penna, mi puoi imprestare la tua ?
Il me faut un stylo, peux-tu me prêter le tien ?
Mi occorrono due sacchetti per mettere la spesa.
Il me faut deux sacs pour mettre les courses.

4. Aux temps composés, on évite d'employer **bisogna**. Nous le verrons plus loin.

☞ **A.** *Traduire :*

1. Il fallait y penser avant. **2.** Pour faire ce gâteau, il faut des œufs, de la farine et du chocolat. **3.** Il faudrait que tu me prêtes ta voiture, la mienne est chez le garagiste. **4.** Il ne faut pas que vous restiez si près du poste (de télévision). **5.** Il ne faut pas oublier de poster sa lettre. **6.** Il faut que vous vous dépêchiez pour ne pas rater votre train ; il faut un quart d'heure pour aller à la gare. **7.** Voici ce que vous avez commandé, madame. Il vous faut autre chose ? **8.** Il faudrait un vase plus grand pour ces fleurs. **9.** Il faut deux heures de voiture pour y aller. **10.** Il faudrait faire les courses ce soir.

PURE

Pure mio figlio fa fatica
La luce devi pure accenderla

L'adverbe **pure** a plusieurs fonctions et valeurs. Voyons les principales :

1. Il équivaut à **anche** *(aussi, même).*

E' partito pure suo fratello. *Son frère aussi est parti.*

2. On l'utilise pour inviter à faire quelque chose.

Entri pure ! *Entrez donc !*

3. Il peut renforcer le verbe.

Bisognerà pur rispondergli. *Il faudra bien lui répondre.*

La conjonction **pur** (forme tronquée de **pure**) :

1. suivie du gérondif, elle introduit une concessive.

Pur essendo ammalato, è andato a lavorare.
Tout en étant malade, il est parti travailler.

2. suivie de **di** + infinitif, elle introduit une finale :

E' disposto a tutto pur di vincere.
Il est prêt à tout pour gagner.

☞ **B.** *Traduire :*

1. Con tutti i diplomi che ha, ha accettato quel posto. Cosa vuoi, bisogna pur vivere. **2.** I suoi genitori fanno di tutto pur di accontentarlo. **3.** Lui ha smesso di fumare, e pure sua moglie. **4.** Faccia pure, posso aspettare. **5.** Pur essendo ricchi, abitano in un appartamentino modesto. **6.** Stia comodo, resti pure seduto. **7.** Pure voi avete un box nel vostro cortile ? **8.** Pure di domenica devo alzarmi presto. **9.** Pur volendo, non potrei farlo. **10.** Te l'avevo pur detto di stare attento !

10*c*. PRONONCIATION

LA PRONONCIATION DE « R »

C'est l'une des principales difficultés pour un francophone : en italien [r] est un phonème apical (roulé), et non vélaire [R] (grasseyé) comme en français : le point d'articulation se situe au contact de la langue avec la gencive supérieure. Il est donc conseillé de faire les exercices proposés. En cas d'impossibilité à obtenir un résultat acceptable, il est préférable de garder une prononciation française, qui reste tout à fait compréhensible et qui est aussi assez fréquente en Italie, plutôt que de « rouler » exagérément le **r**.

Dans certaines régions du Nord, il existe aussi une prononciation vélaire du **r**, appelée **erre moscia** ou **erre francese**. Lorsque cette prononciation est cherchée délibérément, c'est un signe d'affectation. On l'utilise dans la caricature du snobisme.

☞ **C.** *Voici quelques exercices d'entraînement :*

1. Essayer de prononcer le **r** en plaçant la pointe de la langue contre les incisives supérieures.

2. Faire précéder le **r** d'un son dont le point d'articulation est situé à l'avant du palais : **p/b/t/d** : prrrrrrr ; brrrrr ; trrrr ; drrrr.

3. En gardant le même point d'articulation, faire suivre le **r** d'une voyelle antérieure : **i/e** : ri, ri, ri, ri... re, re, re re...

4. On combine les deux exercices : pri, pri, pri, pri... tri, tri, tri, tri... dri. Commencer par les consonnes sourdes **p/t**, passer ensuite aux sonores **b/d**.

5. Prononcer les mots suivants (le e fermé est représenté par é, le **e** ouvert par è) :

– primo, privi, principe, primula, prigione, primizia, prémura, préndere, prétésa, présente, préstigio, prézioso, prèmio, prèsto, prèssa, prèstito ;

– triste, trito, triplice, triduo, trifase, trilogia, triangolo, trifoglio, trédici, trémare, trénta, tréno tréccia, trémendo, trésca, trè, trèmulo, trèpido ;

– brio, brillare, brindare, brina, briciola, briccone, briga, briglia, brétella, brévetto, brézza, bréccia, bréviario, brève, brètone, bravo, brace ;

– dritto, drizzare, drénare, drago, drammatico, drastico, dromedario, droghiere.

11. MALTEMPO E AMBIENTE

Quattro amici stanno guardando le previsioni del tempo alla televisione.

S. = Sergio — **C.** = Carla — **P.** = Paolo — **R.** = Roberta

(« L'ondata eccezionale di maltempo[1] che si è abbattuta sull'Italia si sta allontanando lentamente verso Est. Ancora due giorni di scirocco, poi sarà l'aria fredda del Nord Atlantico a debellare le persistenti piogge degli ultimi giorni... »)

R. Sembra che la pioggia stia per smettere. Finalmente[2] !

P. Ma guardate, da un estremo all'altro. Dopo un'estate caldissima, con pochissime precipitazioni, un'afa[3] soffocante, tutta quest'acqua è venuta giù di colpo.

C. Hai sentito[4] dei guai[5] che ha combinato ? Frane, smottamenti, allagamenti, fiumi in piena, tanti senza tetto, persino un disperso.

P. Che poi non si tratta solo di un problema climatico, ma di gestione del territorio. Se venissero prese le disposizioni idonee, non ci sarebbero tutti questi danni.

C. Hanno ragione gli ambientalisti[6]. Dopo decenni di degrado[7], tutti i nodi vengono al pettine ; bisognava pensarci prima. Adesso servirà poco stanziare qualche miliardo se poi non ci sarà la volontà politica di affrontare globalmente il problema.

P. E' vero, e c'è poco da dire : il tempo non è più come una volta ; tra siccità e alluvioni, non c'è più il giusto mezzo. Sembra addirittura che la temperatura aumenterà di alcuni gradi nel prossimo secolo.

R. Anche questo è un risultato del nostro modo di sviluppo : effetto serra, buco nell'ozono, inquinamento dei mari, abbassamento della falda freatica sono tutte conseguenze della civiltà industriale e della società dei consumi.

S. Non esagerate : inondazioni e siccità ci sono sempre state, solo che oggi abbiamo i dati statistici e siamo più attenti al problema. La natura sa regolarsi da sola, non ha bisogno delle lamentele né del catastrofismo attuale.

C. Noi esagereremo, ma tu sei un incosciente. Non ti accorgi, o non ti vuoi accorgere, che stiamo rovinando l'ecosistema e che, prima o poi, ne pagheremo i danni. Se non noi, le generazioni future.

S. Va bene, va bene, non arrabbiarti, e non essere così pessimista. Dai, andiamo a fare due passi sotto la pioggia, così ci rinfreschiamo le idee.

11. MAUVAIS TEMPS ET ENVIRONNEMENT

Quatre amis sont en train de regarder la météo à la télévision.

S. = Serge — C. = Charlotte P. = Paul — R. = Roberta

(« La vague exceptionnelle de mauvais temps qui s'est abattue sur l'Italie s'éloigne lentement vers l'Est. Encore deux jours de sirocco, puis ce sera l'air froid de l'Atlantique Nord qui aura raison des pluies persistantes des derniers jours... »)

R. On dirait qu'il va arrêter de pleuvoir. Enfin !

P. Mais regardez, on passe d'un extrême à l'autre. Après un été très chaud, avec très peu de précipitations, une chaleur étouffante, toute cette eau est arrivée d'un coup.

C. Est-ce que tu as entendu parler des dégâts que ça a provoqués ? Éboulements, glissements de terrain, inondations, fleuves en crue, de nombreux sans-abri, même un disparu.

P. En réalité, il ne s'agit pas seulement d'un problème de climat, mais d'aménagement du territoire. Si on prenait les mesures adéquates, on n'aurait pas tous ces dégâts.

C. Ce sont les écologistes qui ont raison. Après des dizaines d'années de laisser-aller, tout se paie à la fin ; il fallait y penser plus tôt. Maintenant, ça ne va pas servir à grand-chose de débloquer quelques milliards de lires, s'il n'y a pas la volonté politique d'affronter le problème de façon globale.

P. C'est vrai, et il n'y a pas à dire : le temps n'est plus comme autrefois ; entre les sécheresses et les inondations, il n'y a plus de juste milieu.

C. C'est aussi un résultat de notre mode de développement : effet de serre, trou dans la couche d'ozone, pollution des mers, abaissement de la nappe phréatique, ce sont les conséquences de la civilisation industrielle et de la société de consommation.

S. N'exagérez pas ! Les inondations et les sécheresses ont toujours existé, seulement aujourd'hui nous disposons de données statistiques et nous sommes plus attentifs à ce problème. La nature sait se régler toute seule, elle n'a pas besoin des jérémiades ni du catastrophisme actuels.

C. Nous exagérons peut-être, mais tu es un irresponsable. Tu ne t'aperçois pas, ou tu ne veux pas t'en apercevoir, que nous sommes en train de détruire l'écosystème et que, tôt ou tard, nous en payerons les conséquences. Et si ce n'est pas nous, ce sera pour les générations à venir.

S. Bon, bon, ne te fâche pas, et ne sois pas si pessimiste. Allez, on va se promener un peu sous la pluie, ça va nous rafraîchir les idées.

11*a*. VOCABULAIRE ET EXPRESSIONS

1. **maltempo :** *mauvais temps.* Contraction de l'adjectif **mal(o)** (**cattivo**, **brutto**) et de **tempo**. D'autres composés avec **malo** : **malumore** (*mauvaise humeur*) ; **malinteso** (*malentendu*) ; **malessere** et **malore** (*malaise*) ; **malafede** (*mauvaise foi*) ; **malocchio** (*le mauvais œil*) ; **malavita** (*la pègre*), on dit aussi tout simplement **la mala**) ; **a malincuore** (*à regret*) ; **di malavoglia** (*de mauvais gré*).

2. **finalmente ! :** *enfin !* Cet adverbe exprime la satisfaction faisant suite à un événement attendu, espéré. À ne pas confondre avec **infine** : *qui arrive à la fin, pour finir.* **Finalmente** correspond à un « ouf » de soulagement.

3. **afa.** C'est la chaleur humide et accablante de l'été.
Che afa ! : *Qu'il fait lourd !*
À connaître aussi, l'adjectif **afoso**.

4. **Hai sentito dei guai...** Expression elliptique pour : **hai sentito parlare dei guai...** Autres expressions analogues :
chiedere di : *demander des nouvelles de quelqu'un, se renseigner.*
Mi ha chiesto di te. *Il m'a demandé de tes nouvelles.*
sapere di : *être au courant de...*
Hai saputo di lui? *Tu as su ce qui lui est arrivé ?*

5. **i guai.** **Guaio**, c'est l'*ennui*, le *problème*, mais aussi le *dégât.* Relever les expressions :
essere in un mare di guai : *être dans un beau pétrin, dans de beaux draps ;* **essere pieni di guai** : *avoir plein de problèmes.*
Même étymologie pour l'interjection **Guai !** qui exprime une menace ou un avertissement :
Guai a te ! *Gare à toi !*
Guai a toccargli la macchina !
Surtout ne touchez pas sa voiture !

6. **ambiente :** *milieu, environnement.* L'adjectif correspondant est **ambientale**. **Ambientalista** est celui qui a le souci de la défense de l'environnement (*écologiste*) ou qui milite dans une association poursuivant ce but. Et naturellement, en Italie aussi, la couleur verte désigne le parti écologiste : **i Verdi**.

7. **degrado :** *dégradation, détérioration.* Néologisme (1980) réservé à des domaines précis. Il indique la détérioration du milieu (**degrado ambientale**) ou de la situation économique.

11*b*. GRAMMAIRE

L'IMPÉRATIF NÉGATIF

Non esagerate!
Non arrabbiarti!

L'impératif négatif se forme différemment selon les personnes :
– la 2e personne du singulier : **non** + **infinitif**
Non venire! *Ne viens pas!*
– la 2e personne du pluriel : **non** + **impératif**
Non venite! *Ne venez pas!*
– pour la 3e personne du singulier et du pluriel, qu'on emploie dans la forme de politesse, on utilise le subjonctif.
Venga, signora! *Venez, madame!*
La position du pronom personnel faible dépend du mode utilisé : avec l'impératif et l'infinitif, le pronom est placé après le verbe et soudé à celui-ci; avec le subjonctif, il précède le verbe.

☞ **A.** *Mettre à la forme négative.*
Ex. : **Mangia!** → **Non mangiare!**
1. Compra il giornale! 2. Va' a casa! 3. Restate qui! 4. Prendi la macchina! 5. Bevi questa medicina! 6. Aprite il libro! 7. Paga in contanti! 8. Telefonagli subito! 9. Sii indulgente con lui! 10. Fallo aspettare!

☞ **B.** *Transformer ces phrases en utilisant la forme de politesse.*
Ex. : **Non disturbarti** → **Non si disturbi.**
1. Non uscire adesso, sta piovendo. 2. Non andare lì, è pericoloso. 3. Non preoccuparti, ci penso io. 4. Non rispondere a quello screanzato! 5. Non fare complimenti, prendi pure! 6. Non lasciarti imbrogliare da quella gente! 7. Non bere quell'acqua, non è potabile. 8. Non sporgerti dal finestrino. 9. Non dimenticarti di convalidare il biglietto. 10. Non partire oggi, resta fino a domani.

LE PARTICIPE PASSÉ «STATO»

Inondazioni e siccità ci sono sempre state.

Aux temps composés, le participe passé **stato** a comme auxiliaire **essere**; il s'accorde donc en genre et en nombre avec le sujet.

☞ **C.** *Traduire :*

1. Elles ont été récompensées de leurs efforts. 2. Elle a été déçue. 3. Il y a eu beaucoup de dégâts. 4. Ils ont été reçus par le directeur. 5. Il y a eu une réunion au bureau. 6. Nous n'avons pas été consultés. 7. Vous avez été trompés. 8. Il y a toujours eu beaucoup d'enfants dans cette maison. 9. Elle avait déjà été appelée. 10. Ils ont été retrouvés par la police.

LE FUTUR

servirà
aumenterà

parl-	er	- ò	scriv-	er	- ò	part-	ir	- ò
parl-	er	- ai	scriv-	er	- ai	part-	ir	- ai
parl-	er	- à	scriv-	er	- à	part-	ir	- à
parl-	er	- emo	scriv-	er	- emo	part-	ir	- emo
parl-	er	- ete	scriv-	er	- ete	part-	ir	- ete
parl-	er	- anno	scriv-	er	- anno	part-	ir	- anno

Remarques

1. On forme le futur à partir du radical de l'infinitif ; il n'y a donc pas de forme particulière pour les verbes en -sco du 3e groupe.

2. Les terminaisons sont identiques pour les 3 groupes ; ce qui change, c'est l'infixe entre le radical et la terminaison.

3. Le 1er et le 2e groupe ont le même infixe -er-.

4. L'accent tonique est toujours sur la terminaison.

5. Attention à ne pas se tromper d'infixe pour le 1er groupe ; il ne correspond pas à la voyelle thématique.

6. Quelques verbes ont un futur irrégulier ; les plus fréquents sont : **essere → sarò, avere → avrò, andare → andrò, bere → berrò, cadere → cadrò, dare → darò, dovere → dovrò, fare → farò, potere → potrò, rimanere → rimarrò, sapere → saprò, stare → starò, tenere → terrò, vedere → vedrò, vivere → vivrò, volere → vorrò, morire → morrò, venire → verrò.**

☞ **D.** *Transformer en mettant au futur selon le modèle :*

C'è posto → ci sarà posto.

1. Ti telefono. 2. Prende un taxi. 3. Ci andiamo insieme. 4. Torno prima di sera. 5. Veniamo a trovarvi alle cinque. 6. Ti faccio un assegno. 7. Non vogliono aprire. 8. Te lo spiego io. 9. Rimane qui una settimana. 10. Mangiamo appena è pronto.

11*c*. PRONONCIATION

LE GROUPE -GL- + I (L « MOUILLÉ »)

Le groupe **-gl-** suivi de la voyelle i se prononce [ʎ] : **figlio**, **pigliare**, **triglia**, **famiglia** etc. C'est un son qui n'existe plus en français aujourd'hui (on l'entend cependant dans certaines régions francophones, par exemple en Suisse romande) ; pour l'obtenir, prononcer [l] en appuyant le dos de la langue contre le palais dur.

Toutefois lorsque ce groupe est suivi d'une consonne autre que **i**, il se prononce en dissociant les deux phonèmes [g] et [l] (comme en français *gloire*) : **globo**, **gladiolo**, **sigla**.

À l'exception de l'article et du pronom **gli**, tous les mots italiens commençant pas **-gl-** ont la prononciation vélaire [gl] ; ex. : **glicine**, **glicemia** (et tous ses dérivés).

Dans quelques mots d'origine latine ou grecque, le groupe **-gl-** suivi de la voyelle **i** en milieu de mot se prononce aussi [gl]. Ex. : **geroglifico**, **negligenza**.

Variétés régionales

En Vénétie et quelques autres régions de l'Italie du Nord, le groupe **-gl-** est prononcé [lj]. **Figlio** devient [filjo], **moglie** [molje].

☞ **E.** *Prononcer, puis vérifier avec l'enregistrement.*
Meglio, foglia, bisbigliare, scegliere, tafferuglio, migliore, raglio, cogliere, risveglio, glicerina, daglielo, figliolo, biglietto, vigliacco, negligente, coniglio, fermaglio, tagliare, consiglio, vegliare, maglietta.

LE GROUPE -GN-

Le groupe **-gn-** se prononce presque toujours [ŋ] comme en français dans *digne*, *règne*, *campagne* : **bagno**, **vergogna**, **falegname**, **arcigno**, etc.

Attention : dans **stagno** et tous ses dérivés, le groupe **-gn-** se prononce [ɲ].

LE GROUPE -ILL-

Ce groupe se prononce toujours [ill], et non [j] comme souvent en français. Donc, pas comme dans *quille*, mais comme dans *milliers*.

Ex. : **tonsille**, **scintille**, **birillo**, **morbillo**, **grillo**.

12. IN BANCA

Un francese si presenta allo sportello di una banca per aprire un conto corrente.

C. = il cliente — **I.** = l'impiegato

C. Buongiorno, vorrei aprire un conto corrente, ma sono francese e non so se posso farlo.
I. Certo, è possibilissimo. Guardi, le spiego le formalità necessarie. Risiede in Italia?
C. Sì. Devo trattenermi qui per alcuni mesi e vorrei disporre di un conto corrente con il relativo libretto degli assegni.
I. Ma lei parla benissimo italiano.
C. Beh, diciamo che me la cavo[1].
I. Per aprire un conto corrente deve dare le sue generalità[2] e dobbiamo riempire insieme questo modulo. Penso che lei non abbia ancora il codice fiscale?
C. No, non ancora. Sono appena arrivato e finora non me l'hanno chiesto. Mi spieghi un po' quali sono le condizioni e le possibilità che proponete.
I. Bene. Sul conto corrente può fare tutte le normali operazioni : versamenti, prelievi, addebito delle bollette del telefono, della luce, eccetera. Le somme depositate fruttano un interesse del 6 %, però gli assegni costano 550 lire l'uno. Riceverà un estratto conto[3] una volta al mese.
C. E posso avere una carta di credito?
I. Certo. Potrà servirsene al bancomat qui fuori, e naturalmente potrà effettuare tutte le operazioni anche agli sportelli delle altre agenzie della nostra banca. Naturalmente siamo a sua disposizione per tutti gli altri servizi : cassetta di sicurezza, mutui, certificati d'investimento.
C. Vedrò in seguito. Per adesso non penso di averne bisogno, mi basta il conto corrente e la carta di credito.
I. Allora se mi vuol favorire[4] un documento di riconoscimento[5], io comincio la pratica. Intanto lei mi dovrebbe compilare questo modulo per l'anagrafe[6] tributaria. Fra qualche giorno riceverà un numero di codice fiscale.
C. Come mai?
I. Per legge ogni titolare di conto bancario deve dichiarare al servizio tributario il proprio conto. Sa, è uno di quei provvedimenti adottati contro il riciclaggio del denaro sporco.
C. Va bene. Ma per riempire questo modulo sarà meglio che mi aiuti lei, ho paura di sbagliarmi se lo faccio da solo.

12. À LA BANQUE

Un Français se présente au guichet d'une banque pour ouvrir un compte courant.

C. = le client — E. = l'employé

C. Bonjour, je voudrais ouvrir un compte courant, mais je suis français et je ne sais pas si je peux le faire.
E. Bien sûr, c'est tout à fait possible. Je vais vous expliquer les formalités requises. Est-ce que vous résidez en Italie?
C. Oui, je dois rester ici quelques mois et je voudrais pouvoir disposer d'un compte courant et d'un chéquier.
E. Mais vous parlez très bien italien.
C. Oh, disons que je me débrouille.
E. Tout d'abord, il faut que vous me donniez vos coordonnées et que vous remplissiez ce formulaire. Je pense que vous n'avez pas encore de code fiscal?
C. Non, pas encore. Je suis arrivé depuis peu et jusqu'à présent on ne me l'a pas demandé. Expliquez-moi quelles sont les conditions et les possibilités que vous offrez.
E. Bien. Sur le compte courant, vous pouvez effectuer les opérations habituelles : versements, retraits, domiciliation des factures du téléphone, de l'électricité, etc. Les sommes déposées rapportent un intérêt de 6 %, mais certaines opérations sont payantes. Les chèques, par exemple, sont facturés 550 lires chacun. Vous recevrez un extrait de compte tous les mois.
C. Et je peux avoir une carte de crédit?
E. Bien sûr. Vous pourrez vous en servir au distributeur automatique qui est dehors et, bien entendu, vous pourrez aussi effectuer toutes les opérations aux guichets des agences de notre banque. Nous sommes à votre disposition pour tous les autres services : coffre, prêts, certificats d'investissement...
C. Je verrai par la suite. Pour l'instant je ne pense pas en avoir besoin. Le compte courant et la carte de crédit me suffisent.
E. Alors, si vous voulez bien me donner une pièce d'identité, je vais ouvrir le dossier. Pendant ce temps-là, il faudrait que vous remplissiez ce formulaire pour les services du fisc qui vous attribueront un code fiscal.
C. Pourquoi donc?
E. La loi oblige tout titulaire d'un compte bancaire à déclarer à l'administration fiscale son compte. Vous savez, c'est une des mesures prises contre le blanchiment de l'argent sale.
C. D'accord, mais il vaudrait mieux que vous m'aidiez à remplir le formulaire, j'ai peur de me tromper si je le remplis tout seul.

12*a*. VOCABULAIRE ET EXPRESSIONS

1. **me la cavo.** Il existe plusieurs expressions idiomatiques à partir du verbe **cavare** (*sortir, tirer*) :

Te la sei cavata molto bene.
Tu t'en es très bien tiré.
Se l'è cavata per il rotto della cuffia.
Il s'en est tiré de justesse.
Ce la siamo cavata con un bello spavento.
Nous en avons été quitte pour la peur.

2. **le generalità.** Au pluriel, ce mot indique l'identité d'une personne : nom, prénom, date et lieu de naissance, adresse.

Ces données sont aussi appelées **dati anagrafici** (*cf.* plus bas).

3. **un estratto conto :** *un extrait de compte.* À retenir également :

Vorrei fare un giroconto.
Je voudrais faire un virement.

4. **Favorire** est souvent employé pour atténuer un ordre, une demande.

Favorisca la patente.
Montrez-moi votre permis de conduire, s'il vous plaît.
Favorisca alla cassa, prego.
Passez à la caisse, s'il vous plaît.

C'est aussi une façon de proposer quelque chose ou d'inviter à se servir :

Ecco gli antipasti. Vuol favorire ?
Voici les hors-d'œuvre. Servez-vous !
Tanto per favorire.
Merci, c'est pour vous faire plaisir.

5. **un documento di riconoscimento** équivaut à un documento d'identità.

6. **l'anagrafe :** c'est *le registre de l'état civil.* Employé aussi pour *bureau de l'état civil.*

Devo andare all'anagrafe a ritirare un certificato di nascita.
Je dois passer au bureau de l'état civil chercher un extrait de naissance.

L'anagrafe tributaria est le registre, le fichier des contribuables.

12*b*. GRAMMAIRE

LES PRONOMS PERSONNELS GROUPÉS

Me la cavo
Non me l'hanno chiesto

1. Les pronoms personnels faibles **mi, ti, si, ci, vi** lorsqu'ils se combinent avec les pronoms **lo, la, li, le, ne** se transforment en **me, te, se, ce, ve.**

Ti ha restituito il libro? *Est-ce qu'il t'a rendu ton livre?*
Te lo ha restituito? *Est-ce qu'il te l'a rendu?*

2. Par contre, lorsqu'ils se combinent avec l'adverbe **ci** ou le **si** « impersonnel », ils gardent leur forme.

Non ci si può fidare. *On ne peut pas s'y fier.*

3. L'ordre des pronoms est toujours : pronom indirect – pronom direct (*cf.* **glielo** p. 90).

Glielo diremo. *Nous le lui dirons.*

4. Les pronoms personnels groupés se placent comme les pronoms personnels simples : avant le verbe sauf à l'infinitif, à l'impératif, au participe et au gérondif (*cf.* p. 41).

Non me lo ha detto. *Il ne me l'a pas dit.*
Non voleva dirmelo. *Il ne voulait pas me le dire.*

☞ **A.** *Remplacer les mots en italique par un pronom :*
Ex. : **Mi hai comprato *il biglietto*? → Me lo hai comperato?**
1. Mi hai comprato *il giornale*? 2. Non ti ho spedito *il pacco* perché non conoscevo il tuo indirizzo. 3. Domani ti porterò *i libri*. 4. Ti sei ricordato *di mandargli gli auguri*? 5. Spero proprio che domani mi restituiscano *i soldi*. 6. Ti faccio *il caffé* subito o vai a prenderlo al bar? 7. Si è comprato *il cappotto* ai saldi di fine anno. 8. Antonio mi ha chiesto di imprestargli *la macchina*. 9. Non mi importa niente *di questa faccenda*. 10. Fammi tu *la foto* per favore.

☞ **B.** *Répondre à ces questions en utilisant les pronoms.*
Ex. : **Mi dai il tuo indirizzo? → Sì, te lo do.**
1. Ci manderai una cartolina da Parigi? 2. Hai fatto fare i compiti al bambino? 3. Ti ricordi la gita che abbiamo fatto l'anno scorso a Cortina? 4. Ti ho già detto che domani non posso venire? 5. Mi hai fatto le spese che ti avevo chiesto? 6. Si occupa lui di prenotare i posti per il teatro? 7. Gli parli tu di questa faccenda? 8. Vi possiamo lasciare le piante da curare durante le ferie? 9. Mi puoi imprestare il trapano elettrico? 10. Gli hai mandato il vaglia?

Sono qui per alcuni mesi
Fra qualche giorno

L'indéfini *quelque(s)* peut être traduit en italien par :
– **qualche**, toujours suivi du nom au singulier;
– **alcuni** / **alcune**, toujours suivi du nom au pluriel.
Attention à l'accord du verbe.

Les emplois de **qualche** et de **alcuni** ne coïncident pas. En effet :
– **qualche** est plus fréquent dans la langue parlée;
– alors que **alcuni** indique toujours une quantité, **qualche** (précédé ou pas de l'article indéfini), avec un nom abstrait, peut indiquer une qualité :

Ci sarà pure qualche soluzione. *Il doit bien y avoir une solution.*
Questi oggetti hanno un qualche valore.
Ces objets ont une certaine valeur.

– Pour indiquer une petite quantité l'italien utilise souvent l'expression **un paio** qui a un sens indéterminé :

Starà via un paio di giorni.
Il sera absent quelques (deux ou trois) jours.

– Les quelques + nom se traduit par l'adjectif **pochi** / **poche**.

I pochi spettatori rimasti applaudirono fragorosamente. *Les quelques spectateurs qui restaient applaudirent à tout rompre.*

☞ **C.** *Transformer suivant le modèle :*

Ex. : **Tornerà tra qualche giorno → Tornerà tra alcuni giorni.**

1. Ha comprato qualche panino e due birre. 2. Hanno aspettato qualche minuto, poi sono partiti. 3. Ti scriverò tra qualche giorno. 4. Non dimenticarti di mettere nella valigia qualche maglione, fa freddo in montagna. 5. C'è ancora qualche posto libero. 6. Sono riuscito a leggere qualche pagina, poi mi sono addormentato. 7. Vorrei fare qualche foto, ma ho finito il rullino. 8. A settembre c'è ancora qualche villeggiante, ma ormai sono andati via quasi tutti. 9. Dammi qualche fazzolettino di carta, mi sono sporcata la camicetta. 10. Ci vuole solo qualche minuto per andare a casa sua.

☞ **D.** *Traduire :*

1. Je voudrais vous poser quelques questions (formule de politesse). 2. Il faut acheter quelques cadeaux pour la fête de Noël. 3. Il a pris quelques jours de congé pour déménager. 4. Je t'ai apporté quelques timbres, je sais que tu fais la collection. 5. Je ne le connais pas bien, je l'ai peut-être vu deux ou trois fois. 6. Hors programme, le pianiste a joué quelques préludes de Chopin. 7. Nous avons presque tout dépensé, il nous reste seulement quelques dollars. 8. Est-ce qu'il y a quelques gâteaux à manger avec le thé ? 9. À leur mariage, il y avait seulement les parents et quelques amis. 10. Les quelques sous qui me restaient, je les ai dépensés à la boulangerie.

12*c*. PRONONCIATION

LA PRONONCIATION DE « E » (1)

La voyelle tonique **e** a deux prononciations : [e] (fermé) et [ɛ] (ouvert). Par contre, lorsqu'il ne porte pas l'accent tonique du mot, le **e** a une aperture variable, qui dépend des sons contigus ; il est presque toujours fermé.

Pour une prononciation correcte du **e** tonique, on rencontre deux difficultés :
– il n'y a pas de signe spécifique ;
– les Italiens eux-mêmes ne respectent pas toujours l'opposition entre voyelle ouverte et fermée.

Nous allons donner quelques indications pratiques et forcément non exhaustives.

Le **e** est ouvert [ɛ] :
– dans les terminaisons des verbes au conditionnel (**-ei/-ebbe/-ebbero**), au gérondif (**-endo**) et au passé simple (**-etti/-ette/-ettero**) ;
– dans les mots se terminant par **-enda** : **azienda, faccenda, merenda**... ;
– dans les mots se terminant par **-enza** : **partenza, influenza, senza** ;
– dans les adjectifs se terminant par : **-endo** : **stupendo, tremendo** ;
– dans les adjectifs se terminant par **-ento, -ente, -enso** : **contento, prudente, propenso** ;
– dans les noms se terminant par **-erio** : **desiderio, putiferio** ;
– dans les diphtongues **-ie, -eu, -ea, -ei** : **pieno, ieri** ;
– dans les suffixes des numéraux **-enne** et **-esimo** : **ventenne, ventesimo**.

Le **e** est fermé [e] :
– dans les terminaisons verbales de l'infinitif **-ere** (**prendere**), du présent de l'indicatif (**correte**), de l'imparfait (**volevo**), du futur (**faremo, sapremo**) de l'imparfait du subjonctif (**potessi, potesse, potessero**) ;
– dans les adverbes en **-mente** : **tranquillamente, fortemente** ;
– dans les mots se terminant par **-ezza** : **bellezza, dolcezza** ;
– dans les mots se terminant par **-ese** : **francese, cortese** ;
– dans les suffixes diminutifs **-etto/a** : **caminetto, casetta**.

13. DOMENICA PROSSIMA

Un giovane telefona a casa di un amico per proporgli di andare in montagna[1]. Ma l'amico non c'è.

R. = Roberto — **Sig.ra G.** = Signora Guareschi

R. Pronto ? Famiglia Guareschi ? Potrei parlare con Michele ?

Sig.ra G. Mi dispiace, non c'è. Sono sua mamma. Ma chi parla ?

R. Buongiorno signora, sono Roberto, un amico di Michele, avrei voluto parlargli un attimo.

Sig.ra G. Guardi, è partito stamattina a Roma. Sta via[2] tre giorni per motivi di lavoro. Se vuol lasciare detto[3] qualcosa, Michele dovrebbe chiamare stasera dall'albergo.

R. No, grazie, fa lo stesso[4]. Avevamo pensato con alcuni amici di andare a sciare il prossimo week-end ; ma se lui torna solo sabato, sarà un po' tardi.

Sig.ra G. Peccato[5], sono sicura che sarebbe venuto volentieri. Avrebbe proprio bisogno di svagarsi un po' in questo periodo ; è tanto preso col lavoro.

R. Senta, adesso che ci penso, magari potrebbe venire lo stesso sabato pomeriggio o domenica mattina. Per non fare il viaggio da solo in macchina, potrebbe venire in treno fino ad Aosta ed io lo andrei a prendere alla stazione. Poi domenica sera torniamo tutti insieme. Anzi, gli sci potremmo prenderli su noi con la macchina, così lui non sarebbe impacciato per viaggiare in treno.

Sig.ra G. Perché no ? Anch'io sarei più contenta così, perché a saperlo solo per strada in questa stagione non sono tanto tranquilla. Gliene parlo stasera. Andate al solito posto[6] ?

R. Sì, volevo telefonare stasera per prenotare[7], ma aspetterò domani. Intanto, se lui le telefona, gliene parli. Io la richiamerò domani per avere la risposta.

Sig.ra G. Grazie Roberto, è molto gentile.

R. Non c'è di che signora, a domani.

13. DIMANCHE PROCHAIN

Un jeune homme téléphone chez un ami pour lui proposer d'aller à la montagne. Mais l'ami n'est pas chez lui.

R. = Robert — **Mme G.** = Mme Guareschi

R. Allô ? Je suis bien chez les Guareschi ? Est-ce que je pourrais parler à Michel ?

Mme G. Je regrette, il n'est pas là. Je suis sa mère. Mais qui est à l'appareil ?

R. Bonjour Madame, je suis Robert, un ami de Michel, j'aurais voulu lui parler un instant.

Mme G. Écoutez, il est parti ce matin pour Rome. Il sera absent trois jours pour des raisons professionnelles. Si vous voulez laisser un message, il devrait appeler ce soir de l'hôtel.

R. Non, merci, ça ne fait rien. Avec quelques amis on avait pensé aller skier le week-end prochain ; mais s'il ne revient que samedi, ce sera un peu tard.

Mme G. Dommage, je suis sûre qu'il y serait allé avec plaisir. Il aurait bien besoin de se détendre un peu en ce moment ; il est tellement pris avec son travail.

R. Écoutez, maintenant que j'y pense, il pourrait peut-être venir quand même samedi après-midi ou dimanche matin. Pour ne pas faire le voyage tout seul en voiture, il pourrait venir par le train jusqu'à Aoste, et moi j'irais le chercher à la gare. Puis dimanche soir on revient tous ensemble en voiture. Et même, en partant nous pourrions passer prendre ses skis, comme ça il ne serait pas embarrassé pour voyager en train.

Mme G. Pourquoi pas ? Moi aussi j'aimerais mieux, je ne suis pas très rassurée de le savoir seul sur la route en cette saison. Je lui en parlerai ce soir. Vous allez au même endroit que d'habitude ?

R. Oui, je voulais téléphoner ce soir pour réserver, mais j'attendrai demain. En tout cas, s'il vous appelle, vous pouvez lui en parler. Je vous rappellerai demain pour avoir la réponse.

Mme G. Merci Robert, vous êtes très aimable.

R. Il n'y a pas de quoi, madame. À demain.

13*a*. VOCABULAIRE ET EXPRESSIONS

1. **in montagna :** *à la montagne.* Dans un certain nombre de locutions indiquant un lieu, les prépositons **a** ou **in** ne sont pas suivies de l'article.

On dit : **a casa, a scuola, a teatro, in ufficio, in giardino, in campagna, in montagna** (mais on dit **al mare, ai laghi, al cinema**).

Pour plusieurs expressions, les deux possibilités (avec ou sans article) existent, mais avec une légère nuance de sens :

Vado in ufficio. *Je me rends à mon bureau.*

Vado nell'ufficio. *J'entre dans le bureau.*

2. **Sta via :** *il sera absent.* Parmi les nombreux emplois de ce verbe, dont le sens est proche de **essere**, remarquer :

Dove stai (di casa)? *Où habites-tu?*

Stanno insieme da due anni. *Ils vivent ensemble depuis deux ans* (ou bien : *Ils se fréquentent depuis deux ans*).

Ti sta proprio bene questa gonna.

Cette jupe te va vraiment bien.

3. **lasciar detto.** Expression du langage parlé pour communiquer un message à une personne absente.

Ha lasciato detto di richiamarlo stasera. *Il a fait dire de le rappeler ce soir.*

On dit aussi **lasciar scritto** :

E' andato via, ma ha lasciato scritto qualcosa per te.

Il est parti, mais il a laissé un message écrit pour toi.

4. **fa lo stesso :** *ça ne fait rien, tant pis.*

– **Che film vuoi che andiamo a vedere? – Quello che vuoi, per me è lo stesso.** – *Quel film veux-tu qu'on aille voir?– Celui que tu voudras, ça m'est égal.*

5. **Peccato :** *Dommage!* Attention : il n'y a aucune idée de culpabilité ou de péché dans cette expression.

E' un vero peccato! *C'est vraiment dommage!*

Peccato che non tu non possa venire.

Dommage que tu ne puisses pas venir.

6. **al solito posto.** L'adjectif **solito** (*habituel*) est utilisé dans de nombreuses expressions. À retenir également :

Sempre il solito sbadato.

Toujours étourdi, comme d'habitude.

Siamo alle solite. *Nous y revoilà.*

Sono soliti partire ai primi di luglio.

Ils ont l'habitude de partir début juillet.

7. **prenotare :** *réserver,* la réservation étant la **prenotazione**. Le verbe pronominal **prenotarsi** a un sens légèrement différent :

Ci siamo prenotati per una gita al lago di Garda. *Nous nous sommes inscrits pour une excursion au lac de Garde.*

13*b*. GRAMMAIRE

LE CONDITIONNEL

Potrei parlare con Michele?
Sarebbe venuto volentieri.

parl-	er	-	ei		mett-	er	-	ei		part-	ir	-	ei
parl-	er	-	esti		mett-	er	-	esti		part-	ir	-	esti
parl-	er	-	ebbe		mett-	er	-	ebbe		part-	ir	-	ebbe
parl-	er	-	emmo		mett-	er	-	emmo		part-	ir	-	emmo
parl-	er	-	este		mett-	er	-	este		part-	ir	-	este
parl-	er	-	ebbero		mett-	er	-	ebbero		part-	ir	-	ebbero

Remarques

– Le conditionnel est formé, comme le futur, à partir du radical de l'infinitif. C'est important pour les verbes irréguliers et pour les terminaisons du troisième groupe : il n'y a pas de formes en **-sc-**.

– Les terminaisons sont les mêmes pour les trois groupes.

– Comme pour le futur, c'est l'infixe qui change : **-er-/-ir-**.

– L'infixe est le même pour le 1er et le 2e groupe.

– Pour les formes irrégulières, voyez ce qui a déjà été dit pour le futur.

☞ **A.** *Transformer en mettant le verbe en italique au conditionnel :*

1. Mi *può* indicare la stazione ? 2. Mi *dia* quella scatola ! 3. Ci *aiutate* ? 4. *Voglio* sapere dove sono andati. 5. Mi *faccia* la cortesia di chiudere quella porta ? 6. Gliene *parli* tu al direttore ? 7. Mi *vai* a comperare un pacchetto di sigarette ? 8. Ci *date* una mano *(un coup de main)* ? 9. *Deve* compilare questo modulo. 10. Domattina mi *puoi* svegliare alle sette.

L'emploi du conditionnel répond principalement à trois fonctions :

1. Atténuer l'expression d'une demande, d'un ordre, d'un refus, d'un souhait.

Potresti imprestarmi il trapano? Ne avrei bisogno subito.
Est-ce que tu pourrais me prêter ta perceuse? J'en ai besoin tout de suite.

2. Atténuer une affirmation ou introduire un doute.
Stando a certe indiscrezioni, i sindacati sarebbero disposti a trattare con la Confindustria sulla scala mobile.
Selon certaines indiscrétions, les syndicats seraient disposés à discuter avec le patronat au sujet de l'échelle mobile des salaires.

3. Exprimer une possibilité, en phrase hypothétique ou non.
Potremmo andarci insieme (se voi voleste).
Nous pourrions y aller ensemble (si vous vouliez).

Dans certaines expressions figées, le conditionnel comporte une nuance péjorative de doute.
Come sarebbe a dire? *Qu'est-ce que ça veut dire?*

☞ **B.** *Traduire :*
1. Je serais très heureux de faire sa connaissance. 2. J'aime beaucoup cette voiture ; je l'achèterais bien, mais elle est trop chère. 3. Comment pourrions-nous faire sans toi? 4. Ce serait dommage qu'il ne puisse pas venir. 5. Mon fils voudrait travailler pendant le mois de juillet pour pouvoir partir avec ses amis en août. 6. D'après les journaux, les prix auraient baissé au cours du dernier mois. 7. Qu'est-ce que vous diriez d'aller manger une pizza ce soir ? 8. J'aimerais beaucoup partir à la montagne ce week-end. 9. Que feriez-vous à ma place?

GLI + LO / LA / LI / LE / NE

Gliene parlo.
Glielo dico.

La combinaison des pronoms personnels C.O.I. **gli (a lui)** et **le (a lei)** avec les pronoms C.O.D. **lo** / **la** / **li** / **le** et avec **ne** donne toujours **glielo** / **gliela** / **glieli** / **gliele** / **gliene**.
Dans cette combinaison la différence entre **gli** (pronom masculin) et **le** (pronom féminin) disparaît.
Par rapport au verbe, le nouveau pronom se place comme les autres pronoms.

☞ **C.** *Transformer la phrase en utilisant les pronoms. :*
Ex. : **Le abbiamo restituito i libri → Glieli abbiamo restituiti.**
1. Il postino le ha consegnato il telegramma. 2. Da' un pezzo di torta a tuo fratello. 3. Ne parlerò domani a lei. 4. Le farò vedere le fotografie. 5. Porta il giornale al vicino!

13c. PRONONCIATION

LA PRONONCIATION DE « E » (2)

L'opposition entre [e] et [ɛ] n'est respectée spontanément que par les Toscans et en général, par les Italiens originaires des régions centrales. Dans certains cas, cependant, le non-respect de l'aperture de la voyelle peut entraîner une confusion de sens. C'est le cas des homonymes, dont voici les plus fréquents.

pesca	[peska]	*pêche* (le fruit)	[pɛska]	*pêche* (des poissons)
venti	[venti]	*vingt*	[vɛnti]	*les vents*
legge	[ledʒe]	*loi*	[lɛdʒe]	du verbe **leggere**
esca	[eska]	*appât*	[ɛska]	du verbe **uscire**
collega	[kollega]	*collègue*	[kollɛga]	du verbe **collegare**

☞ **D.** *Écouter, répéter et vérifier avec l'enregistrement :*
1. Faresti meglio a rispondere subito. 2. E' proprio bella quella casetta ! 3. A chi stai scrivendo ? A me lo potresti dire. 4. Vai tranquillamente ! C'è tempo. 5. Non so come faremo, c'è troppa gente. 6. Vieni con noi? C'è posto anche per te. 7. La concorrenza è spietata. 8. Quante persone c'erano? Almeno venti. 9. Sarei contento se vincesse lei. 10. Non volete vedere? Peggio per voi.

☞ **E.** *En vous aidant des règles indiquées plus haut, prononcer ces phrases, puis vérifier avec l'enregistrement :*
1. Se volesse, potrebbe farcela. 2. Non avete criterio, non siete abbastanza prudenti. 3. Che bellezza! E' stato uno spettacolo stupendo! 4. E' necessario avvertire gli studenti affinché siano tutti presenti il giorno dell'appello. 5. Poveretto, è proprio sfortunato. 6. Potete scendere? ho due o tre cosette da dirvi. 7. Non parla tedesco, ma sa francese e inglese. 8. E' una musica piacevole. 9. E' un allievo negligente e turbolento. 10. Molto buono questo caffè, me ne daresti ancora un po'?

14. CAMBIAR CASA

Chiara torna a casa dopo aver passato il pomeriggio a visitare degli appartamenti con un'amica. Franco sta leggendo il giornale.

C. = Chiara — **F.** = Franco

F. Sei tu, Chiara?
C. Sì, sono io. Uffa, sono stanca morta.
F. Come mai, cosa hai fatto oggi?
C. Non te l'avevo detto? Sono andata con Lucia a visitare degli appartamenti. Vorrebbero cambiar casa : dove abitano adesso non è tanto grande, suo marito a volte porta da lavorare a casa, il bambino è cresciuto, insomma vogliono più spazio; poi sembra che il periodo sia favorevole, c'è più disponibilità e i prezzi sono diminuiti un pochino.
F. Ma pensano di comprare?
C. Sì, con la riforma dell'equo canone[1] gli affitti sono aumentati. Si sono informati dalla loro banca e potrebbero ottenere un mutuo[2]. Ma non è facile trovare; è più di un mese che cercano.
F. Allora, trovato?
C. Forse. Abbiamo visitato tre appartamenti. Il primo non era male come disposizione delle stanze, ma è a piano terra e quindi un po' buio. Il secondo era in una zona fuori mano[3]; neanche a pensarci. Il terzo invece le è piaciuto molto. E' in un bel palazzo[4], un condominio[5] di dodici appartamenti, al terzo piano, quattro vani più i servizi : una sala, un tinello[6], due camere abbastanza grandi, il bagno e un cucinino che però è molto piccolo.
F. E il prezzo? In centro i prezzi sono saliti alle stelle.
C. Data la zona è alto. Ma a Lucia piace molto e sarebbe anche comodo per suo marito, la metropolitana è a due passi, non avrebbe più bisogno di prendere la macchina per andare in ufficio.
F. Certo che sarebbe un bel vantaggio. Hanno il garage?
C. No, ma c'è il posto per una macchina nel cortile. Deve tornare a visitarlo con suo marito sabato mattina. Ma lei sta già facendo progetti, se tutto va bene, vorrebbe fare il trasloco[7] verso San Martino[8], alla scadenza del loro contratto.
F. Che fretta! Io ci penserei su due volte. Ma contenti loro, contenti tutti[9].

14. DÉMÉNAGER

Claire rentre à la maison après avoir passé son après-midi à visiter des appartements avec une amie. Franck est en train de lire le journal.

C. = Claire — F. = Franck

F. C'est toi, Claire?
C. Oui, c'est moi. Ouf! je suis morte de fatigue.
F. Pourquoi donc, qu'est-ce que tu as fait aujourd'hui?
C. Je ne te l'avais pas dit? Je suis allée avec Lucie visiter des appartements. Ils voudraient déménager : où ils habitent actuellement ce n'est pas très grand, parfois son mari rapporte du travail à la maison, leur enfant a grandi, enfin, ils voudraient plus de place; il semble aussi que le moment soit favorable, il y a plus de choix et les prix ont légèrement baissé.
F. Mais ils pensent acheter?
C. Oui, avec la réforme de la loi sur les locations, les loyers ont augmenté. Ils se sont renseignés auprès de leur banque et ils pourraient avoir un crédit. Mais ce n'est pas facile de trouver; ça fait plus d'un mois qu'ils cherchent.
F. Alors, est-ce qu'elle a trouvé?
C. Peut-être. Nous avons visité trois appartements. Le premier n'était pas mal pour la répartition des pièces, mais il est au rez-de-chaussée et donc un peu sombre. Le deuxième était dans un quartier excentré; même pas la peine d'y penser. Le troisième, par contre, lui a beaucoup plu. C'est dans un bel immeuble, une copropriété de douze appartements, au troisième étage, un quatre pièces, une salle à manger, un salon, deux chambres assez grandes, la salle de bains et une cuisine qui est très petite.
F. Et le prix? dans le centre ville les prix se sont envolés.
C. Étant donné le quartier, c'est cher. Mais Lucie l'aime beaucoup et ce serait très pratique pour son mari, le métro est tout près, il n'aurait plus besoin de la voiture pour se rendre à son bureau.
F. Il est sûr que ce serait un sacré avantage. Est-ce qu'il y a un garage?
C. Non, mais il y a une place pour la voiture dans la cour. Elle va retourner le voir samedi matin avec son mari. Mais elle est déjà en train de faire des projets; si tout va bien, elle voudrait déménager début novembre, à l'échéance de leur bail.
F. Quelle précipitation! Moi je prendrais le temps de réfléchir. Mais s'ils sont contents, tant mieux!

14*a*. VOCABULAIRE ET EXPRESSIONS

1. **equo canone :** la loi qui régit les contrats de location entre propriétaires (**proprietari** ou **padroni**) et locataires (**inquilini**).

2. **mutuo :** *prêt*. On peut dire aussi : **un fido bancario**.
À ne pas confondre avec la **mutua** (la *mutuelle*) qui désigne aujourd'hui encore l'organisme qui gère l'assurance maladie.
Devo passare alla mutua per chiedere un'impegnativa.
Je dois passer à la Sécurité sociale pour demander un accord préalable.

3. **fuori mano :** *excentré*. Le mot **mano** a, dans plusieurs locutions, une valeur spatiale.
Ha preso il senso unico a contro mano.
Il a pris le sens unique à contre-sens.
La strada è stretta, tieni la mano.
La route est étroite, tiens bien ta droite.
À connaître aussi : **E' una persona alla mano.** *C'est une personne affable, sans façons (c'est quelqu'un de très simple).*

4. **palazzo :** dénomination générique de tout immeuble. À remarquer la valeur particulière des dérivés altérés :
Abita una bella palazzina. *Il habite dans une belle villa.*
Andiamo al palazzetto (dello Sport) (on dit aussi **Palasport**).
On va au Palais des sports.

5. **condominio :** mot d'origine latine pour désigner la copropriété. Les copropriétaires sont les **condomini** (attention à l'accent).

6. **tinello :** mot d'origine septentrionale, utilisé aujourd'hui en italien standard, pour désigner la pièce où l'on vit habituellement.

7. **trasloco :** encore un latinisme pour indiquer le déménagement. Le verbe est **traslocare** ou **fare (il) trasloco**.

8. **San Martino :** le 11 novembre. C'était traditionnellement le terme de l'échéance des baux de location. D'où l'expression **fare San Martino** pour déménager. On parle aussi de l'**estate di San Martino**.

9. **contenti loro, contenti tutti :** phrase proverbiale pour dire que s'ils sont contents, c'est l'essentiel ; au fond, ça les regarde. Naturellement le pronom peut changer :
contento tu, contenti tutti.

14*b*. GRAMMAIRE

L'AUXILIAIRE « ESSERE »

Il bambino è cresciuto.
I prezzi sono saliti alle stelle.

Avec les verbes qui expriment un changement d'état employés intransitivement ou absolument, l'italien met l'auxiliaire **essere** et non **avere**. C'est le cas de verbes comme : **aumentare, diminuire, cominciare, finire, salire, scendere, ingrassare, dimagrire, cambiare, crescere, progredire, vivere, bruciare**, etc.

Il mese scorso i prezzi sono aumentati dello 0,4 %.
Le mois dernier, les prix ont augmenté de 0,4 %.
Il numero dei disoccupati è aumentato.
Le nombre des chômeurs a augmenté.

Toutefois, lorsque ces verbes sont transitifs, c'est-à-dire qu'ils ont un C.O.D., l'auxiliaire est **avere**.

Gli hanno aumentato lo stipendio.
Son salaire a été augmenté.

☞ **A.** *Mettre l'auxiliaire :*

1. Non la vedevo dall'estate scorsa. Come... ingrassata ! 2. Sbrigati ! Il film... già cominciato. 3. ....molto cambiato ; non l'avevo riconosciuto. 4. Le esportazioni... aumentate, ma la bilancia del commercio estero è ancora in rosso. 5. Non... riusciti ad ottenere quel che volevamo.

☞ **B.** *Traduire :*

1. J'ai commencé à lire un nouveau livre. 2. Depuis deux ans les prix des ordinateurs ont beaucoup baissé. 3. Zut ! Mon rôti a brûlé ! 4. Le mécanicien a changé les pneus, ils étaient lisses. 5. Ton fils a beaucoup grandi ces derniers temps. 6. C'est un philosophe qui a vécu au siècle dernier. 7. Le cours du dollar a baissé. 8. Le chiffre d'affaires (*il fatturato*) est stationnaire, mais le bénéfice net (*utile netto*) a augmenté. 9. Le concert a commencé avec 15 minutes de retard. 10. Au cours de ce voyage, nous avons vécu des moments inoubliables.

«ESSERE» + ADJ. + INFINITIF

Non è facile trovare.

Dans une chaîne «**è** (**era**, **sarà**, **è stato**) + adj. + infinitif», il ne faut pas mettre de préposition entre l'adjectif et l'infinitif. En effet, l'infinitif est le sujet grammatical du verbe, et non un complément.

E' facile incontrarlo. *Il est facile de le rencontrer.*

D'ailleurs, l'inversion est possible : **Incontrarlo è facile.**

☞ C. *Traduire :*

1. Fais attention, il est dangereux de se pencher par la fenêtre. 2. Que c'était agréable de l'écouter jouer du piano ! 3. Il est impossible de savoir ce qu'ils vont faire. 4. Il est interdit de stationner ici. 5. Ce serait formidable de pouvoir partir ensemble. 6. Il était impossible de le reconnaître dans cette foule. 7. Il est faux de dire que tout le monde le savait. 8. Ce serait magnifique de trouver une place pour le concert de ce soir ! 9. Qu'est-ce que c'est gênant de ne pas avoir de voiture ! 10. C'est très pratique d'avoir le câble (*la TV via cavo*).

C'EST / CE SONT

Sei tu ? - Sono io.
Sarebbe un bel vantaggio

Le démonstratif «ce», sujet du verbe «être», ne se traduit pas en italien. En effet le sujet de **essere**, c'est le nom ou le pronom qui suit ou auquel **essere** se rapporte. Il faut donc faire l'accord de **essere** avec son sujet.

Chi è ? - Siamo noi ! *Qui est-ce ? – C'est nous !*
Sono appartamenti bellissimi.
Ce sont de très beaux appartements.

☞ D. *Traduire :*

1. C'est ma maison. 2. Ce sont des amis que j'ai connus l'année dernière à Cervinia. 3. Tu vois cet enfant sur la photo ? C'est moi, lorsque j'avais six ans. 4. Tu voudrais que je t'achète ces chaussures ? Mais c'est trop cher ! 5. Regarde ce sommet qui dépasse tous les autres, c'est le Viso. 6. Ce qui leur manque encore, c'est le prêt de la banque. 7. Ce sont des produits italiens. 8. Ce sont des chefs-d'œuvre ! 9. Est-ce que tu veux savoir qui lui a tout raconté ? Eh bien, c'est moi ! 10. C'est toi, Michel ? – Non, c'est Robert.

14*c*. PRONONCIATION

LA PRONONCIATION DE « O »

Comme la voyelle **e**, la voyelle **o** tonique a une prononciation fermée [o] et une prononciation ouverte [ɔ].

Comme pour la voyelle **e**, il n'y a pas de signe spécifique pour reconnaître [o] et [ɔ], qui ont aussi des variantes régionales. Voici quelques indications simples et non exhaustives pour une bonne prononciation.

Le **o** est ouvert [ɔ] :
– dans les mots monosyllabiques : **do** (le verbe **dare** mais aussi la note), **ho** (*j'ai*), **so** (*je sais*), **sto**, **no** !, etc. ;
– dans les mots tronqués : **sarò**, **avrò**, **andò**, **però**, **perciò**, etc. ;
– dans les mots se terminant par une consonne et en général dans tous les mots étrangers : **aerosol**, **biberon**, **cocacola**, **ovest**, etc. ;
– dans la diphtongue **-uo-** : **buono**, **scuola**, **uomo**, **nuovo**, **fuoco**, etc. ;
– à l'infinitif des verbes en **-ere** non accentués sur la terminaison (proparoxytons) : **cogliere**, **togliere**, etc. ;
– dans les mots se terminant par **-òsi** ou **-òsio** : **artrosi**, **ipnosi**, **nevrosi**, **scoliosi**, **psicosi**, **glucosio** ;
– dans le suffixe **-otto** : **giovanotto**...

Le **o** est fermé [o] :
– dans les mots se terminant par **-one** : **mattone**, **cannone**, **religione**... ;
– dans les mots se terminant par **-ogno / a / i / e** : **bisogno**, **cicogna**, **sogno**, **scalogna**, **ogni**... ;
– dans les mots se terminant par **-ore** : **amore**, **dolore**, **raffreddore** ;
– dans les mots se terminant par **-oso** : **noioso**, **studioso**, **doloso**.

Remarque

Lorsque le **o** n'est pas tonique, il a une prononciation fermée. Par exemple, **pomodoro** (*tomate*) se prononce [pomodɔro].

La prononciation ouverte ou fermée du **o** tonique est à l'origine de plusieurs homonymes. Quelques exemples :

botte	[botte]	*le tonneau*	[bɔtte]	*les coups*
colto	[kolto]	*cultivé*	[kɔlto]	*cueilli*
fossi	[fossi]	forme de **essere**	[fɔssi]	*les fossés*
volto	[volto]	*le visage*	[vɔlto]	forme de **volgere**

15. STAREMO A VEDERE

Due amici si ritrovano al bar e discutono degli ultimi provvedimenti economici adottati dal governo.

L. = Luciano — **A.** = Antonio

L. Cosa stai leggendo sul giornale?

A. Sto guardando cosa dicono dei provvedimenti presi dal governo. E tu? cosa ne pensi del nuovo Presidente del Consiglio?

L. Guarda, per prima cosa ha dimezzato il numero dei ministri e dei segretari di Stato; mica male per cominciare, che te ne pare? Poi ha deciso la privatizzazione degli Enti pubblici[1]; ha ottenuto l'accordo tra Sindacati e Confindustria[2] sul costo del lavoro. Poi, ha deciso di risanare i conti dello stato.

A. E' vero che ci sa fare, ma chi paga alla fin fine? Sempre gli stessi : i lavoratori dipendenti[3]! E dai che ti cancello la scala mobile, e dai che ti metto un prelievo del 6 % sui conti correnti, e dai che ti trovo un'imposta straordinaria sulla casa... Anzi, sembra che voglia riformare anche il sistema sanitario e previdenziale, e che bisognerà aspettare 65 anni per andare in pensione.

L. Per forza, non si può fare altrimenti! O ci si mette a fare sul serio[4], o tutto va a rotoli! Col debito pubblico che abbiamo, con un bilancio in deficit come il nostro non si può più andare avanti così.

A. Sarà, ma i soldi li prendono sempre nelle stesse tasche. Commercianti, artigiani, liberi professionisti possono dichiarare quello che vogliono. Lo sai, ci sono dei negozianti o dei piccoli imprenditori che dichiarano dei redditi bassissimi, più bassi di quelli dei loro dipendenti; uno alla fine si chiede come facciano a vivere. Poi li vedi andare in giro con delle macchinone.

L. Ma stanno preparando qualcosa anche per loro, la chiamano minimum tax. E un pacchetto di misure[5] contro l'evasione fiscale[6]. Vedrai, è la volta buona per tutti.

A. Bah, staremo a vedere, mi sa però che[7] cominciano tempi duri e che bisognerà stringersi la cinghia per un bel po'.

15. ON VERRA BIEN

Deux amis se retrouvent au bar et bavardent des dernières mesures économiques prises par le gouvernement.

L. = Lucien — **A.** = Antoine

L. Qu'est-ce que tu es en train de lire dans le journal?
A. Je regarde ce qu'on dit des mesures prises par le gouvernement. Et toi? Qu'est-ce que tu en penses du nouveau président du Conseil?
L. Écoute, tout d'abord il a réduit de moitié le nombre de ministres et de secrétaires d'État; pas mal pour un début, n'est-ce pas? Ensuite il a décidé de privatiser le secteur public; il a obtenu un accord entre patronat et syndicats sur le coût du travail, et il s'est engagé à assainir les finances publiques.
A. Il est vrai qu'il sait s'y prendre, mais qui va payer au bout du compte? Toujours les mêmes : les salariés. Et vas-y que je t'efface l'échelle mobile des salaires, et vas-y que je te mets un prélèvement de 6 % sur les comptes courants, et vas-y que je te trouve un impôt exceptionnel sur le logement... Il paraît même qu'il veut réformer le système de santé et de retraite, et qu'il faudra attendre d'avoir 65 ans pour partir en retraite.
L. Forcément, on ne peut pas faire autrement! Ou on se met à agir sérieusement, ou tout va à vau-l'eau! Avec la dette publique que nous avons, avec un bilan en déficit comme le nôtre, on ne peut pas continuer de cette façon.
A. Sans doute, mais l'argent on va toujours le chercher dans les mêmes poches (c'est toujours dans les mêmes poches qu'on va chercher l'argent). Les commerçants, les artisans, les professions libérales peuvent déclarer ce qu'ils veulent. Tu le sais, il y a des commerçants ou de petits patrons qui déclarent des revenus très bas, plus bas que ceux de leurs employés. On finit par se demander comment ils font pour vivre, et après on les voit qui se promènent dans de grosses voitures.
L. Mais on est en train de leur préparer quelque chose aussi, on l'appelle minimum tax. Et un train de mesures contre la fraude fiscale. Tu vas voir, cette fois, ça y est.
A. Bof, on va bien voir. J'ai l'impression que c'est le début d'une période difficile et qu'il faudra se serrer la ceinture pendant quelque temps.

15*a*. VOCABULAIRE ET EXPRESSIONS

1. **gli Enti pubblici** : c'est ainsi qu'on appelle, de façon inexacte, les holdings d'État. **Ente** : personne morale de droit public ou privé. À noter :

gli enti locali : *les collectivités locales.*

2. **la Confindustria** : c'est l'organisme qui regroupe la plupart des industriels italiens. Les autres organisations similaires sont la Confagricoltura (pour les entreprises agricoles), la Confcommercio (entreprises commerciales), la **Confartigianato** (entreprises artisanales).

3. **i lavoratori dipendenti** : *les salariés,* par opposition aux **lavoratori autonomi**, les non-salariés. En emploi absolu, **i dipendenti** indique les salariés d'une entreprise :

Alla Fiat hanno messo duemila dipendenti in cassa integrazione. *Chez Fiat on a mis au chômage technique deux mille salariés.*

4. **serio** : *sérieux.* Expressions à retenir :

Dici sul serio? *Tu parles sérieusement?*

E' uno che fa sul serio. *C'est un type qui ne rigole pas.*

Questa volta è partito sul serio.

Cette fois il est parti pour de bon.

Sul serio? *Sans blague?*

5. **un pacchetto di misure** : *un train de mesures.* Dans le langage politique, économique et syndical, **pacchetto** (*paquet*) a pris le sens d'*ensemble.*

I sindacati hanno reso noto il pacchetto di richieste che saranno la piattaforma della trattativa con la Confindustria. *Les syndicats ont fait connaître l'ensemble des revendications à la base des négociations avec le patronat.*

6. **l'evasione fiscale** : *la fraude fiscale.*

Verranno intensificati gli accertamenti per individuare gli evasori fiscali. *Les contrôles pour repérer les fraudeurs du fisc seront intensifiés.*

7. **mi sa che...** : *j'ai l'impression que...* Expression de la langue parlée :

Mi sa che domani pioverà. *Je crois bien qu'il va pleuvoir.*

Relever aussi :

Non sa di niente. *Ça n'a aucun goût.*

Questa carne sa di bruciato. *Cette viande a un goût de brûlé.*

15*b*. GRAMMAIRE

LA FORME PROGRESSIVE

Cosa stai leggendo?
Sto guardando...

1. L'aspect duratif d'une action est exprimé en italien par la periphrase « **stare** + gérondif ».

Cosa stai facendo? *Qu'est-ce que tu es en train de faire?*

2. On pourra aussi entendre une forme moins fréquente : « **stare a** + infinitif ». Cette deuxième forme cependant peut aussi indiquer un état, une attitude :

Sta sempre a guardare la televisione.
Il est tout le temps en train de regarder la télévision.

Naturellement, ces formes ne sont possibles qu'avec les temps qui indiquent la durée de l'action : présent, imparfait et futur dubitatif.

☞ **A.** *Transformer selon le modèle en respectant les temps :*

Mangia → Sta mangiando.

1. Imparo a guidare. 2. Telefona ai suoi genitori. 3. Partivo quando è arrivato Luca. 4. A chi scrivi? 5. Cerca l'indirizzo di Paola. 6. Dove andate? 7. Giocano a tennis. 8. Non li hai visti perché guardavi da un'altra parte. 9. Lava la macchina. 10. Prepariamo da mangiare.

LE GÉRONDIF

leggendo
guardando

On part du radical de l'infinitif. Les terminaisons sont :
-ando pour le 1er groupe (**parlando**);
-endo pour le 2e groupe (**scrivendo**);
-endo pour le 3e groupe (**partendo**).

Remarques

1. Pour les verbes irréguliers à double radical (ex. : **andare / vado**; **venire / vengo**), il suffit de partir du radical de l'infinitif : **andando**; **venendo**.

2. Quelques verbes (6) ont un radical différent issu directement du latin; ce sont **fare (facendo)**, **dire (dicendo)**, **porre (ponendo)**, **bere (bevendo)**, **condurre (conducendo)**, **trarre (traendo)**. Naturellement, tous les verbes composés se conjuguent de la même façon.

☞ **B.** *Transformer selon le modèle :*

Dove va ? → **Dove sta andando ?**

1. Gli spiego cosa è successo. 2. Dove andavate ? 3. Aspettano l'autobus. 4. Dormono tutti. 5. Compone una canzone. 6. Salgono sul treno. 7. Cosa fa ? 8. Cosa dicevi ? 9. Si mette la giacca. 10. Partono.

LES INTERROGATIFS

Che te ne pare ?

Les pronoms utilisés dans les phrases interrogatives directes et indirectes sont les suivants :

- **chi**, pronom invariable, même emploi que le français **qui**.

Chi te l'ha detto ? *Qui est-ce qui t'a dit ça ?*

- **che cosa**, pronom invariable. La forme correcte est **che** ; dans la langue standard on utilise plutôt **che cosa** (**che** étant senti comme trop littéraire) ou tout simplement **cosa**. À noter que, en dépit de **cosa**, l'accord se fait toujours au masculin.

Che cosa ti è capitato ? *Qu'est-ce qui t'est arrivé ?*

- **quanto** (*combien*) et **quale** (*quel/lequel*) sont variables et s'accordent avec le nom auquel ils se rapportent. Dans la langue orale, **che** remplace de plus en plus l'adjectif **quale** :

Che macchina ha comprato ? *Quelle voiture a-t-il achetée ?*

Tours idiomatiques à connaître :

Quanti anni hai ? *Quel âge as-tu ?*
Quanti ne abbiamo oggi ? *Quel jour sommes-nous ?*
In quanti siete ? *Combien êtes-vous ?*

Remarques

1. **Chi** et **che** sont parfois renforcés par **mai**, ou bien, dans le registre familier de la langue parlée, par **diavolo** ou **cavolo** (qui remplace un mot plus vulgaire, *cf.* p. 193).

Chi mai l'avrebbe creduto ? : *Qui donc aurait pu le croire ?*
Chi diavolo è venuto ? : *Qui donc est venu ?*
Che cavolo vuoi ? : *Qu'est-ce que tu veux ?*

Inutile de se sentir obligé d'employer ces formes, l'important est de savoir les reconnaître.

2. Dans les régions du Centre-Nord, on utilise plutôt **cosa**, alors que dans les régions du Centre-Sud on utilise **che**.

☞ **C.** *Traduire :*

1. Qu'est-ce qui s'est passé ? 2. Combien ça coûte ? 3. Qui est-ce qui t'a écrit ? 4. Il m'a demandé de lui acheter des timbres, mais je ne sais pas combien il en veut. 5. Quel est le livre que tu préfères ? 6. Qu'est-ce que tu as fait hier soir, j'ai entendu du bruit jusqu'à 11 heures. 7. Qu'est-ce que c'est que toute cette histoire ? Qui te l'a racontée ? 8. Lequel de ces chemisiers aimerais-tu avoir ? 9. Voulez-vous des pommes, madame ? Combien je vous en mets ? 10. Qu'est-ce que tu me racontes de beau ?

15*c*. PRONONCIATION

LA PRONONCIATION DE « S »

La lettre **s** a deux prononciations : une prononciation sourde [s] (comme en français dans **sucre**) et une prononciation sonore [z] (comme dans **maison**).

Les variantes régionales sont nombreuses, mais aujourd'hui une prononciation standard tend à s'instaurer. Quelques indications :

1. en début de mot :
– **s** suivi d'une voyelle est sourd (**signore, sempre**) ;
– **s** suivi d'une consonne sourde (c, f, p, q, t) est sourd (**spendere**) ;
– **s** suivi d'une consonne sonore (b, d, g, l, m, n, r, v,) est sonore aussi (**sbadato, smania**).

2. **-s-** entre deux voyelles est toujours sonore (**asilo, asino, isola, esule**).

3. la double consonne **-ss-** est toujours sourde (**sasso, rosso**).

LA PRONONCIATION DE « Z »

La lettre **z** a aussi deux prononciations : sourde [tz] et sonore [dz]. Ce sont deux sons qui n'existent pas en français, mais le symbole phonétique montre bien comment ils se réalisent.

La prononciation qui s'est imposée aujourd'hui est la suivante :
– en début de mot, **z-** est sonore : (**zero, zona**) ;
– à l'intérieur du mot, **z-** est sourd : (**nazione, grazie**).

☞ **D. Exercice sur les oppositions** [o] - [ɔ], [s] - [z], [tz] - [dz].
Écouter, répéter, puis vérifier avec l'enregistrement :
1. E' una persona molto colta. **2.** Come sono noiose le punture delle zanzare! **3.** Non bisogna mai passare col rosso! **4.** Ho comprato lo zainetto a mio figlio per andare a scuola **5.** Che sbadato! mi son dimenticato di spegnere la luce. **6.** Sai dove abita quella ragazza? No, non lo so. **7.** Se sarò tornato per le otto, passerò a prenderti. **8.** Zitto, non far rumore! **9.** L'inflazione non sembra diminuire. **10.** Cosa prendi? Io?... una cocacola o un chinotto.

16. APPARECCHIA LA TAVOLA

M. = la mamma — **L.** = Luca — **F.** = Fiorella

L. Ciao ma'. Mmm, che profumino, cosa stai preparando?
M. Ciao Luca. Sto facendo il soffritto[1] per il sugo[2] della pasta. Ma come mai sei già qui? Di solito torni all'una meno dieci.
L. Sono tornato con Roberto; suo padre è venuto a prenderlo in macchina, così mi ha dato un passaggio fin sotto casa.
M. Già che ci sei, dammi un mano : apparecchia la tavola, così quando arriva il papà trova tutto pronto, sai che è sempre di fretta[3] a mezzogiorno. Tutto bene stamattina?
L. Sì; sono stato interrogato in fisica e mi è andata bene : la professoressa mi ha messo sette. Sai mamma, mi sono messo d'accordo con Roberto : oggi pomeriggio vorremmo andare al cinema. Abbiamo pochi compiti per domani e gli amici ci hanno detto che l'ultimo film di Benigni è uno spasso[4].
M. Ma non hai un tema da fare per sabato? E' meglio che ci pensi prima, poi ti ritrovi a farlo in fretta e furia.
L. Sì, ma faccio ancora in tempo[5]. Il film invece è l'ultima settimana che lo danno.
M. Vedremo col papà.
L. E' già tornata Fiorella?
M. Sì, è appena arrivata. E' di là che sta mettendo a posto la sua cameretta.
L. Ecco : piatti, bicchieri, posate, acqua e vino... mi sembra di aver messo tutto.
F. No, ti sei dimenticato di mettere i tovaglioli.
M. Ah eccoti qui, Fiorella. Ti sei lavata le mani? Mi puoi grattugiare un po' di parmigiano? Io butto giù la pasta, il papà dovrebbe essere qui tra cinque minuti.
L. Allora, mi aiuti tu a convincerlo? Potrebbe essere la ricompensa per il sette in fisica. E poi tutti gli altri lo hanno già visto quel film. Non vorrai mica farmi fare la figura dell'ignorante[6]?
F. Vai al cine? Che bello! Mi prendi su?
L. No! Lasciami in pace, ci vado con Roberto e non ho voglia di fare la bambinaia. Che appiccicosa questa qui!
M. Luca, sii gentile con tua sorella. Sentite, ne parliamo dopo col papà...
Driiiiin!

16. METS LE COUVERT

M. = la mère — L. = Luc — F. = Flore

L. Salut, m'man. Mmm, ça sent bon ! qu'est-ce que tu es en train de préparer ?
M. Bonjour Luc. Je suis en train de faire la sauce pour les pâtes. Comment se fait-il que tu sois déjà là ? D'habitude tu rentres à une heure moins dix.
L. Je suis revenu avec Robert ; son père est passé le chercher en voiture, et il m'a ramené jusqu'en bas de la maison.
M. Puisque tu es là, donne-moi un coup de main : mets le couvert, comme ça, lorsque papa rentrera, il trouvera tout prêt ; tu sais, à midi il est toujours pressé. Tout s'est bien passé ce matin ?
L. Oui, j'ai été interrogé en physique, et ça a bien marché : le professeur m'a mis sept. Tu sais, maman, je me suis entendu avec Robert : cet après-midi on voudrait aller au cinéma. On n'a pas beaucoup de devoirs pour demain et nos amis nous ont dit que le dernier film de Benigni est vraiment drôle.
M. Mais tu n'as pas une rédaction pour samedi ? Il vaut mieux que tu y penses avant, tu vas encore la bâcler.
L. Oui, mais j'ai encore le temps. Par contre, le film, c'est la dernière semaine qu'il passe.
M. On va voir avec papa.
L. Est-ce que Flore est revenue ?
M. Oui, elle vient de rentrer. Elle est à côté qui range sa chambre.
L. C'est fait : assiettes, verres, couverts, eau, vin... Je crois que j'ai tout mis.
F. Non, tu as oublié les serviettes de table.
M. Ah, te voilà Flore, tu t'es lavé les mains ? Peux-tu me râper un peu de parmesan ? Je mets les pâtes dans l'eau, papa devrait arriver dans cinq minutes.
L. Alors, tu m'aides à le convaincre ? Ça pourrait être la récompense pour le sept en physique. Tous les autres ont déjà vu ce film, tu veux vraiment que je passe pour un idiot ?
F. Tu vas au cinéma ? Chouette ! Tu m'emmènes ?
L. Non ! Laisse-moi tranquille, j'y vais avec Robert et je n'ai pas envie de faire la baby-sitter. Quel pot de colle celle-là !
M. Luc, sois gentil avec ta sœur. Écoutez, on va en parler avec papa...
Driiiiing !

16*a*. VOCABULAIRE ET EXPRESSIONS

1. **il soffritto :** c'est la préparation de base pour plusieurs sauces ; on fait rissoler des oignons dans le beurre ou l'huile et, éventuellement, d'autres épices.

2. **il sugo :** la sauce qui accompagne un plat de pâtes ou le jus d'une viande. Plusieurs expressions dérivées :

E' un discorso senza sugo. *C'est un discours sans intérêt.*
Non c'è sugo a discutere con lui.
Ça n'a aucun intérêt de discuter avec lui.

3. **è di fretta :** *il est pressé.*
Ha sempre fretta : *il est toujours pressé.*
Fate in fretta, perdiamo il treno !
Dépêchez-vous, on va rater le train !
E' un lavoro fatto in fretta e furia.
C'est un travail fait à la va-vite.
Non farmi fretta, c'è tempo.
Ne me bouscule pas, on a le temps.
Che fretta ! *Quelle précipitation !*

4. **è uno spasso** : *c'est drôlement marrant.* Spasso, c'est *la promenade*, mais aussi *l'amusement, la distraction.*

E' un tipo spassoso. *C'est un boute-en-train.*

Durante le vacanze ce la siamo spassata con gli amici. *Pendant les vacances on s'est payé du bon temps avec les copains.*

5. **faccio ancora in tempo** : *j'ai encore le temps.*

Con quella storia ho perso un sacco di tempo.
Avec cette histoire, j'ai perdu un temps fou.

C'è tempo ! *On a le temps !*

Per ammazzare (ingannare) il tempo ho letto una rivista.
Pour faire passer le temps, j'ai lu une revue.

6. **fare la figura dell'ignorante** : *passer pour un idiot.* **Figura**, c'est *la silhouette*, mais aussi *l'impression, l'effet que l'on fait sur les autres.*

Questo vestito mi è costato poco, ma fa la sua figura.
Cette robe ne m'a pas coûté cher, mais elle fait son petit effet.

Spero che tu mi faccia fare bella figura.
J'espère que tu me feras honneur.

Sono venuti a mani vuote, hanno fatto brutta figura. *Ils sont venus les mains vides, ils ont fait mauvaise impression.*

16*b*. GRAMMAIRE

L'ARTICLE ET L'ADJECTIF POSSESSIF

la sua cameretta
suo padre

En règle générale, on met l'article devant l'adjectif possessif :
Chi ha visto i miei occhiali? : *Qui a vu mes lunettes?*
Non mi piacciono proprio i suoi amici.
Je n'aime pas du tout ses amis.

Par contre, on omet l'article lorsque le possessif précède un nom de parenté proche au singulier, à l'exception de **loro** (qui est toujours précédé de l'article).
Vado a chiederlo a mia madre.
Je vais le demander à ma mère.

Pour omettre l'adjectif, il faut donc que le nom, au singulier, indique une relation de parenté proche : **padre**, **madre**, **marito**, **moglie**, **figlio**, **figlia**, **nonno**, **nonna**, **zio**, **zia**, **cugino**, **cugina**, **nipote**, **cognato**, **cognata**, **suocero**, **suocera**.
Come si chiama tuo fratello? *Comment s'appelle ton frère?*

Remarques

1. **Mamma**, **papa** et **babbo** ont un statut particulier, on les utilise avec ou sans article devant le possessif, selon les régions.

2. Avec les appellations affectueuses (**bambino/a**, **bimbo/a**) ou altérées (**fratellino**, **sorellina**), on met l'article.
Come si chiama il tuo fratellino?
Comment s'appelle ton petit frère?

3. Les noms qui indiquent une relation non officielle suivent la règle générale et prennent l'adjectif : **fidanzato**, **fidanzata**, **ragazzo**, **ragazza**, **amante**...
Come si chiama la tua fidanzata?
Comment s'appelle ta fiancée?

☞ **A.** *Traduire :*

1. Ses parents ne veulent pas qu'il sorte le soir. 2. Quel âge a votre enfant, Madame? 3. Je connais ton cousin, nous travaillons dans la même société. 4. Ses grands-parents lui ont offert un album pour sa collection de timbres. 5. Je vais chercher mes parents à la gare, ils rentrent ce soir. 6. Ton fils a beaucoup grandi, maintenant il est plus grand que toi. 7. Bien qu'il soit au premier étage, votre appartement est très lumineux. 8. Leurs enfants ont terminé leurs études et ont déjà une situation. 9. Tu devrais écrire à ta mère, tu sais qu'elle s'inquiète pour un rien. 10. Si tu continues, je le dirai à tes parents.

L'ACCORD AVEC LES VERBES EMPLOYÉS PRONOMINALEMENT

Ti sei lavata le mani?

Le participe passé des verbes transitifs et intransitifs employés pronominalement peut se faire avec le sujet ou avec le C.O.D. En réalité, l'accord avec le sujet est de loin le plus fréquent.

Si è incipriata le guance. *Elle s'est poudré les joues.*

Si è comprata una collana. *Elle s'est acheté un collier.*

Remarque

En règle générale, pour ne pas se tromper, lorsqu'un verbe est conjugué avec l'auxiliaire **essere**, il vaut mieux faire toujours l'accord du participe passé avec le sujet.

☞ **B.** *Traduire :*

1. Nous nous sommes rendu compte qu'il était trop tard pour rentrer à la maison. 2. Cette fille s'est mis en tête de devenir actrice. 3. Nous nous sommes préparé un casse-croûte pour le voyage. 4. Elle est tombée et s'est cassé un bras. 5. Il ont oublié *(dimenticarsi)* de nous laisser leur numéro de téléphone.

LES PROFESSIONS AU FÉMININ

la professoressa

Le féminin des noms indiquant la profession montre une certaine instabilité pour les professions récentes. En effet pour des emplois depuis longtemps exercés par les femmes, les féminins existent et sont employés couramment : **professoressa, dottoressa, autrice, scrittrice...**

Par contre, pour les professions exercées depuis peu par les femmes, malgré l'existence du féminin et malgré des recommandations officielles, on emploie généralement le masculin.

Era presente Margherita Boniver, ministro del Turismo.

Marguerite Boniver, ministre du Tourisme, était présente.

16c. INTONATION

L'INTERROGATION (1)

Par rapport au français, l'intonation de la phrase interrogative italienne est plus contrastée. Cela est dû au rythme propre de la langue italienne, mais aussi à la nécessité de caractériser oralement l'interrogation qui ne porte pas une marque particulière (pas d'inversion verbe-sujet comme en français).

Il faut distinguer deux types d'interrogations :

– l'interrogation qui suppose une réponse simple, affirmative ou négative (sì/no). Ex. :

Hai mangiato?
Vieni con noi?
Sei pronto?

– l'interrogation plus complexe qui suppose une réponse variée et contient déjà un élément d'interrogation ; ce peut être un pronom, un adverbe, une locution : **perché**? **come**? **dove**? **quando**? **chi**? **che, cosa**? etc. Ex. :

Dove andate?
A che ora sono partiti?
Perché hai fatto così?

Dans le premier cas l'intonation est ascendante. Après le dernier accent tonique, d'intensité moyenne, on passe du ton moyen au ton supérieur. On pourrait représenter graphiquement cette intonation de la façon suivante :

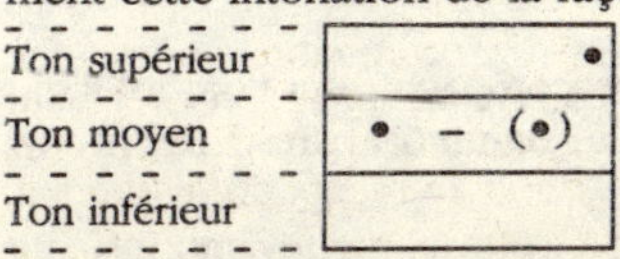

Dans le deuxième cas, l'intonation est descendante. Après le dernier accent tonique, d'intensité moyenne, on passe du ton moyen au ton inférieur. La représentation graphique donne ceci :

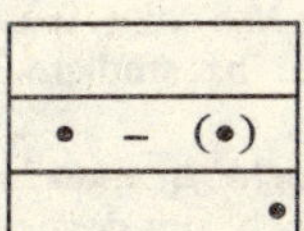

Légende :

– voyelle tonique
• voyelle atone
(•) avant-dernière voyelle (absente dans les mots paroxytons, c'est-à-dire qui ont une seule syllabe après la syllabe tonique).

17. GUARDA CHI SI VEDE !

Due amici di liceo si ritrovano per caso vari anni dopo.

E. = Enrico — **M.** = Marco

E. To', guarda chi si vede !
M. Ma tu sei Enrico Molteni ! Ciao ! Come stai ?
E. Bene, e tu ? ma... come mai da queste parti ?
M. Sono qui per qualche giorno. E tu, cosa racconti di bello ?
E. Io ? Ci sarebbero tante cose da raccontare, dopo tanto tempo ! Saranno sette o otto anni che non ci siamo rivisti.
M. Eh sì ! Eravamo al liceo insieme. Dopo la maturità ho saputo che eri andato a stare via.
E. Quell'anno mio padre è stato trasferito. Siccome siamo andati ad abitare a Milano io ho continuato gli studi lì. Mi sono laureato[1] in legge e lavoro in uno studio notarile. E tu ?
M. Io ho fatto ingegneria[2]. Poi ho lavorato due anni all'estero per l'AGIP e da poco ho trovato una ditta qui del posto. Mi sono sposato il mese scorso.
E. Complimenti. Mi fa piacere rivederti. E gli altri amici, hai notizie ?
M. Rivedo ogni tanto due o tre compagni, ma non abbiamo mantenuto i rapporti ; sai com'è, ognuno è preso dai propri impegni.
E. Ti ricordi di Renato Bonini ? A volte ci mettevamo insieme per studiare.
M. Avrà fatto medicina. Suo padre voleva che diventasse medico come lui.
E. Io rivedo ogni tanto Roberto Moschini. Si è laureato in Economia e Commercio, anche lui ha studiato a Milano, ed è rimasto lì.
M. Me lo ricordo bene. Salutamelo[3] quando lo vedi.
E. Certo. Gli darò tue notizie. Beh, ora devo scappare.
M. Ciao Enrico, fatti vivo[4] se capiti di nuovo da queste parti. Potremmo chiacchierare con più calma. Ti ricordi dove abitano i miei ? Noi abitiamo nello stesso palazzo.
E. Okay, ciao Marco... a proposito, auguri e figli maschi[5] !
M. C'è tempo, c'è tempo, si vedrà...

17. REGARDE QUI EST LÀ !

Deux camarades de lycée se retrouvent par hasard après quelques années.

H. = Henri — **M.** = Marc

H. Tiens, regarde donc qui est là !
M. Mais c'est Henri Molteni ! Salut, comment vas-tu ?
H. Bien, et toi ? qu'est-ce que tu fais par ici ?
M. Je suis là pour quelques jours. Et toi, qu'est-ce que tu racontes de beau ?
H. Moi ? Il y aurait tellement de choses à raconter, après si longtemps ! Ça doit faire sept ou huit ans qu'on ne s'est pas revus.
M. Eh oui, on était ensemble au lycée. Après le bac, j'ai su que tu avais déménagé.
H. Cette année-là mon père a été muté et comme nous sommes allés habiter à Milan, j'ai fait mes études là-bas. J'ai fait du droit et maintenant je travaille dans une étude de notaire. Et toi ?
M. Moi, j'ai fait des études d'ingénieur. Ensuite j'ai travaillé deux ans à l'étranger pour AGIP et depuis peu j'ai trouvé un emploi dans une entreprise de la région. Je me suis marié le mois dernier.
H. Félicitations ! Ça me fait plaisir de te revoir. Et les autres copains, tu as de leurs nouvelles ?
M. Je revois de temps en temps quelques camarades, mais on n'a pas gardé de contact. Tu sais comment ça se passe, chacun est pris par ses occupations.
H. Tu te souviens de René Bonini ? Parfois on se retrouvait pour travailler ensemble.
M. Il a dû faire médecine. Son père voulait qu'il devienne médecin comme lui.
H. Moi, je revois parfois Robert Moschini. Il a fait une école de commerce, à Milan lui aussi, et il est resté là-bas.
M. Je me souviens bien de lui. Tu lui diras bonjour de ma part quand tu le verras.
H. Bien sûr. Je lui donnerai de tes nouvelles. Bon, maintenant il faut que je me sauve.
M. Au revoir, Henri, passe me voir si tu reviens par ici. On pourrait bavarder plus tranquillement. Tu te rappelles où habitent mes parents ? Nous habitons dans le même immeuble.
H. O.K. au revoir, Marc. À propos, mes meilleurs vœux, et... que ce soit un garçon !
M. On a le temps, on verra bien.

17*a*. VOCABULAIRE ET EXPRESSIONS

1. **laureato** : la **laurea** est le diplôme qui sanctionne la fin des études supérieures et correspond donc à la maîtrise. **Laureato** est celui qui a obtenu ce diplôme. Le **laureato in medicina** est le *docteur en médecine*, mais tout titulaire d'une **laurea** a le titre de **dottore**.

2. **ingegneria, economia e commercio** : il n'y a pas en Italie le système des grandes écoles de commerce ou d'ingénieur. La formation est assurée par les facultés des universités.

3. **salutamelo** : *tu lui donneras le bonjour.* **Buongiorno** et **arrivederci** s'utilisent seulement dans le discours direct, lorsque l'on rencontre quelqu'un ou que l'on prend congé, mais seulement au moment de l'arrivée ou du départ.

Ho saputo che partite domani, sono venuto a salutarvi. *Je sais que vous partez demain, je suis venu vous dire au revoir.*

Salutamelo tanto.

Tu lui diras bien des choses de ma part.

4. **fatti vivo** : *donne de tes nouvelles.*

Non si è più fatto vivo da almeno tre anni.

Il n'a plus donné signe de vie depuis au moins trois ans.

Sur un ton badin :

Ah ! sei ancora vivo ?

Tiens, tu es encore vivant ? (Tiens, voilà un revenant !)

5. **auguri e figli maschi** : souhait que l'on adresse à de nouveaux mariés ou à des parents qui attendent un enfant. Remarquer aussi que **maschio** (et l'adjectif **maschile**) sont d'un emploi très courant :

Ha tre figli : due maschi e una femmina.

Il a trois enfants : deux garçons et une fille.

Le hanno fatto un'ecografia, sanno già che sarà un maschio.

Elle a passé une échographie, ils savent déjà que ce sera un garçon.

Questa una volta era la scuola maschile.

Autrefois, c'était l'école de garçons.

Oggi al torneo di tennis di Roma verrà disputata la finale del doppio maschile. *Aujourd'hui, au tournoi de tennis de Rome sera disputée la finale du double messieurs.*

17*b*. GRAMMAIRE

VALEURS PARTICULIÈRES DU FUTUR

Saranno sette o otto anni
Avrà fatto medicina

Le futur italien a quelques valeurs spécifiques. En effet, il peut indiquer :

1. le doute.
Sarà vero? *Est-ce que c'est vrai?*

2. l'hypothèse ou la supposition.
Non risponde nessuno, saranno andati via.
Personne ne répond; ils sont peut-être partis.

3. l'approximation.
Per andare a Milano ci vorrà una mezz'ora di macchina.
Pour aller à Milan, il doit falloir une demi-heure de voiture.

4. la concession.
Sarò testardo, ma anche tu hai un bel caratterino.
Je suis peut-être têtu, mais toi aussi tu as un sacré caractère.

☞ **A.** *Transformer selon le modèle :*
Dove sono? → Dove saranno?
1. Cosa sta facendo? 2. In quanti sono? 3. Che ore sono? 4. Cosa vuole? 5. Quanto ha pagato? 6. Quanto si ferma? 7. Dove vanno? 8. Come ha fatto? 9. Cosa gli sta raccontando? 10. Cosa ha combinato ancora?

☞ **B.** *Transformer selon le modèle :*
E' molto tempo che non lo vedo, forse è un anno →
E' molto tempo che non lo vedo, sarà un anno.
1. Non ti ha salutato; forse non ti ha riconosciuto. 2. Non è venuto; forse si è dimenticato che avevamo un appuntamento. 3. Stamattina è in ritardo; forse non ha sentito la sveglia. 4. Non ci sono più biscotti, forse li hanno mangiati i bambini. 5. La macchina non parte, forse è per via dell'umidità. 6. Lo stadio è pieno, forse ci sono quarantamila spettatori. 7. Il telefono suona sempre occupato; forse ha messo giù male la cornetta. 8. Non ha scritto; forse ha perso l'indirizzo. 9. Non si parlano più; forse hanno litigato. 10. Non li vedo da una settimana; forse sono partiti in ferie.

Sono qui per qualche giorno.
Ho continuato gli studi là.
E' rimasto lì.

Les adverbes qui définissent la situation dans l'espace s'articulent autour de la proximité ou de l'éloignement par rapport au locuteur.

1. **qui/qua/quassù/ quaggiù** indiquent un lieu près de celui qui parle ou qui écrit.
Vieni qua! *Viens là!*
Ho messo qui i soldi della spesa.
J'ai posé là (ici) l'argent pour les courses.

2. **lì, là, lassù, laggiù** indiquent un lieu éloigné de celui qui parle ou qui écrit.
Abitano là, in quel palazzo.
Ils habitent là-bas, dans cet immeuble.
Ho messo lì i soldi della spesa.
J'ai posé là-bas l'argent pour les courses.

Remarques

1. **Là** est seulement adverbe de lieu. Il n'est pas adverbe de temps et ne peut avoir la valeur d'un pronom neutre.
Cosa vuoi dire con questo?
Qu'est-ce que tu veux dire par là?

2. Voici quelques tournures dans lesquelles l'italien n'utilise pas **là**.
La signora non c'è (non è in casa). *Madame n'est pas là.*
Ci sono tutti i bambini? *Est-ce que les enfants sont tous là?*

☞ **C.** *Traduire.*
1. Je suis fatiguée de marcher, arrêtons-nous ici. 2. Mets-toi là-bas et ne bouge plus! 3. Je suis allée rendre visite à une amie, mais elle n'était pas là. 4. Les enfants, venez là, à côté de moi! 5. Pars tranquillement, je t'enverrai là-bas tous les renseignements dont tu auras besoin. 6. Pour son anniversaire, ses amis étaient tous là. 7. Nous serons là à six heures. 8. Ne passez pas par ici, passez plutôt par là. 9. Tu vois, j'ai là toutes les pièces pour monter mon meuble. 10. Ne restez pas là, c'est dangereux pour vous!

17c. INTONATION

L'INTERROGATION (2)

Nous avons vu les deux types de phrase interrogative. Il faut ajouter que dans certaines circonstances, les phrases du deuxième type peuvent avoir aussi une intonation ascendante. Cela correspond alors à une particulière intention emphatique, affective, mais n'est pas possible avec toutes les phrases. Il vaut donc mieux éviter de l'utiliser. Relire la fiche sur l'intonation interrogative et faire l'exercice suivant.

☞ **D.** *Prononcer ces phrases en choisissant la bonne intonation et vérifier avec l'enregistrement :*

a) 1. Sono venuti? 2. Quando sono venuti? 3. Perché sono venuti? 4. Come sono venuti? Li aspettavi?

b) 1. Sei uscito ieri sera? 2. Dove sei andato? 3. Ti sei divertito? 4. A che ora sei tornato a casa? 5. C'era gente?

c) 1. Hai trovato il libro che cercavi? 2. Dove l'hai trovato? 3. Come si intitola? 4. Quanto lo hai pagato? 5. Me lo impresti?

d) 1. Come si chiama quella ragazza? 2. E' una tua amica? 3. Dove abita? 4. E' sposata? 5. Me la presenti?

LA PAUSE

Une phrase moyennement longue n'est jamais prononcée sur le même ton ni d'affilée, mais on ménage des pauses qui ont une intonation particulière. Là non plus, l'intonation n'est pas toujours la même en italien et en français.

En italien, l'intonation suspensive descend du ton supérieur au ton moyen.

Voici la représentation graphique :

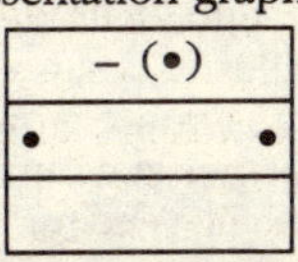

☞ **E.** *Introduire une intonation suspensive à l'endroit marqué d'un ~. Vérifier avec l'enregistrement.*

1. A dire il vero~, non l'ha fatto lui. 2. Non sapendo come fare~, hanno deciso di aspettare che venisse qualcuno. 3. Delle rose rosse~, rosa~, gialle~, bianche; non ne avevo mai viste tante. 4. Sarà come dici tu~, ma non mi convince. 5. Anche se volesse~, non potrebbe farlo.

18. BASTA PUBBLICITÀ !

M. = Marco — **G.** = Giovanni — **C.** = Cristina

M. Ancora pubblicità ! Sono stufo[1], è già la seconda volta che interrompono il film per far vedere la pubblicità. E poi ci prendono proprio per dei cretini ! Passano sempre gli stessi spot !
G. Cosa vuoi farci ? è la logica della TV commerciale. Il canone non lo paghi per le reti private, bisogna pur che vivano !
M. Non dico di no, ma adesso esagerano. Proprio sul più bello[2], quando stai interessandoti davvero alla vicenda del film, saltano fuori con le loro stupidate.
G. Ma lo fanno apposta[3]. Tutto è studiato nei minimi particolari : sanno benissimo quando e quante volte bisogna mostrare un comunicato commerciale in un determinato arco di tempo per ottenere il risultato voluto ; hanno le loro cavie, di cui si servono per saggiare la reazione agli spot.
C. Intanto io vado a fare il caffè. Ma chiamatemi se ricomincia il film !
G. A proposito di pubblicità, lo sai che ogni anno vengono spesi miliardi di lire per gli investimenti pubblicitari, di cui più del 50 % va alla tivù. Il resto va alla radio e alla carta stampata. Siamo uno dei paesi con la percentuale più alta per la TV.
M. Sono cifre da capogiro. Oltretutto usano forme di pubblicità selvaggia : nei quiz, giochi a premi, varietà, citano continuamente i prodotti da reclamizzare. E i filmati[4] spesso non hanno nessun rapporto con il prodotto.
G. Te l'ho già detto, anche questo è fatto apposta. In realtà le ragioni sentimentali, emozionali contano più delle qualità del prodotto. Tanto è vero che la pubblicità fa continuamente appello, in maniera più o meno allusiva, a sesso, lusso, prestigio sociale, competizione, avventura ; oppure ai buoni sentimenti, come l'amore, l'amicizia, l'amore per la natura e così via.
M. Insomma, fanno di tutto pur di vendere. Purtroppo oggi non si guarda più alla qualità della trasmissione ma all'audience[5]. E' la dittatura dell'Auditel, i cui indici determinano il costo della pubblicità che accompagna la trasmissione. Roba da matti[6].
C. Ecco il caffè.
M. Mmm, buono, ma non sarà la marca che hanno appena passato, spero...

18. LA PUB, ÇA SUFFIT !

M. = Marc — J. = Jean — C. = Christine

M. Encore de la pub ! J'en ai marre, c'est déjà la deuxième fois qu'ils coupent le film pour passer la pub ! Ils nous prennent vraiment pour des idiots ! Ils passent toujours les mêmes spots.
J. Qu'est-ce que tu veux y faire ? c'est la logique de la télévision commerciale. On ne paye pas de redevance pour les chaînes privées, il faut bien qu'elles vivent !
M. Je ne dis pas le contraire, mais maintenant ils exagèrent. Au meilleur moment, quand tu te laisses prendre par l'histoire du film, ils te sortent leurs sottises.
J. C'est fait exprès. Tout est étudié dans les moindres détails : ils savent très bien quand et combien de fois il faut montrer un message publicitaire dans un certain laps de temps afin d'obtenir le résultat recherché ; ils ont même leurs cobayes, dont ils se servent pour tester les réactions aux spots.
C. En attendant, je vais faire le café. Appelez-moi quand le film recommencera.
J. À propos de publicité, est-ce que tu sais qu'en Italie tous les ans on dépense des milliards de lires pour les investissements publicitaires, dont plus de 50 % pour la télévision. Le reste va à la radio et à la presse écrite. On est l'un des pays avec le pourcentage le plus fort pour la télévision.
M. Ce sont des sommes vertigineuses. Et de plus ils utilisent des formes de publicité sauvage : dans les émissions de jeux, de variétés, ils n'arrêtent pas de citer les produits à promouvoir. Et les films souvent n'ont aucun rapport avec le produit.
J. Je te l'ai déjà dit, c'est fait exprès. En réalité, les raisons sentimentales, émotionnelles comptent plus que les qualités du produit. À tel point que la pub fait sans cesse appel, de façon plus ou moins explicite, au sexe, au luxe, au prestige social, à la compétition, à l'aventure ; ou alors aux sentiments comme l'amour, l'amitié, l'amour pour la nature et ainsi de suite.
M. En somme, ils font n'importe quoi à condition de vendre. Malheureusement aujourd'hui on ne regarde plus la qualité de l'émission, mais l'audience. C'est la dictature de l'Audimat, dont les indices déterminent le coût de la pub qui accompagne l'émission. C'est incroyable.
C. Voici le café.
M. Mmm, il est bon, j'espère au moins que ce n'est pas la marque qui vient de passer à la télévision...

18*a*. VOCABULAIRE ET EXPRESSIONS

1. **sono stufo** : peut signifier *je suis fatigué*, mais aussi *j'en ai assez, j'en ai marre*. Le verbe **stufare** signifie aussi *embêter, ennuyer*.

Basta, adesso mi hai proprio stufato!
Ça suffit, tu m'embêtes à la fin!
Ne pas confondre avec **lo stufato** : plat de viande et de légumes cuits à l'étouffée.

2. **sul più bello** : *au moment le plus intéressant.*
Cosa c'è di bello? *Quoi de neuf?*
Il bello è che... *Le plus drôle, c'est que...*
Adesso viene il bello...
C'est maintenant que ça devient intéressant...

3. **apposta** : *exprès.*
Non l'ha fatto apposta. *Il ne l'a pas fait exprès.*
E' un lavoretto da niente, ma ci vorrebbero gli arnesi apposta.
C'est un travail de rien du tout, mais il faudrait avoir les outils appropriés.
Neanche a farlo apposta, non c'è mai quando ho bisogno di lui. *Comme par un fait exprès, il n'est jamais là quand j'ai besoin de lui.*

4. **filmato**. De **film**; on note plusieurs dérivés :
la filmina : film à images fixes
il filmino : film de format réduit (super 8)
il filmato : film de courte durée, sur un sujet précis; désigne principalement les reportages et les films publicitaires.

5. **audience** : on utilise ce mot, prononcé à l'anglaise, pour indiquer l'audience d'une émission de radio ou de télévision. L'Auditel est une société chargée de relever les taux d'écoute.

6. **roba da matti** : *c'est incroyable*, ou, selon le contexte, *c'est une histoire de fous*. Par rapport à **pazzo**, **matto** a une connotation plus sympathique, moins pathologique. Il a parfois une valeur superlative.

E' un tipo mezzo matto. *Il est un peu foufou.*
Ha una paura matta dell'aereo. *Il a une peur bleue de l'avion.*
Mi piace da matti! *Je raffole de ça!*
Ma siamo matti? *Non mais! ça ne va pas?*
E' una gabbia di matti! *C'est une maison de fous!*
C'è da diventare matti. *Il y a de quoi devenir fou.*

18*b*. GRAMMAIRE

LA PRÉPOSITION «DA»

Cifre da capogiro
I prodotti da reclamizzare

Outre l'origine dans le temps et dans l'espace, la préposition **da** indique aussi la destination et la finalité d'un objet. Elle introduit aussi une proposition finale ou consécutive à l'infinitif.

Vorrei comprare una macchina da scrivere.
Je voudrais acheter une machine à écrire.
Non ha mai niente da fare. *Il n'a jamais rien à faire.*

Remarques

1. Ne pas confondre **una tazzina di caffé** (*une tasse de café*) et **una tazzina da caffé** (*une tasse à café*).

2. Il n'y a jamais d'élision avec la préposition **da**.

☞ **A.** *Traduire :*

1. Il faut aller faire des courses, il n'y plus rien à manger. 2. J'ai encore trois chemises à repasser. 3. Il a des livres à ne plus savoir où les ranger. 4. Il faut que je demande à ma mère sa machine à coudre. 5. Il est fou (*Va matto per*) des voitures de course. 6. Quelle soif! est-ce qu'il y a encore quelque chose à boire? 7. On part demain à la mer, et je n'ai pas encore acheté le maillot de bain. 8. Qu'est-ce que vous avez à rire? ce n'est pas drôle du tout! 9. Il m'a laissé sa carte (*biglietto*) de visite. 10. On est en avance (*in anticipo*), il y a encore un quart d'heure à attendre.

CUI/DI CUI

Le cavie di cui si servono...
L'Auditel, i cui indici determinano il costo della pubblicità...

Le relatif «dont» lorsqu'il signifie «de qui», «duquel», «de laquelle», «desquels», se traduit par :
– **cui** précédé de l'article défini lorsqu'il est complément du nom.

Ho un amico il cui fratello è andato a scuola con te (il fratello dell'amico). *J'ai un ami dont le frère est allé à l'école avec toi.*
– **di cui**, lorsqu'il est complément du verbe.

E' l'argomento di cui abbiamo parlato ieri sera (abbiamo parlato dell'argomento).

C'est le sujet dont nous avons discuté hier soir.

Dans la langue parlée, on tend à éviter l'emploi de la première forme ; on dira plutôt :

Un mio amico ha un fratello che è andato a scuola con te.

Remarques

1. Lorsque « dont » indique la provenance (« d'où »), on traduit par **da cui** : **E una novella da cui è stato tratto il libretto di un opera.** *C'est une nouvelle dont on a tiré un livret d'opéra.*

2. **per cui** peut se rapporter à toute une proposition, il se traduit alors par : *c'est pourquoi.*

Non c'era molta gente ad aspettare, per cui siamo entrati subito. *Il n'y avait pas beaucoup de monde qui attendait, c'est pourquoi nous sommes entrés tout de suite.*

☞ **B.** *Traduire :*

1. Je ne me souviens plus de l'auteur du livre dont tu m'as parlé. 2. J'ai apprécié la gentillesse dont il a fait preuve à cette occasion. 3. Je ne trouve plus le tournevis dont je me suis servi il y a un instant. 4. C'est un roman dont on a tiré un film. 5. C'est un produit dont on fait la publicité à la télévision. 6. La cathédrale, dont la construction remonte au XIVe siècle, est un parfait exemple de gothique italien. 7. Vous devriez consulter ce spécialiste dont tout le monde dit beaucoup de bien (formule de politesse). 8. Les contribuables, dont la déclaration des revenus sera parvenue après le terme, devront payer une majoration de 5 %. 9. Il travaille dans une société dont le siège social est à Rome. 10. J'ai beaucoup aimé cette histoire dont la fin est vraiment surprenante.

LE PLURIEL DES MOTS ÉTRANGERS

gli spot
i quiz

Les mots étrangers non intégrés à la langue italienne sont invariables. Il ne prennent pas la marque du pluriel.

I film americani hanno ancora un grosso successo.

Les films américains ont toujours un énorme succès.

18*c*. INTONATION

L'EXCLAMATION ET L'INJONCTION

Comme pour l'interrogation, l'intonation de la phrase italienne diffère de l'intonation française dans l'exclamation et l'injonction : après le dernier accent tonique, de très forte intensité, elle descend du ton moyen au ton inférieur. Ex. :

Vieni subito !
Accidenti !

Une représentation graphique donne ceci :

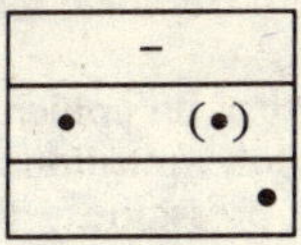

☞ **C.** *Prononcer et vérifier avec l'enregistrement :*
1. Andateci ! 2. Rispondi ! 3. Prendilo ! 4. Non correre ! 5. Datemi una mano ! 6. Sbrigatevi ! 7. Parlate ! 8. Non rispondergli ! 9. Chiamalo ! 10. Vattene ! 11. Statemi a sentire ! 12. Compralo ! 13. Caspita ! 14. Porco cane ! 15. Mamma mia !

☞ **D.** *Après avoir révisé l'intonation interrogative, prononcer la même phrase avec l'intonation impérative et interrogative :*

1. Fammi un favore !	Mi fai un favore ?
2. Venite con noi !	Venite con noi ?
3. Andiamo al concerto !	Andiamo al concerto ?
4. Non correte !	Non correte ?
5. Ci è riuscito !	Ci è riuscito ?
6. Vuole telefonare !	Vuole telefonare ?
7. Andate via !	Andate via ?
8. Gli piacerebbe comprarlo !	Gli piacerebbe comprarlo ?
9. Costa caro !	Costa caro ?
10. Gli piace davvero !	Gli piace davvero ?

19. IN AMBULATORIO

Dott. = Dottore — **Sig. R.** = Signor Rossi

Sig. R. Buongiorno dottore.
Dott. Buongiorno, si accomodi. Mi dica pure.
Sig. R. Ecco, vede, sono venuto perché da due o tre giorni non sto bene : mi sento indolenzito, ho mal di testa, un senso di[1] pesantezza alle gambe, un po' di mal di gola, insomma, non mi sento a posto[2]. E poi stamattina mi sono accorto che avevo un po' di febbre. Poca, solo due o tre linee, ma dovevo averla anche ieri e ieri l'altro.
Dott. Non si preoccupi, c'è in giro[3] un'epidemia di influenza. Ma vediamo, adesso la visito. Si tolga maglione[4] e camicia e si metta sul lettino. Proviamo la pressione... Può andare... Il cuore... Bene. Si metta a sedere, sentiamo i polmoni. Tutto a posto. La gola... è un po' infiammata. Si rivesta pure.
Guardi, niente di serio. E' solo una leggera influenza, non c'è neanche bisogno di antibiotici, basterà un sulfamidico. Le faccio la ricetta.
Sig. R. Ma non dovrei fare un'analisi del sangue ? E' molto che non l'ho fatta.
Dott. Non penso che ce ne sia bisogno, ma per tranquillizzarla. Ecco. Può anche andare a fare il prelievo subito.
Sig. R. Sì, preferirei. Così avrò gli esiti domani o domani l'altro[5]. Mi può mettere sulla ricetta anche qualcosa per la gola.
Dott. Sì, le metto un collutorio, e anche un po' di vitamina. Ha bisogno d'altro ?
Sig. R. Intanto che c'è, vorrei qualcosa per digerire meglio.
Dott. Perché ? ha bruciori di stomaco, acidità, rigurgiti dopo i pasti ?
Sig. R. No no, ma a volte, quando mangio in fretta, faccio fatica a digerire.
Dott. E' normalissimo, le darò uno sciroppo. Lo prenda dopo il pasto quando pensa di averne bisogno.
Sig. R. Bene. Speriamo che quest'influenza passi alla svelta.
Dott. Domenica sarà a posto. Ma non prenda freddo. Buongiorno.
Sig. R. Arrivederla dottore, e grazie.

19. DANS LE CABINET MÉDICAL

Dr = Le médecin — M. R. = Monsieur Rossi

M. R. Bonjour, docteur.
Dr Bonjour. Asseyez-vous. Je vous écoute.
M. R. Voici, voyez-vous, je suis venu parce depuis deux ou trois jours je ne vais pas bien : je suis tout courbaturé, j'ai mal à la tête, une impression de lourdeur dans les jambes, un peu mal à la gorge, enfin, je ne me sens pas dans mon assiette. Ce matin je me suis aperçu que j'avais un peu de température. Pas beaucoup ; seulement quelques dixièmes, mais j'en avais sans doute hier aussi et avant-hier.
Dr Ne vous inquiétez pas, il y a en ce moment une épidémie de grippe. Voyons, je vais vous examiner. Enlevez votre pull et votre chemise et allongez-vous sur le lit. Voyons la tension... Ça peut aller. Le cœur... Ça va. Asseyez-vous, les poumons... Tout va bien. La gorge... elle est un peu enflammée. Vous pouvez vous rhabiller.
Écoutez, rien de grave, ce n'est qu'une petite grippe, ce n'est même pas la peine de prendre des antibiotiques, un sulfamide suffira. Je vous prépare l'ordonnance.
M. R. Mais, il ne faudrait pas que je fasse une analyse de sang ? Ça fait longtemps que je n'en ai pas fait.
Dr Je ne pense pas que ce soit nécessaire, mais pour vous rassurer... voici. Vous pouvez même aller tout de suite faire la prise de sang.
M. R. Oui, j'aimerais mieux, comme ça j'aurai les résultats demain ou après-demain. Pouvez-vous mettre sur l'ordonnance quelque chose pour la gorge ?
Dr Oui, je vais vous donner un collutoire, et un peu de vitamine C. Avez-vous besoin d'autre chose ?
M. R. Pendant que vous y êtes, je voudrais quelque chose pour mieux digérer.
Dr Pourquoi ? vous avez des brûlures d'estomac, des aigreurs, des régurgitations après les repas ?
M. R. Non, non, mais parfois, quand je mange vite, j'ai du mal à digérer.
Dr C'est tout à fait normal. Je vous donnerai un sirop. Vous en prendrez après le repas lorsque vous le jugerez nécessaire.
M. R. Bien, espérons que cette grippe passera vite.
Dr Dimanche, ce sera fini. Mais ne prenez pas froid. Au revoir.
M. R. Au revoir, docteur, et merci.

19*a*. VOCABULAIRE ET EXPRESSIONS

1. **un senso di...** : *une sensation de..., une impression de...* Mais aussi :

un senso di vergogna : *un sentiment de honte.*

Relever également :

Mi fa senso. *Ça me dégoûte.*

2. **non mi sento a posto** : *Je ne me sens pas dans mon assiette.* Parmi les nombreuses expressions avec cette locution :

Tutto (è) a posto. *Tout est en ordre, tout va bien.*

E' un ragazzo con la testa a posto.

C'est un garçon qui a la tête solide.

Prima o poi tutto andrà a posto.

Tôt ou tard ça finira par s'arranger.

E' una persona a posto. *C'est une personne comme il faut.*

Vuoi mangiare ancora qualcosa? No, grazie, sono a posto così. *Tu veux manger encore quelque chose? Non, merci, ça va comme ça.*

Non ho niente da rimproverarmi, sono a posto con la mia coscienza. *Je n'ai rien à me reprocher, je suis en paix avec ma conscience.*

Par antiphrase : **Siamo a posto!** *On est dans de beaux draps!*

3. **in giro** : *dehors, tout autour...*

Cosa fate in giro?

Qu'est-ce que vous faites dehors (dans les rues)?

E' sempre in giro. *Il est toujours en vadrouille.*

S'è guardato in giro per vedere se c'era qualcuno.

Il a regardé autour de lui pour voir s'il y avait quelqu'un.

Va in giro a dire che tu sarai trasferita.

Elle raconte à tout le monde que tu vas être mutée.

Non lasciare in giro questa roba.

Ne laisse pas traîner ces affaires.

À connaître aussi :

a giro (di) posta : *par retour du courrier.*

4. **maglione** : augmentatif de **maglia**; on dit aussi **pullover**. Attention aux diminutifs : si **maglioncino** est un pull léger, **maglietta** est le maillot de corps, le tee-shirt. À connaître aussi, la **canottiera**, maillot de corps échancré sans manches.

5. **domani l'altro** : on dit aussi **dopodomani** et plus rare, limité à certaines régions, **posdomani**. *Cf.* un peu plus haut, **ieri l'altro** (on dit aussi **l'altro ieri**).

19*b*. GRAMMAIRE

LA FORME DE POLITESSE

Si accomodi
Le faccio la ricetta
per tranquillizzarla...

Pour s'adresser à une personne que l'on ne connaît pas ou avec laquelle on n'a pas un rapport d'amitié, l'italien utilise la forme de politesse. On s'adresse donc à l'interlocuteur avec la 3e personne du féminin singulier, comme si l'on sous-entendait «sa seigneurie» : **Come stai?** devient **Come sta?**, **Dove vai?** devient **Dove va?**

Cet emploi de la 3e personne a plusieurs conséquences :
– Le pronom sujet devient **lei** (souvent sous-entendu).
Ci va (lei)? *Vous y allez, vous?*
– Avec les prépositions, on utilise également le pronom **lei**.
Il postino ha lasciato questo pacco per lei.
Le facteur a laissé ce paquet pour vous.
– Le pronom personnel C.O.D. devient **la**.
La prego di scusarmi. *Je vous prie de m'excuser.*
– Le pronom personnel C.O.I. devient **le**.
Le telefonerò domani. *Je vous téléphonerai demain.*
– Le pronom des verbes réfléchis et pronominaux devient **si**.
Come si chiama? *Comment vous appelez-vous?*
– L'adjectif possessif devient **suo/sua/suoi/sue**.
Suo figlio è molto bravo. *Votre enfant est très sage.*
– L'accord de l'adjectif et du participe passé devrait se faire toujours au féminin; en réalité, dans l'italien standard, en s'adressant à un homme on fait l'accord au masculin.
Non sapevo che fosse già arrivato.
Je ne savais pas que vous étiez déjà arrivé.
Lei è proprio fortunato. *Vous avez beaucoup de chance.*
– L'impératif n'a pas de forme propre pour la 3e personne du singulier; on utilise donc la 3e personne du singulier du subjonctif. Naturellement, le pronom se place avant le verbe.
Si sieda! *Asseyez-vous!*

Au pluriel il faudrait employer les formes **loro** (pronom personnel sujet, cas indirects et adjectif possessif) et **li/le** (pronom personnel C.O.D.). En réalité, on utilise habituellement la 2e personne du pluriel. On pourra entendre **loro** dans certaines situations particulières et solennelles : allocution, conférence, cours magistral, etc.

Remarques

1. Il était d'usage d'écrire les pronoms et l'adjectif possessif qui se rapportent à l'interlocuteur avec la première lettre majuscule. Cet usage a pratiquement disparu aujourd'hui, sauf dans certaines occasions formelles (carton d'invitation, par exemple) ou parfois dans la correspondance administrative ou commerciale.

2. La situation décrite est celle de l'italien standard. Dans le Sud, il n'est pas rare d'entendre **voi** à la place de **lei**. Et dans certaines régions centro-méridionales orientales, on utilise aussi **tu** comme pronom allocutif au lieu de **lei**.

3. Expressions à retenir : **dare del tu** *(tutoyer)* et **dare del Lei** (employer la forme de politesse).

4. Le tutoiement est plus fréquent en italien qu'en français. Il est tout à fait habituel entre jeunes gens, entre collègues de travail et lorsqu'on s'adresse à un jeune, quel que soit son statut. Dans la publicité, c'est la forme qui revient le plus souvent.

☞ **A.** *Transformer suivant le modèle :*

Dove abiti ? → Dove abita ?

1. Finalmente sei tornato. 2. Dove sei andato la settimana scorsa ? 3. Non sapevo che avevi cambiato casa 4. Sono contento di rivederti. 5. Entra pure e siediti, vengo subito. 6. Ti ho scritto ieri per invitarti alla mostra. 7. Non dimenticarti di convalidare il biglietto. 8. Vieni con noi, c'è posto anche per te. 9. Non ti ho visto ieri sera ? Dove eri ? 10. Mi puoi imprestare il tuo trapano elettrico ? Te lo restituisco domani.

☞ **B.** *Traduire en employant la forme de politesse :*

1. Quand êtes-vous arrivé ? 2. J'ai trouvé le dossier que vous cherchiez. 3. Excusez-moi, je ne vous avais pas reconnu(e). 4. Garçon, apportez-nous une bouteille d'eau minérale, s'il vous plaît. 5. Vous auriez dû me prévenir, je serais venu vous chercher à la gare. 6. Ne bougez pas (*muoversi*), vous pourriez vous blesser (*farsi male*). 7. Souvenez-vous de ce que vous lui avez dit la dernière fois qu'il est venu vous voir. 8. Je vous ai apporté un échantillon de nos produits. 9. Elle est à vous cette voiture ? Pourriez-vous la déplacer ? Je dois sortir. 10. Vous devriez vous reposer un peu, vous semblez fatigué.

19c. INTONATION

LA CONCLUSION

Lorsque l'on termine une phrase, la voix passe du ton moyen au ton inférieur.

Non ci vado più.
Voglio tornare a casa.
Ha deciso di cambiar macchina.

On peut représenter ainsi cette intonation :

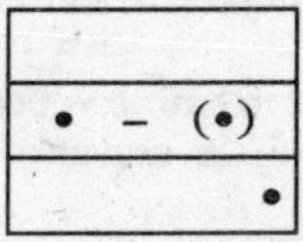

LES INCISES

Les propositions incises sont prononcées sur un ton plus bas que la proposition qui précède et celle qui, éventuellement, suit.

Lei mi ha assicurato, ma io non ci credo, che verranno tutti e due. *Elle m'a assuré, mais je n'y crois pas, qu'ils viendront tous les deux.*

Scade domani, hanno ricordato alla televisione, il termine per il pagamento dell'una tantum. *C'est demain le dernier délai, a-t-on rappelé à la télévision, pour acquitter l'impôt extraordinaire.*

☞ **C.** *Prononcer, puis vérifier avec l'enregistrement :*

1. Quel quadro, a quanto dicono gli specialisti, sarebbe del Correggio. 2. L'anno scorso, per le ferie, te lo ricordi? abbiamo avuto un tempo schifoso. 3. Il direttore, sono voci che corrono, avrebbe rassegnato le dimissioni. 4. Si parla molto di un rimpasto del governo, cosa a parer mio inevitabile, per domani. 5. Ma insomma, è possibile, dico io, che nessuno lo sappia? 6. Carlo, a quanto pare, non vive più con la moglie 7. Non mi sembra che sia entrato qualcuno, almeno io non me ne sono accorto. 8. Non voglio, ve lo ripeto, che usciate senza avvertirmi. 9. Per andare in centro deve prendere, se non sbaglio, la seconda a destra dopo l'incrocio. 10. Se fosse vero, cosa che ammetto solo come pura ipotesi, la situazione sarebbe molto grave.

20. UN REGALO PER IL COMPLEANNO

Due amiche si ritrovano per qualche spesa in centro.

R. = Roberta — **B.** = Beatrice — **C.** = la commessa

R. Oggi è il compleanno[1] di mio marito, vorrei trovargli un regalino. Avevo pensato ad una cravatta, o una camicia, non so di preciso. Vieni con me, andiamo a dare un'occhiata[2] in questo negozio.
(Alla commessa) Buongiorno, vorremmo vedere delle cravatte.
C. Faccia pure, signora. Guardi, le cravatte sono appese lì, dietro la vetrina.
B. Belle queste cravatte.
R. Sfido io[3], sono di seta, e griffate. Ma sono un po' troppo estrose. Sai, Carlo ha dei gusti piuttosto classici, anche se gli prendo una cravatta fantasia non deve essere troppo stravagante.
B. Vieni a vedere, queste qui sono meno originali delle altre, ma mi sembrano altrettanto belle.
R. Fammi vedere quella che stai guardando. Sì, mi sembra meno vistosa[4] dell'altra. E poi andrebbe bene con la sua giacca nuova.
B. Bene, se hai trovato, passiamo alla cassa, ma dove vai, quello è il reparto femminile...
R. Guarda questa gonna. Come mi piace ! Se ci fosse la mia misura ! E poi non è neanche tanto cara... c'è, c'è. Dai, me la provo... Allora, come sto ?
B. Sì, in vita[5] ti va bene. Magari è un po' corta.
R. Corta ? Non direi. Anche quest'anno va di moda il corto. Sì, la prendo. Però, mi ci vorrebbe anche una camicetta. Ne ho una che potrebbe andare, ma sono stufa di metterla. Guarda lì, cosa ne pensi di quella ? Dovrebbe andarmi a pennello.
B. Guarda guarda, pensavo che tu cercassi solo un regalino per tuo marito. E a lui, cosa gli dici ?
R. Per lui va sempre bene. E poi tra quindici giorni è il nostro anniversario di matrimonio. Mi sono fatta da sola il regalo !
B. Ed io ti posso assicurare che la tua gonna e la tua camicetta andranno benissimo con la cravatta di tuo marito.
R. Spiritosa !

20. UN CADEAU D'ANNIVERSAIRE

Deux amies se retrouvent pour faire quelques achats dans le centre ville.

R. = Roberta — B. = Béatrice — V. = la vendeuse

R. Aujourd'hui c'est l'anniversaire de mon mari, je voudrais lui trouver un petit cadeau. J'avais pensé à une cravate, une chemise, je ne sais pas au juste. Viens avec moi, on va jeter un coup d'œil dans ce magasin.
(À la vendeuse) Bonjour, nous voudrions voir des cravates.
V. Je vous en prie, Madame. Regardez, les cravates sont accrochées là, derrière la vitrine.
B. Elles sont très jolies ces cravates.
R. Je crois bien, elles sont en soie, et griffées. Mais elles sont un peu trop originales. Tu sais, Charles a des goûts plutôt classiques, même si je lui prends une cravate fantaisie, ça ne doit pas être trop extravagant.
B. Viens voir, celles-ci sont moins originales que les autres, mais elles sont aussi belles.
R. Montre-moi celle que tu es en train de regarder. Oui, on dirait qu'elle est moins voyante que les autres. Et elle irait bien avec sa nouvelle veste.
B. Bon, si tu as trouvé, on va passer à la caisse, mais, où vas-tu, là-bas, c'est le rayon pour femmes.
R. Regarde cette jupe. Elle me plaît énormément. S'il y avait ma taille ! Elle n'est pas si chère, après tout. Elle y est, elle y est. Allez, je vais l'essayer... Alors, comment je suis ?
B. Oui, à la taille ça va. C'est peut-être un peu court.
R. Court ? Je ne crois pas. Cette année aussi le court est à la mode. Oui, je la prends. Mais il me faudrait aussi un chemisier. J'en ai un qui pourrait aller, mais j'en ai assez de le porter. Regarde là-bas, qu'est-ce que tu penses de celui-là ? Il devrait m'aller à merveille.
B. Tiens, tiens, je croyais que tu cherchais seulement un petit cadeau pour ton mari. Et à lui, qu'est-ce que tu vas lui raconter ?
R. Pour lui, ça va toujours. D'autant plus que dans quinze jours c'est notre anniversaire de mariage. Je me suis fait un cadeau toute seule.
B. Et moi je peux t'assurer que ta jupe et ton chemisier iront très bien avec la cravate de ton mari.
R. Que c'est malin !

20*a*. VOCABULAIRE ET EXPRESSIONS

1. **il compleanno** : *l'anniversaire.* À rapprocher de l'expression **compiere gli anni.**

Quanti anni ha suo figlio ? Ha compiuto i quindici la settimana scorsa.

Quel âge a votre enfant ? Il a eu ses quinze ans la semaine dernière.

À retenir aussi : l'**onomastico** (pour **giorno onomastico**) *la fête* et l'**anniversario.**

Oggi è San Francesco, è l'onomastico di mio padre.

Aujourd'hui, c'est la Saint-François, c'est la fête de mon père.

E' stato celebrato il duecentesimo anniversario della nascita di Rossini.

On a célébré le deux centième anniversaire de la naissance de Rossini.

2. **un'occhiata** : *un coup d'œil.* Le suffixe -**ata**, appliqué aux différentes parties du corps, indique un coup donné ou reçu par cette partie.

Nel tafferuglio mi son preso una gomitata nello stomaco.

Dans la bagarre j'ai pris un coup de coude dans l'estomac.

Mi ha salutato con una manata sulla spalla.

Il m'a salué en tapant sur mon épaule.

Non sa tuffarsi senza prendere una panciata.

Il ne sait pas plonger sans faire un plat.

3. **sfido io** : de **sfidare** (*défier, provoquer, mettre au défi*), cette expression figée est utilisée pour renchérir, pour affirmer quelque chose d'évident.

Sfido che sei stanco, con tutta la strada che hai fatto.

Je veux bien croire que tu es fatigué, avec tout le chemin que tu as fait !

4. **vistoso** : *voyant, tapageur.* Se dit au sens propre et figuré :

Ha commesso un errore vistoso.

Il a commis une faute énorme.

Hanno dovuto sborsare una somma vistosa.

Ils ont dû débourser une somme considérable.

5. **in vita** : *à la taille.*

Su con la vita. *Tiens-toi droit !*

Ou bien, au sens figuré : *Du courage !*

Qual'è il tuo giro di vita ? *Quel est ton tour de taille ?*

20*b*. GRAMMAIRE

PIÙ (MENO)... DI / CHE

Queste sono meno originali delle altre.

Dans les comparatifs de supériorité ou d'infériorité, le premier élément est introduit par les adverbes **più** ou **meno**. Le deuxième est introduit par **di** ou **che**.

On emploie généralement **di** lorsque l'on compare des personnes ou des objets sur un point précis.

Mio fratello è più alto di me.
Mon frère est plus grand que moi.
Oggi fa meno caldo di ieri.
Aujourd'hui, il fait moins chaud qu'hier.

On emploie **che** lorsque l'on compare deux qualités de la même personne ou du même objet, ou encore lorsque l'on compare deux quantités.

Quella ragazza è più simpatica che bella.
Cette fille est plus sympathique que jolie.
C'erano più giocatori che spettatori.
Il y avait plus de joueurs que de spectateurs.

En résumé :

– On met **di** devant un nom propre, un nom commun précédé de l'article, un pronom (personnel, démonstratif, possessif) ou un adverbe.
– On met **che** devant une préposition, un verbe, un adjectif qualificatif ou un nom commun sans article.

☞ **A.** *Compléter avec* **che** *ou* **di** :
1. I computer di oggi sono molto più potenti... quelli di alcuni anni fa. 2. Marco è più alto... suo fratello. 3. Vuole comprarsi una macchina più spaziosa... quella che ha adesso. 4. I tassì sono meno cari in Francia... in Italia. 5. Il clima è meno freddo a Genova... a Milano. 6. Io andrei più volentieri al cinema... al concerto. 7. Siamo andati a scuola insieme, ma lui ha un anno meno... me. 8. Siediti qui, starai più comodo... su quella sedia. 9. E' un ragazzo più furbo... che intelligente. 10. E' più conveniente fare la spesa al supermercato... in negozio, ma si perde più tempo.

QUESTO / QUELLO

Questo et **quello** sont deux adjectifs et pronoms démonstratifs. Le premier se rapporte à une personne ou à un objet situé près de la personne qui parle ; le deuxième à une personne ou à un objet éloigné.

Non mi piace molto questo quadro, preferisco quello.
Je n'aime pas beaucoup ce tableau, je préfère celui-là.

Il s'agit d'une proximité ou d'un éloignement dans l'espace, mais aussi dans le temps ou encore dans l'esprit de celui qui parle.

Quella sera ci siamo divertiti molto.
Ce soir-là, nous nous sommes beaucoup amusés.
Questa sera restiamo in casa. *Ce soir, on reste à la maison.*

Questo peut être renforcé par l'adverbe **qui** ; **quello** par **lì / là**.

Allora, quale libro vuoi ? Questo qui o quello là.
Alors, quel livre veux-tu ? Celui-ci ou celui-là ?

Remarques

1. **quello**, adjectif, présente des formes variables selon le nom qui suit (*cf.* p. 157). **Quel** ragazzo, **quell'**amico, **quei** ricordi, **quegli** scrittori...

2. **quello**, pronom, n'a que les formes **quello / a / i / e**.

3. Une troisième forme de démonstratif n'est guère employée aujourd'hui : **codesto**, qui indique une personne ou un objet loin de celui qui parle, près de celui qui écoute.

☞ **B.** *Compléter en choisissant le démonstratif qui convient :*
1. A... tempi era più facile trovare un lavoro. 2. Guarda... libro qui, ha delle illustrazioni bellissime. 3. Mi potresti passare... bicchiere ? 4. A... ora non c'era più nessuno per strada. 5. Ti ricordi... film di Moretti che ti era piaciuto tanto l'anno scorso. Lo danno stasera alla televisione. 6. ...pile non valgono niente, sono già scariche. 7. Vedi... casa laggiù ? Ci ho abitato quando ero piccolo. 8. Ecco... famoso giocatore straniero di cui ti ho parlato. 9. Non spostare... poltrona, lasciala qui. 10. Ho comprato due panini, quale vuoi,... o... ?

LE COMPLÉMENT DE MATIÈRE

una cravatta di seta.

Pour indiquer la matière dont est fait un objet, on utilise la préposition **di**.

Mi può dare un sacchetto di plastica ?
Pouvez-vous me donner un sac en plastique ?
I pavimenti sono di marmo. *Les sols sont en marbre.*

☞ **C.** *Traduire :*
1. Une chemise en flanelle (*flanella*) 2. Une veste en cuir (*pelle*). 3. Un mouchoir en papier. 4. Un pull en laine. 5. Une montre en or.

20*c*. STRUCTURES

L'INVERSION VERBE-SUJET

L'inversion de l'ordre normal sujet-verbe est très fréquente en italien. Elle est même normale avec certains verbes et dans certaines situations. Ainsi une phrase comme :

E' arrivato Franco.

présente un ordre tout à fait normal en italien. Elle se traduit par *Franck est arrivé.* Alors que :

Franco è arrivato.

pourrait signifier : *C'est Franck qui est arrivé !*

De même :

Ha telefonato tuo fratello. *Ton frère a appelé.*

Tuo fratello ha telefonato. *Ton frère, il a appelé.*

1. L'inversion verbe-sujet se fait systématiquement dans tous les cas où elle se fait en français, mais aussi :

– dans les phrases exclamatives du type :

Come è bello quel quadro !

Qu'il est beau ce tableau !

Come sarebbe bella la vita se sapessimo accontentarci di quel che abbiamo ! *Que la vie serait belle si nous savions nous contenter de ce que nous avons !*

– lorsque le sujet est suivi d'un infinitif :

A nessuno verrebbe l'idea di fare baccano a quell'ora.

L'idée ne viendrait à personne de faire du bruit à cette heure.

– lorsque l'ordre normal sujet-verbe séparerait le sujet du relatif dont il est l'antécédent :

E' venuto uno che voleva parlarti.

Quelqu'un est venu qui voulait te parler.

2. On fait souvent l'inversion verbe-sujet :

– avec les verbes intransitifs ou employés intransitivement comme **cominciare, passare, nascere, aumentare, diminuire, morire, finire,** etc.

E' già cominciato il film ? *Est-ce que le film a déjà commencé ?*

E' finita la festa ! *La fête est finie !*

– avec les verbes qui indiquent un événement instantané ou inattendu.

E' scoppiato un incendio. *Un incendie s'est déclaré.*

E' capitato un incidente. *Un accident s'est produit.*

Mi si è rotta la macchina. *Ma voiture est tombée en panne.*

21. ULTIMI PREPARATIVI

La famiglia Brambilla sta per partire per le ferie.

P. = il padre — **M.** = la madre — **V.** = una vicina di casa

M. Non hai ancora finito di caricare? Ma hai messo il portapacchi!

P. Speravo di riuscire a mettere tutto nel bagagliaio, ma non ce l'ho fatta[1]. Ti prendi sempre dietro troppa roba quando si va al mare.

M. Per forza! Bisogna pensare a quando fa caldo, a quando si va in spiaggia, alla sera se fa freschino. Non sembra, ma ci vuole più roba che quando si va in montagna.

P. Fabrizio, dammi una mano a mettere su la valigia.

V. Buongiorno signora, vedo che state facendo gli ultimi preparativi. Allora, queste ferie, sono arrivate anche quest'anno!

M. Sì, stiamo per partire. Vorremmo essere a Rimini nel primo pomeriggio[2] in modo da poter mettere a posto le cose[3] tranquillamente. Poi magari[4] i bambini fanno in tempo ad andare sulla spiaggia e a fare il bagno. Volevo dirle di non preoccuparsi se sente rumori o vede le finestre aperte mentre saremo via, mia madre verrà ogni tanto ad annaffiare i fiori e a dar aria alle stanze.

V. Ha fatto bene a dirmelo, così non starò in pensiero se sentirò che c'è qualcuno in casa sua. Quando pensano di tornare?

M. Tra due settimane. E loro, non partono?

V. Noi andremo in montagna dopo Ferragosto, mio marito non può prendere le ferie prima. E' un po' un peccato, perché spesso nella seconda metà d'agosto il tempo si guasta, senza dire che dovremo sopportare il caldo qui in città, ma pazienza!

M. Mi sembra che mio marito abbia finito. La saluto signora, vorremmo partire presto.

V. Fanno bene a partire di buon'ora, oggi è un giorno di traffico, ci sarà molta gente sulle strade. Allora buon viaggio e buone ferie.

P. Bene, ecco fatto. Se tu sei pronta, sono pronto anch'io. Ieri ho fatto il pieno e ho controllato le gomme[5]. Possiamo partire. Ce li hai tu i documenti della macchina?

M. Si, ce li ho io. E ho preso anche tutte le carte per la pensione. Penso che si possa partire.

P. Allora andiamo. Bambini, in macchina, si parte!

21. DERNIERS PRÉPARATIFS

La famille Dupont va partir en vacances.

P. = le père — M. = la mère — V. = une voisine

M. Tu n'as pas encore fini de charger? Mais tu as mis la galerie!

P. J'espérais pouvoir tout mettre dans le coffre, mais je n'y suis pas arrivé. Tu emportes toujours trop d'affaires quand on va à la mer.

M. Naturellement! Il faut penser à la chaleur, à la plage, aux soirées fraîches. On ne le dirait pas, mais il faut plus d'affaires que lorsqu'on va à la montagne.

P. Fabrice, donne-moi un coup de main pour monter la valise.

V. Bonjour madame. Je vois que ce sont les derniers préparatifs. Alors, ces vacances, nous y voilà encore cette année!

M. Oui, nous allons partir. On voudrait arriver à Rimini en début d'après-midi de façon à pouvoir s'installer tranquillement. Et peut-être que les enfants auront le temps d'aller à la plage et de se baigner. Je voulais vous dire de ne pas vous inquiéter si vous entendez du bruit ou si vous voyez les fenêtres ouvertes pendant notre absence. Ma mère viendra de temps en temps arroser les plantes et aérer les pièces.

V. Vous avez bien fait de me le dire, comme ça je ne me ferai pas de souci si j'entends qu'il y a quelqu'un chez vous. Quand pensez-vous revenir?

M. Dans deux semaines. Et vous, vous ne partez pas?

V. Nous irons à la montagne après le 15 août. Mon mari ne peut pas prendre ces congés avant. C'est un peu dommage, car souvent la deuxième quinzaine d'août le temps se gâte, et en plus il faudra supporter la chaleur ici en ville, mais tant pis!

M. Je crois que mon mari a terminé. Je vous dis au revoir, madame, on voudrait partir vite.

V. Vous avez raison de partir tôt, aujourd'hui c'est un jour de circulation, il va y avoir beaucoup de monde sur les routes. Alors, bon voyage et bonnes vacances!

P. Bon, c'est fait. Si tu es prête, je suis prêt aussi. Hier j'ai fait le plein et j'ai vérifié la pression des pneus. Nous pouvons partir. C'est toi qui as les papiers de la voiture?

M. Oui, c'est moi qui les ai. Et j'ai aussi emporté les papiers pour l'hôtel. Je crois qu'on peut partir.

P. Alors on y va. Les enfants, en voiture. En route!

21*a*. VOCABULAIRE ET EXPRESSIONS

1. **non ce l'ho fatta :** *je n'ai pas réussi.* Expression très fréquente, composée du verbe **fare** et des pronoms **ci** et **la** ; **farcela** : *y arriver, réussir.*

Non ce la farò a finire prima di stasera.
Je n'arriverai pas à terminer avant ce soir.
Ne pas confondre avec **farla a qualcuno** : *rouler quelqu'un.*
Me l'ha fatta ! *Il m'a eu !*

2. **nel primo pomeriggio :** en début d'après-midi. Dans les locutions temporelles, l'adjectif **primo** indique le début :

Partono sempre di primo mattino.
Ils partent toujours de bon matin.
Remarquer aussi que **pomeriggio** est toujours masculin.

3. **le cose :** *les affaires.* Selon le contexte, les acceptions sont nombreuses, tout comme les tournures idiomatiques.

Dimmi una cosa... *Dis-moi un peu...*
Non è una bella cosa ! *Ce n'est pas bien !*
Ascoltami, è una cosa seria. *Écoute-moi, c'est sérieux.*
Au masculin, **un coso**, c'est *un truc, un machin.*
Passami quel coso, per favore. *Passe-moi ce truc, s'il te plaît.*

4. **magari :** adverbe et interjection aux nuances innombrables. On peut toutefois les ramener à deux :
– comme adverbe, **magari** signifie *peut-être, si ça se trouve, même.* Comme dans notre dialogue.

Magari c'erano anche loro, ma io non li ho visti. *Peut-être bien qu'ils y étaient aussi, mais moi je ne les ai pas vus.*
– comme interjection, **magari** exprime un souhait :
Vieni al cinema con noi ?
- Magari !
Tu viens au cinéma avec nous ?
– Je voudrais bien !
Magari fosse vero ! *Si seulement c'était vrai !*

5. **le gomme :** *les pneus.* La **gomma** est le matériau (le caoutchouc) mais aussi le pneu. Parmi les mots dérivés et les locutions, retenir :

Ho una gomma a terra. *J'ai un pneu à plat.*
Sono andati a fare un giro in gommone.
Ils sont partis faire un tour en canot pneumatique.
E' un materasso di gommapiuma. *C'est un matelas en mousse.*

21*b*. GRAMMAIRE

LE FUTUR PROCHE

Stiamo per partire.

Le futur proche est exprimé en italien par la construction **stare per** + «l'infinitif».

Stavo per dirlo. *J'allais le dire.*

Spicciati, il treno sta per partire.

Dépêche-toi, le train va partir.

Attention cependant : le futur proche italien indique une action *ponctuelle* ou un événement *imminent*, qui vont se produire dans les minutes qui suivent. On ne peut pas utiliser cette construction pour une action ou un événement qui se dérouleront quelques heures plus tard (par exemple, avec un adverbe ou une locution de temps comme **domani**, **fra qualche giorno**, etc.) ou qui se prolongent dans le temps.

☞ **A.** *Transformer selon le modèle :*

Parte tra un attimo → Sta per partire.

1. Accendi la televisione, fra poco comincia il film. 2. Guarda quell'aereo, atterrerà tra pochi istanti. 3. Tra poco torno a casa. 4. Vacci subito, il negozio chiude fra qualche minuto. 5. Tra pochi minuti pioverà.

☞ **B.** *Traduire :*

1. Ils vont arriver cet après-midi. 2. J'allais leur téléphoner lorsqu'ils sont arrivés. 3. Ils vont rester quelques jours. 4. Monte vite, le train va partir. 5. Le soleil va se lever (*spuntare*). 6. Demain, on va nous livrer un canapé neuf. 7. J'allais m'endormir lorsque le téléphone a sonné. 8. Assieds-toi, je vais te montrer (*far vedere*) les photos de nos vacances. 9. Ne restez pas dehors, l'orage va éclater (*scoppiare*). 10. Écoute-moi bien, je vais tout t'expliquer.

«CI» EXPLÉTIF + «AVERE»

Ce li ho io.

Dans la langue parlée, l'adverbe **ci** est souvent employé comme renforcement du verbe **avere** aux formes simples.

Ainsi on entend : **C'hai freddo ?** (prononcé [tʃai freddo]) **No, non c'ho freddo** (prononcé [nɔ, non tʃɔ freddo]).

Cet usage est fréquent dans la langue parlée, mais évité dans la langue écrite, sauf lorsque le verbe est précédé de **lo** / **la** / **li** / **le** / **ne**.

Hai il giornale ? Sì, ce l'ho.

Ci est couramment employé lorsque la voyelle finale du pronom (**lo** / **la** / **li** / **le** / **ne**) coïncide avec la voyelle initiale du verbe **avere**. Dans les autres cas on préfère la forme non élidée.

Ainsi à la question : **Hai il biglietto?** on répond habituellement : **Sì, ce l'ho.**

La réponse ***Sì, l'ho** n'est pas possible (la voyelle finale de lo et l'initiale de ho coïncident). On peut dire : **Sì, lo ho.**

À la question : **Avete i biglietti?** on répond habituellement : **Sì, li abbiamo** (la voyelle finale de **li** et l'initiale de **abbiamo** ne coïncident pas).

Pour résumer, il faut éviter ces formes : **l'ho, l'hai, l'ha, l'abbiamo, l'avete, l'hanno** en emploi absolu (c'est-à-dire non suivies du participé passé).

☞ **C.** *Répondre affirmativement à ces questions selon le modèle :* **Hai l'ombrello? → Sì, ce l'ho.**

1. Hai l'orologio? 2. Hai la bicicletta? 3. Avete l'indirizzo? 4. Ha la patente tuo fratello? 5. Abbiamo il suo numero di telefono? 6. Hai la macchina fotografica? 7. Non so se ho il biglietto. 8. Hai moneta? 9. Avete voi le chiavi di casa? 10. Avevi la ricetta?

ANCHE, NEANCHE NEMMENO, NEPPURE

Sono pronto anch'io.

Ces conjonctions ne sont jamais employées seules, il faut toujours exprimer le pronom, le nom ou le verbe auxquels elles se rapportent.

Verrò anch'io. *Je viendrai aussi.*

Elles sont normalement placées avant le mot auquel elle se rapportent.

Anche tu li hai visti? *Toi aussi tu les as vus?*

Neanche voi siete stati invitati.

Vous non plus vous n'avez pas été invités.

☞ **D.** *Traduire :*

1. Nous allons au cinéma. Vous venez aussi? 2. Et tes parents, ils seront là aussi? 3. Je dois acheter un paquet de cigarettes pour ma sœur aussi. 4. Isabelle aussi adore cette musique. 5. Ce soir aussi je rentrerai tard. 6. Tu es tout trempé; change ton pull, et ton pantalon aussi. 7. Demande-lui d'acheter du jambon; et du beurre aussi. 8. Demain soir, on va chez les Rossi. Les enfants aussi sont invités. 9. Cette semaine aussi, tu auras beaucoup de travail? 10. Je n'ai pas du tout aimé ce film, et mes copains non plus.

21*c*. STRUCTURES

LA PLACE DE L'ADVERBE

Comme en français, l'adverbe qui modifie un verbe en italien suit généralement celui-ci. Mais aux temps composés, alors qu'en français l'adverbe est toujours placé entre l'auxiliaire et le participe passé, en italien il reste après le verbe.

Ho mangiato troppo. *J'ai trop mangé.*

Hai fatto bene. *Tu as bien fait.*

Seuls quelques adverbes de temps (**già**, **ancora**, **più**, **mai**, **poi**, **sempre**) et de négation ou de doute (**affatto**, **forse**) peuvent être placés entre l'auxiliaire et le participe passé.

☞ **E.** *Traduire :*

1. J'ai beaucoup réfléchi, mais je n'arrive pas à me décider. 2. Ils ont peu voyagé, mais ils sont déjà allés aux États-Unis. 3. Il a beaucoup travaillé ces derniers temps, il devrait prendre quelques jours de repos. 4. Les enfants, vous avez assez joué, maintenant il faut vite rentrer. 5. J'aurais volontiers regardé cette émission, mais elle passait trop tard. 6. Je n'ai pas bien compris ce que tu viens de dire, tu veux répéter, s'il te plaît ? 7. Tu as mal aux yeux parce que tu as trop lu. 8. J'ai assez marché, je vais m'arrêter un peu. 9. Il a tellement insisté, que j'ai fini par céder. 10. Vous avez trop bu, vous êtes un peu éméchés (*brilli*) !

LA PLACE DE « TUTTO » ET « NIENTE »

En italien, **tutto** et **niente** se placent après le verbe, même aux temps composés ou lorsque le verbe est suivi d'un infinitif.

Ho fatto tutto. *J'ai tout fait.*

Qui bisogna fare tutto. *Ici, il faut tout faire.*

☞ **F.** *Traduire :*

1. J'ai tout vu. 2. Il n' a rien pris. 3. Je lui avais bien expliqué, mais il a tout oublié ! 4. Vous partez déjà ? Mais vous n'avez rien mangé ! 5. Il n'a rien voulu savoir. 6. Je lui ai tout dit, ça t'apprendra (*così imparerai*) à mentir. 7. Vous n'avez encore rien fait ? Qu'est-ce que vous attendez pour commencer ? 8. Les supporters ont tout cassé et sont vite repartis. 9. Il veut toujours tout faire, et après il demande qu'on l'aide. 10. Je voudrais tout recommencer, mais je n'ai plus le temps.

22. GLI EXTRACOMUNITARI

A. = Alberto — **M.** = Mirella

M. Lo sai che sei passato col rosso?

A. Mi sembra che il semaforo fosse ancora giallo, ma è vero che volevo passare ad ogni costo. Hai visto tutti quegli extracomunitari[1] appostati all'incrocio? Ti aspettano lì, poi quando sei fermo ti vogliono lavare il vetro anche se non è sporco.

M. Lo fanno per guadagnare due soldi. Li vedi come sono ridotti[2]? Gli puoi anche dare mille lire.

A. Non è per le mille lire, ma non voglio che mi lavino il vetro e loro sono tanto insistenti!

M. Come sei gretto! Per fortuna c'è gente[3] più comprensiva di te. Ieri sul parcheggio del supermercato c'erano dei vu' cumprà[4]. Quando uno aveva finito di mettere la roba in macchina, loro gli riportavano indietro il carrello, così si tenevano le cinquecento lire. E tutti li lasciavano fare.

A. Sì, e poi senti parlare di episodi di insofferenza nei loro confronti. Hai visto cosa è successo in alcune città? Frasi razziste, angherie, addirittura pestaggi.

M. Sono episodi marginali. In una situazione di crisi, certa gente ha sempre bisogno di un capro espiatorio.

A. E' questo il problema! Colla crisi occupazionale[5] che stiamo vivendo in Italia, non ci possiamo sobbarcare anche il problema del terzo mondo.

M. Ma è povera gente! Credi che sia facile vivere in quelle condizioni dopo aver lasciato il proprio paese e la propria famiglia? E poi guarda, spesso svolgono mansioni che gli italiani rifiutano : manovali, braccianti, inservienti, colf[6]... e a basso costo per i datori di lavoro.

A. Non lo discuto per quelli che sono in situazione regolare, ma come al solito tu fai d'ogni erba un fascio. Lo vedi bene che non è possibile che abbiano tutti condizioni di vita decenti. Bisogna che il governo cerchi di arginare l'immigrazione selvaggia e mandi a casa i clandestini.

M. Come se fosse facile risolvere un problema così grave e complesso! Per fortuna ci sono delle persone generose, degli organismi caritativi, dei volontari che cercano di fare qualcosa per questa povera gente. Se tutti fossero come te...

22. LES IMMIGRÉS

A. = Albert — M. = Mireille

M. Est-ce que tu sais que tu es passé au rouge?

A. Il me semble que le feu était encore orange, mais il est vrai que je voulais passer à tout prix. Tu as vu tous ces étrangers postés au carrefour? Ils attendent là et, lorsque quelqu'un s'arrête, ils veulent laver le pare-brise de sa voiture même s'il n'est pas sale.

M. Ils font ça pour gagner un peu d'argent. Tu vois comme ils sont mis? Tu peux bien leur donner mille lires!

A. Ce n'est pas pour les mille lires, mais je ne veux pas qu'on lave ma vitre et eux, ils insistent tellement!

M. Que tu es mesquin! Heureusement il y en a qui sont plus compréhensifs que toi. Hier, sur le parking du supermarché, il y avait des vendeurs à la sauvette. Lorsque quelqu'un avait terminé de charger sa voiture, eux ils ramenaient le caddie, comme ça ils gardaient les cinq cents lires. Et tout le monde les laissait faire.

A. C'est ça, et après tu entends parler d'épisodes d'intolérance vis à vis d'eux. Tu as entendu ce qui s'est passé dans certaines villes? Des propos racistes, des brimades, même des passages à tabac.

M. Ce sont des faits très rares. Lors d'une situation de crise, certaines personnes ont toujours besoin d'un bouc émissaire.

A. C'est ça le problème! Avec la crise de l'emploi que nous vivons actuellement en Italie, on ne peut pas prendre en charge aussi le problème du tiers monde.

M. Mais ce sont de pauvres gens! Tu crois que c'est facile de vivre dans ces conditions après avoir quitté sa famille et son pays? Et de plus, écoute, souvent ils assurent des tâches que les Italiens refusent : manœuvres, ouvriers agricoles, aides soignants, femmes de ménage... tout cela à un coût très bas pour les employeurs.

A. Je ne dis pas non pour ceux qui sont en situation régulière, mais comme toujours tu mets tout dans le même sac. Tu vois bien qu'il n'est pas possible qu'ils aient tous des conditions de vie acceptables. Il faut que le gouvernement essaie d'arrêter l'immigration illégale et qu'il renvoie chez eux ceux qui ne sont pas en règle.

M. Comme si c'était facile de résoudre un problème aussi grave et complexe. Heureusement, il y a des personnes généreuses, des organisations caritatives, des bénévoles qui essaient de faire quelque chose pour eux. Si tout le monde était comme toi...

22*a*. VOCABULAIRE ET EXPRESSIONS

1. **gli extracomunitari** : *les immigrés.* C'est par ce néologisme que l'on désigne couramment les travailleurs immigrés. Naturellement, les mots **immigrato/emigrato/emigrante** existent aussi, car les Italiens ont longtemps connu l'émigration, mais ce phénomène de l'immigration étant nouveau pour l'Italie, un mot spécifique est apparu. Aujourd'hui, dans la langue courante, le mot **straniero** est appliqué aux personnes étrangères, mais qui ne sont pas originaires des pays en voie de développement.

2. **come sono ridotti !** *dans quel état ils sont !*
Guarda come si è ridotto ! *Regarde dans quel état il s'est mis !*
Questo romanzo è stato ridotto per il cinema.
Ce roman a été adapté pour le cinéma.
Non volevo ridurmi a questo. *Je ne voulais pas en arriver là.*

3. **la gente** : *les gens.* Toujours au féminin singulier. **Gente** traduit aussi *monde* pour indiquer beaucoup de personnes.
E' gente per bene. *Ce sont des gens bien.*
Quanta gente per strada oggi !
Quel monde dans les rues aujourd'hui !

4. **i vu' cumprà**. Cette expression désigne les immigrés de couleur qui proposent dans les rues et sur les plages leurs marchandises : des briquets, des montres, des bagues, etc. C'est la déformation de « **vuoi comprare** », les premiers mots que ces personnes, originaires d'Afrique pour la plupart, apprennent en italien et par lesquels ils s'adressent aux passants.

5. **la crisi occupazionale** : *la crise de l'emploi.* **L'occupazione** étant *l'emploi*, **l'occupato**, c'est *le travailleur*, et **il disoccupato**, *le chômeur.*
Il tasso di disoccupazione ha raggiunto il 10,5 %.
Le taux de chômage a atteint 10,5 %.

6. **colf** : *femme de ménage.* C'est la contraction de **collaboratrice familiare**, nouvelle appellation de **la donna di servizio** ou **domestica** d'autrefois.

22*b*. GRAMMAIRE

LE SUBJONCTIF PRÉSENT

Non voglio che lavino.
Credi che sia facile.

parl-i	prend-a	part-a	(capisc-a)
parl-i	prend-a	part-a	(capisc-a)
parl-i	prend-a	part-a	(capisc-a)
parl-iamo	prend-iamo	part-iamo	(cap-iamo)
parl-iate	prend-iate	part-iate	(cap-iate)
parl-ino	prend-ano	part-ano	(capisc-ano)

Remarques

– On part du radical du présent : **parl-o** ; **prend-o** ; **part-o** (**capisc-o**).
– Les verbes inchoatifs (en **-sco**) et les verbes à double radical prennent le radical de l'infinitif à la 1re et à la 2e personne du pluriel.
– Les terminaisons du 2e et du 3e groupe sont identiques.
– Les terminaisons de la 1re et de la 2e personne du pluriel sont identiques pour tous les groupes.
– Les trois premières personnes de chaque groupe sont identiques.
– La terminaison de la 3e personne du pluriel reprend la voyelle du singulier.
– La terminaison du singulier ne correspond jamais à la voyelle caractéristique de chaque groupe (ex. pour le 1er groupe : la voyelle caractéristique est **-a-**, la terminaison **-i**).

N.B.

1. Lorsque le radical du présent de l'indicatif ne correspond pas au radical de l'infinitif, il faut faire attention de bien partir du radical du présent, sauf pour la 1re et la 2e personne du pluriel. Ex. : **Andare/vado** → **vada**, **venire/vengo** → **venga**, mais **andiamo**, **andiate** ; **veniamo**, **veniate**.

2. Quelques verbes ont des formes irrégulières : **essere** → **sia** ; **avere** → **abbia** ; **dare** → **dia** ; **stare** → **stia** ; **sapere** → **sappia**.

☞ **A.** *Mettre au subjonctif le verbe entre parenthèses :*
1. Non penso che loro (essere) già arrivati. 2. Bisogna che tu mi (credere). 3. Vuole che voi ci (andare)

subito. **4.** E' meglio che tu (restare) con noi. **5.** Mi sembra che (essere) molto soddisfatti del loro viaggio. **6.** Te l'ho detto perché tu (sapere) come regolarti con lui. **7.** I suoi genitori sperano che lui (potere) avere quel posto. **8.** Benché (piovere) a dirotto, hanno deciso di partire lo stesso. **9.** Esigo che tu (finire) i compiti prima di uscire. **10.** Spero proprio che (tu) (riuscire) a vincere quel concorso.

L'EMPLOI DU SUBJONCTIF EN PHRASE SUBORDONNÉE

Credi che sia facile.
Se tutti fossero come te.

Le subjonctif est beaucoup plus fréquent en italien qu'en français. C'est le mode qui indique la possibilité, l'hypothèse, l'incertitude, l'apparence, à l'opposé de l'indicatif qui est le mode du réel.

On emploie le subjonctif en phrase subordonnée dans tous les cas où on l'emploie en français, mais aussi dans certains cas où le français utilise l'indicatif ou le conditionnel.

1. On emploie le subjonctif et non l'indicatif :

a) après les verbes exprimant une opinion ou une impression : **pensare**, **ritenere**, **credere**, **sembrare**, etc. (subjonctif très fréquent, mais non obligatoire avec tous ces verbes).

Credo che abbia ragione lui. *Je crois que c'est lui qui a raison.*

b) dans les phrases hypothétiques présentant une condition improbable ou irréelle (subjonctif obligatoire).

Se ci fosse meno vento, si potrebbe andare in spiaggia.
S'il y avait moins de vent, on pourrait aller à la plage.

c) après **come se**, **quasi**, introduisant une comparaison irréelle (subjonctif obligatoire).

Mi ha risposto come se non sapesse niente.
Il m'a répondu comme s'il ne savait rien.

d) dans les comparatives (non obligatoire).

E' più facile di quanto crediate.
C'est plus facile que vous ne le croyez.

e) dans les interrogatives indirectes (non obligatoire).

Mi hanno chiesto da dove venissi e dove andassi.
On m'a demandé d'où je venais et où j'allais.

2. On emploie le subjonctif et non le conditionnel dans les relatives déterminatives qui présentent une possibilité ou une éventualité.

Un governo che presentasse un programma simile, diventerebbe subito impopolare. *Un gouvernement qui présenterait un tel programme, deviendrait tout de suite impopulaire.*

22c. STRUCTURES

LES ADVERBES DÉICTIQUES (1)

La langue orale utilise abondamment les adverbes qui indiquent une position ou un mouvement dans l'espace ; on les appelle *déictiques* (**deittici**).

Ces adverbes (**su**, **giù**, **dentro**, **fuori**, etc.) peuvent être employés seuls, mais ils sont souvent employés aussi avec des verbes qui ont un sens assez général (**essere**, **avere**, **andare**, **venire**, **portare**, **mettere**, etc.) afin de mieux les définir.

Prenons par exemple le verbe **andare** (*aller*). Avec des adverbes, on pourra le préciser de différentes façons : **andare via** (*s'en aller, partir*), **andar su** (*monter*), **andar giù** (*descendre*), **andar dentro** (*rentrer*), **andar fuori** (*sortir*), **andar addosso** (*rentrer dans qqu'un* ou *dans qq. chose*), **andar dietro** (*suivre*), etc.

À tel point que l'on préfère souvent utiliser un verbe de ce type, accompagné d'un déictique, à la place du verbe spécifique. Par exemple, on dira plus facilement **andare su** plutôt que **salire**, **andar giù** plutôt que **scendere**, etc. Nous allons examiner les emplois les plus fréquents des adverbes déictiques.

Via

Via indique un mouvement d'éloignement.

Via ! *Partez !*

Essere via (*être absent*), **portare via** (*emporter, emmener, voler*), **mettere via** (*ranger, mettre de côté*), **mandare via** (*renvoyer*), **tirare via** (*enlever*).

E' via per due giorni. *Il sera absent deux jours.*

Gli hanno portato via il motorino. *On lui a volé sa mobylette.*

Tirati via dai piedi ! *Fiche le camp !*

Parfois l'adverbe ne change pas le sens du verbe mais le renforce en introduisant une idée de rapidité, de force :

Volar via (*s'envoler*), **scappar via** (*se sauver*), **dar via** (*donner, brader*), **buttar via** (*jeter*).

D'autres emplois de **via** comme préposition ou interjection :

Via ! **datti da fare** ! *Allons ! remue-toi un peu !*

La televisione via cavo. *La télévision par câble.*

Via via che il tempo passava, tutti si mettevano a sbadigliare. *Au fur et à mesure que le temps passait, tout le monde se mettait à bâiller.*

23. AL MERCATO

G. = Gianni — **P.** = Paola — **V.** = il venditore

G. Ma perché sei voluta venire al mercato per trovare una padella? Non bastava che tu andassi in un supermercato o da un ferramenta?

P. Certo, ma lo sai che a me piace fare un giro sul mercato il sabato mattina. C'è gente, chiasso, movimento. Mi diverte.

G. E' vero, ma abbiamo dovuto lasciar giù la macchina lontano e fare un quarto d'ora di strada a piedi.

P. Smettila di borbottare. Fare quattro passi[1] a piedi non ha mai fatto male a nessuno. E poi guarda, c'è qui una bancarella con pentole, tegami, arnesi da cucina, proprio quello che cerco. *(Al venditore)* Dica, quanto costa questa padella?

V. Trenta mila lire. Vede, è un'ottima marca, con manico ergonomico, rivestimento antiaderente; un affarone a quel prezzo.

P. Dice[2]? E' un po' caruccia però. A quel prezzo posso trovare una Lagostina.

V. Come vuole, signora, ma le assicuro che è un'ottima marca. La vendo da due anni e tutte le mie clienti ne sono contente.

P. Sarà[3], ma trenta mila sono troppe. Pensavo di averla a venti.

V. Troppe? Ma scherza? In negozio la paga almeno trentacinque, quaranta mila. Insomma, è quasi mezzogiorno, per lei farò uno strappo[4] : venticinque mila e non se ne parla più.

P. Ecco le venticinque mila.

V. Vedrà che sarà contenta. Arrivederci.

G. Sempre quel maledetto vizio di tirare sul prezzo[5], non lo sopporto proprio! Ecco perché ogni tanto vieni a far spesa sul mercato. E pensare che[6] io mi vergogno...

P. Peggio per te. Intanto io ho risparmiato cinquemila lire e sai cosa faccio? mi regalo un bel mazzo i fiori che tu non hai neanche pensato a offrirmi.

G. Questa poi... Così io porto la padella e lei i fiori, e c'è da camminare un altro quarto d'ora per arrivare alla macchina. Puoi star sicura che sabato prossimo al mercato non mi ci porti proprio!

23. AU MARCHÉ

J. = Jean — P. = Pauline — V. = le vendeur

J. Mais pourquoi as-tu voulu venir au marché pour trouver une poêle ? Tu ne pouvais pas aller dans un supermarché ou dans une quincaillerie ?
P. Bien sûr, mais tu sais bien que le samedi matin j'aime bien faire un tour au marché. Il y a du monde, du bruit, de l'animation. Ça m'amuse.
J. C'est vrai, mais il a fallu laisser la voiture loin d'ici et faire un quart d'heure de marche.
P. Arrête de ronchonner. Un peu de marche n'a jamais fait de mal à personne. Et puis, regarde ! voici un étal avec des casseroles, des poêles, des ustensiles de cuisine, c'est tout à fait ce que je cherche.
(Au marchand) S'il vous plaît, c'est combien cette poêle ?
V. Trente mille lires. Vous voyez, c'est une excellente marque, avec un manche ergonomique, un revêtement anti-adhésif ; une véritable affaire à ce prix.
P. Vous croyez ? C'est plutôt cher, tout de même. À ce prix, je peux avoir une Lagostina.
V. Comme vous voudrez ; mais je vous assure que c'est une excellente marque. J'en vends depuis deux ans et toutes mes clientes en sont satisfaites.
P. Peut-être, mais trente mille lires, c'est trop. Jc pensais l'avoir à vingt.
V. C'est trop ? Vous voulez rire ? Dans un magasin ça vous coûterait au moins trente-cinq ou quarante mille lires. Enfin, il est presque midi, pour vous je ferai un petit effort : disons vingt-cinq mille, et on n'en parle plus.
P. Voici vingt-cinq mille lires.
V. Vous verrez que vous serez satisfaite. Au revoir.
J. Toujours cette maudite manie de marchander ! Et moi qui déteste ça...
P. Tant pis pour toi. Mais moi j'ai économisé cinq mille lires ; tu sais ce que je vais faire ? je vais m'offrir un joli bouquet de fleurs, que tu n'as même pas eu l'idée de m'offrir.
J. Ça alors ! Comme ça moi je porte la poêle et elle les fleurs... et il faut marcher encore un quart d'heure pour arriver à la voiture. Tu peux être sûre que samedi prochain tu ne me traîneras pas au marché !

23*a*. VOCABULAIRE ET EXPRESSIONS

1. **fare quattro passi :** *faire quelques pas.* Dans de nombreuses expressions le numéral **quattro** a une valeur générique. Il peut désigner une quantité importante ou négligeable, selon le contexte. Ainsi :

Ho fatto quattro chiacchiere con la vicina.
J'ai fait un brin de causette avec la voisine.
Abito a quattro passi.
J'habite tout près d'ici.
C'erano quattro gatti.
Il y avait trois pelés et un tondu.

2. **Dice ?** Dans un dialogue, cette interrogation exprime un léger doute sur ce qui vient d'être dit : *Vous croyez (vraiment) ?*

3. **Sarà.** Expression de la langue parlée qui indique un doute, ponctue une affirmation acceptée avec une certaine réserve. Abréviation de **Sarà come dice lei, Sarà così**, sous-entendu : **ma io non ci credo molto.**

Remarquer la valeur dubitative du futur, comme dans l'expression :

Che ore saranno ?
Quelle heure peut-il bien être ?

4. **Fare uno strappo :** *faire un effort, faire une exception.*
Il existe plusieurs locutions figurées avec **strappo** qui signifie au sens propre *déchirure, coup sec.*

Dare uno strappo. *Prendre quelqu'un dans sa voiture, accompagner avec un véhicule.*
Sono senza macchina, mi dai uno strappo fino a casa ?
Je suis sans voiture, tu peux m'accompagner chez moi ?
Per me puoi fare uno strappo alla regola !
Pour moi tu peux faire une entorse au règlement !
lavorare a strappi. *travailler par à-coups.*

5. **tirare sul prezzo :** *marchander.*
Il faut relever aussi le participe passé **tirato** dans l'acception de **avaro, tirchio** :

E' molto tirato. *Il est très radin.*

6. **E pensare che...** Cette expression traduit une réaction de surprise ou d'agacement : *et dire que...*

23*b*. GRAMMAIRE

L'AUXILIAIRE AVEC LES VERBES « SERVILI » (SEMI-AUXILIAIRES)

Ma perché sei voluta venire al mercato?

Aux temps composés, les verbes **potere**, **volere**, **dovere**, lorsqu'ils sont employés seuls ont comme auxiliaire **avere**. Mais lorsqu'ils sont suivis d'un infinitif, ils prennent l'auxiliaire de l'infinitif.

Non ha voluto. *Il n'a pas voulu.*
Non è voluto partire. *Il n'a pas voulu partir.*
Non ha voluto mangiare. *Il n'a pas voulu manger.*

☞ **A.** *Transformer selon le modèle :*

Vuole tornare a casa → E' voluto tornare a casa.
Deve mangiare poco → Ha dovuto mangiare poco

1. Devono partire subito. 2. Vuoi scrivere una lettera. 3. Possiamo restare mezz'ora. 4. Volete andare al cinema. 5. Posso rimandare la partenza. 6. Non possono tornare prima delle otto. 7. Non voglio rimanere qui. 8. Deve scappare via. 9. Non può sorpassare. 10. Dobbiamo correre alla stazione.

COMPARATIFS ET SUPERLATIFS SYNTHÉTIQUES

È un'ottima marca.

L'italien dispose de comparatifs (comme le français) mais aussi de superlatifs synthétiques, ainsi appelés puisqu'ils sont formés d'un seul mot. Les plus usités sont les suivants :

buono	**migliore**	**ottimo**
cattivo	**peggiore**	**pessimo**
grande	**maggiore**	**massimo**
piccolo	**minore**	**minimo.**

Si, en ce qui concerne le sens, les formes synthétiques et non synthétiques sont équivalentes, avec les noms abstraits on utilise de préférence les formes synthétiques :

Bisogna agire con la massima cautela.
Il faut agir avec la plus grande prudence.

Remarque

La forme **più buono** à la place de **migliore** n'est pas erronée.

☞ **B.** *Traduire :*

1. Il a fait une très mauvaise impression. 2. Nous l'avons écouté avec la plus grande attention. 3. C'est une excellente idée ! 4. C'est une blague de très mauvais goût. 5. Nous sommes allés dans un excellent restaurant.

LES FORMES IMPERSONNELLES

Abbiamo dovuto lasciar giù la macchina lontano.

L'emploi des formes impersonnelles est beaucoup moins fréquent en italien qu'en français. Cela est particulièrement évident avec les expressions de nécessité (*cf.* plus bas) mais souvent l'italien utilise les formes personnelles (avec **noi** ou la 3e personne du pluriel) là où en français on emploierait « on ».

Hanno suonato. Va' a vedere chi è.
On a sonné. Va voir qui c'est.
Siete pronti ? Andiamo ? *Vous êtes prêts ? On y va ?*

Remarque

La construction impersonnelle avec **si** et le pronom **noi** est fréquente en Toscane.

Noi stasera si va al cinema. *Ce soir, on va au cinéma.*

« BISOGNARE » AUX TEMPS COMPOSÉS

Abbiamo dovuto lasciar giù la macchina lontano.

Le verbe **bisognare** n'est pas employé aux temps composés, on utilise donc **dovere** avec un pronom personnel comme sujet. Le choix du pronom personnel est déterminé par le contexte.

Avremmo (avreste / avrebbero / avresti) dovuto telefonargli.
Il aurait fallu lui téléphoner.
Siamo arrivati alla stazione in ritardo ; abbiamo dovuto aspettare il treno dopo.
Nous sommes arrivés à la gare en retard ; il a fallu attendre le train suivant.

☞ **C.** *Traduire :*

1. Il y avait beaucoup de monde ; il a fallu faire la queue pour entrer. **2.** Ils l'auraient acheté même s'il avait fallu emprunter de l'argent. **3.** Nous sommes arrivés à la gare en retard ; il a fallu attendre le train suivant. **4.** Le moteur avait chauffé. Il a fallu s'arrêter pour qu'il refroidisse. **5.** Elle avait changé d'avis, il a fallu insister pour la convaincre.

23c. STRUCTURES

LES ADVERBES DÉICTIQUES (2)

Su

Su : *en haut, vers le haut.*

andare su (*monter,* intransitif), **venir su** (*monter,* intransitif, *grandir,*) **portare su** (*monter,* transitif), **tirar su** (*remonter, relever,* mais aussi, au sens figuré, *élever*), **saltar su** (*intervenir* au cours d'une conversation).

Dov'è Luigi ? - E' su, in camera sua.

Où est Louis ? Il est en haut, dans sa chambre.

Scusi, potrebbe tirar su il finestrino ?

Excusez-moi, pourriez-vous remonter la fenêtre ?

Giù

Giù : *en bas.*

E' giù : *Il est en bas* ou bien, sens figuré, *Il n'a pas le moral.*

Giù ! : *Descends !* ou bien : *Baisse-toi ! Baissez-vous !*

andar giù (*descendre,* mais aussi, au sens figuré, *accepter, avaler*), **venire giù** (*descendre,* intransitif), **portare giù** (*descendre,* transitif), **tirar giù** (*descendre, baisser*), **buttar giù** (*démolir, faire tomber*), **mandar giù** (*envoyer, avaler*), **metter giù** (*poser*).

Questa proprio non mi va giù. *Ça alors, je ne peux l'accepter.*

Scusi, mi può tirar giù la valigia ?

S'il vous plaît, pouvez-vous me descendre la valise ?

Avanti

Avanti : *en avant.*

andare (venire) avanti (*avancer*), **farsi avanti** (*s'avancer*), **tirare avanti** (*continuer*), **portare avanti** (*faire avancer, poursuivre*), **mandare avanti** (*faire vivre une famille, gérer une entreprise*).

Ciao, come va la vita ? - Si tira avanti !

Salut, comment ça va ? – On fait aller !

Nonostante le difficoltà, riesce a mandare avanti la sua ditta.

En dépit des difficultés, il arrive à faire marcher son entreprise.

Indietro

Indietro : *en arrière.*

andare indietro (*reculer, retarder*), **tirarsi indietro** (*reculer, se dérober*), **essere indietro** (*être en retard*), **dare indietro** (*rendre*), **portare indietro** (*ramener, rapporter*).

Dammi indietro il libro che ti ho prestato.

Rends-moi le livre que je t'ai prêté.

24. LO SMALTIMENTO DEI RIFIUTI DOMESTICI

Tornando a casa, Giovanni nota che invece del solito cassonetto[1] *per le immondizie, ce ne sono tre.*

G. = Giacomo — **R.** = Roberta

G. Cosa sono tutti quei cassonetti che stanno mettendo giù in strada ? Non bastava quello che c'era ?
R. Certo che bastava, ma vogliono fare la raccolta differenziata. Mi hanno spiegato che mettono tre cassonetti : nel primo va messa la carta, nel secondo la plastica e il vetro, nel terzo i rifiuti organici e tutti gli altri rifiuti solidi.
G. Caspita, è complicata questa faccenda[2]. Allora vuol dire che ci vogliono tre pattumiere in casa ?
R. Più o meno. Basta abituarsi a non mettere tutto nella stessa pattumiera. La carta per esempio potremmo metterla nel ripostiglio e buttarla via quando ce n'è tutto un pacco. Anche la plastica e il vetro, si potrebbero mettere in un bidone[3] qualsiasi. Ma anche se è un po' complicato, bisogna far prova di civismo : lo smaltimento dei rifiuti è un problema che riguarda tutti e sta diventando sempre più grave.
G. Ma non bastano gli inceneratori ?
R. Non, non bastano. Tu non capisci che non si tratta solo di distruggere, bisogna riciclare. Tra l'altro, già adesso non si riesce a smaltire tutto neanche con le discariche abusive[4] che ci sono un po' dappertutto.
G. Si', ma intanto io ho visto che la bolletta del comune sui rifiuti è aumentata.
R. E aumenterà ancora. Cosa vuoi, è l'altra faccia della società dei consumi.
G. Almeno nei paesi sottosviluppati non hanno questi problemi.
R. No, ma se non si fa niente, finiremo col mandarci le nostre immondizie.
G. Tutto diventa complicato, anche buttar via la spazzatura. Adesso dovrò stare attento perfino a buttar via la roba[5].
R. Oh, per te non cambia un gran che, non te ne occupi mai !
G. Come no ? Ogni tanto[6] mi capita di portar giù la pattumiera.
R. Ogni tanto. Vuol dire che porterai giù tre sacchetti invece di uno solo. Non è mica la fine del mondo.

24. LE RETRAITEMENT DES ORDURES MÉNAGÈRES

En rentrant à la maison, Jean remarque qu'à la place du container pour les ordures qu'il y avait habituellement, maintenant il y en a trois.

J. = Jacques — **R.** = Roberta

J. Qu'est-ce que c'est que tous ces containers qu'on est en train d'installer dans la rue? Ça ne suffisait pas celui qu'il y avait déjà?
R. Bien sûr que ça suffisait, mais ils ont décidé de faire le ramassage sélectif. On m'a expliqué qu'on installe trois containers : dans le premier il faut mettre le papier, dans le deuxième le plastique et le verre, dans le troisième les déchets organiques et tous les autres déchets solides.
J. Mince, c'est une histoire compliquée! Ça veut donc dire qu'il faut avoir trois poubelles à la maison?
R. C'est à peu près ça. Il suffit de s'habituer à ne pas tout mettre dans la même poubelle. Le papier on pourrait le ranger dans le débarras, et le jeter seulement lorsque nous en aurons un paquet. Le plastique et le verre aussi, on pourrait les mettre dans un récipient quelconque. Mais, même si c'est un peu compliqué, il faut faire preuve de civisme : le retraitement des déchets est un problème qui concerne tout le monde, et qui devient de plus en plus grave.
J. Mais les incinérateurs ne suffisent plus?
R. Non, ils ne suffisent plus. Tu ne comprends pas qu'il ne s'agit pas seulement de détruire, il faut recycler. D'ailleurs, déjà maintenant on n'arrive pas à tout retraiter même avec les décharges sauvages qu'il y a un peu partout.
J. C'est ça, mais moi j'ai vu que la taxe municipale pour les ordures a déjà augmenté.
R. Et ça va encore augmenter. Que veux-tu, c'est la contrepartie de la société de consommation.
J. Au moins dans les pays sous-développés, ils n'ont pas ces problèmes.
R. Non, mais si rien n'est fait, on finira par leur envoyer nos déchets.
J. Tout devient compliqué, même de jeter les ordures. Il va falloir que je fasse attention même en jetant les affaires à la poubelle.
R. Oh, pour toi ça ne va pas changer grand-chose, tu ne t'en occupes jamais.
J. Comment donc? De temps en temps ça m'arrive de descendre la poubelle.
R. De temps en temps! Ça veut dire que tu descendras trois sacs au lieu d'un seul. Ce n'est pas la mer à boire.

24*a*. VOCABULAIRE ET EXPRESSIONS

1. **cassonetto** : c'est le conteneur utilisé pour la collecte des ordures ménagères. Pour le conteneur qui sert à transporter les marchandises, on utilise le mot anglais **container**.

2. **faccenda** : *affaire, histoire.*
E' una faccenda seria.
C'est une affaire sérieuse.
Au pluriel, est souvent pris au sens de **lavori domestici** :
Verrò non appena avrò finito le faccende di casa.
Je viendrai dès que j'aurai fait le ménage.

3. **bidone** : dans ce contexte, c'est un synonyme de **pattumiera** (*poubelle*), mais il existe aussi de nombreux sens figurés dérivés :
Quel giocatore è un bidone.
Ce joueur est un tocard.
Che bidonata quel film !
Quel navet ce film !
Non avresti dovuto comprerare l'orologio da quell'ambulante, ti sei fatto bidonare. *Tu n'aurais pas dû acheter ta montre chez ce marchand ambulant, tu t'es fait rouler.*

4. **abusivo** : tout ce qui n'est pas autorisé, donc *illégal.*

E' stato arrestato per detenzione abusiva di armi.
Il a été arrêté pour détention non autorisée d'armes.

Abusivo se dit aussi de quelqu'un qui exerce illégalement une activité ou qui occupe abusivement un logement (*squatter*).

5. **la roba** : terme générique utilisé familièrement pour désigner des objets, des affaires.
Ma che roba è questa ?
Mais qu'est-ce que c'est que ça ?
Si è preso su tutta la sua roba ed se ne è andato.
Il a pris toutes ses affaires et il est parti.

6. **ogni tanto** : *de temps en temps.* On peut dire aussi : di tanto in tanto.
Comme molto, tanto peut indiquer aussi une durée :
E' tanto che non lo vedo.
Ça fait longtemps que je ne l'ai pas vu.

24*b*. GRAMMAIRE

« ANDARE » + LE PARTICIPE PASSÉ

Nel primo va messa la carta

Le verbe **andare** suivi du participe passé exprime l'obligation, la nécessité.

Il faut remarquer cependant que le verbe **andare** :
- n'est jamais aux temps composés ;
- n'est employé en ce sens qu'à la 3ᵉ personne du singulier ou du pluriel ;
- n'est jamais accompagné du complément d'agent.

La bolletta della luce va pagata entro il 15 giugno.
La facture d'électricité doit etre payée avant le 15 juin.

Aux temps du passé, cette tournure peut avoir aussi une valeur passive :

La sua casa andò distrutta nel terremoto del 1976.
Sa maison fut détruite dans le tremblement de terre de 1976.

☞ **A.** *Transformer ces phrases en employant la tournure* andare + participe passé *à la place de* dovere :
1. Le posate devono essere messe in questo cassetto. 2. Questa relazione deve essere ultimata entro domani sera. 3. E' vero che ci avevano avvertiti, però si deve dire che la loro lettera l'abbiamo ricevuta solo stamattina. 4. Si deve ricordare che domani entra in vigore il nuovo codice stradale. 5. Questo prodotto deve essere conservato in un luogo fresco e asciutto.

QUALSIASI

In un bidone qualsiasi

Cet adjectif indéfini a des valeurs différentes en fonction de sa position par rapport au nom : devant le nom, il a le sens de *n'importe lequel*; après le nom, la valeur péjorative de *quelconque.*

Sono pronto a pagare qualsiasi prezzo per quel quadro.
Je suis disposé à payer n'importe quel prix pour ce tableau.
In fin dei conti, è un libro qualsiasi.
En fin de compte, c'est un livre quelconque.
Qualsiasi peut aussi introduire une phrase concessive :
Qualsiasi decisione tu prenda, fammelo sapere.
Quelle que soit la décision que tu prendras, dis-le-moi.

BASTA/BASTANO

Basta abituarsi.
Non bastano gli incineratori.

Bastare n'est pas un verbe impersonnel : il faut toujours faire l'accord (singulier ou pluriel) avec le sujet et ne pas mettre de préposition lorsqu'il est suivi d'un verbe.

Non basta ascoltare, bisogna capire.
Il ne suffit pas d'écouter, il faut comprendre.
Mi basterebbero due minuti per finire questo lavoro.
Il me suffirait de deux minutes pour terminer ce travail.

Remarques

1. L'inversion verbe-sujet est de règle.
2. L'auxiliaire de **bastare** est **essere**; aux temps composés, il faut donc accorder le participe passé avec le sujet :

Mi son bastati due minuti per capire con chi avevo a che fare. *Deux minutes m'ont suffi pour comprendre à qui j'avais à faire.*

☞ **B.** *Traduire :*

1. Avec le nouveau train à grande vitesse, il suffira de deux heures pour aller de Milan à Florence. 2. Il m'a suffi de le voir pour me faire une opinion sur lui. 3. Deux sandwichs ne lui ont pas suffi, il en a voulu un troisième. 4. Pour que ce travail soit bien fait, il suffira de tout lui expliquer dans les moindres détails. 5. Nous serons six à table, deux bouteilles suffiront.

QUEL/QUELLO...

Quel cassonetto
Quello che c'era

La forme de l'adjectif démonstratif **quel/quello** varie selon le nom qui suit; il suffit de penser à l'article que le démonstratif remplace. Ainsi :

quel	se met à la place de l'article	**il**
quello	"	**lo**
quell'	"	**l'**
quella	"	**la**
quei	"	**i**
quegli	"	**gli**
quelle	"	**le**

Par contre, le pronom démonstratif a seulement les formes suivantes : **quello/quella/quelli/quelle**.

☞ **C.** *Placer la forme qui convient devant les noms suivants :* ragazzo, amici, macchina, studente, finestra, bambini, stazione, zaino, sportivi, telefono, cabina, documenti, enigma, rifiuti, strade, biglietto, incidente, sci, panini, strappo, gara, uomini.

24*c*. STRUCTURES

LES ADVERBES DÉICTIQUES (3)

Fuori

Fuori : *dehors.*

Fuori ! *Sortez !* ; Fuori i soldi ! *Sortez l'argent !*

essere fuori *(être absent)*, andar fuori (*sortir*, intransitif), portar fuori (*sortir*, transitif) mettere fuori *(exposer)*, mandar fuori *(faire sortir)*, far fuori *(éliminer)*, tagliar fuori *(exclure, évincer)*, saltar fuori *(sortir, surgir)*.

C'è Alessandro ? - No, è fuori.

Alexandre est là ? – Non, il est absent.

Da dove salta fuori quel tizio ? *D'ou sort-il ce type ?*

E' saltato fuori che non era vero.

On a découvert que ce n'était pas vrai.

Dentro

Dentro : *dedans.*

Dentro ! *Rentrez !*

Andare dentro *(entrer)*, venir dentro *(entrer)*, portare dentro (*entrer*, transitif), chiudere dentro *(enfermer)*, dare dentro (*cf.* dialogue du chapitre 4), mettere dentro *(mettre en prison)*.

Andate dentro, comincia a piovere !

Rentrez, il commence à pleuvoir !

Senza accorgersene l'hanno chiuso dentro.

Ils l'ont enfermé sans s'en apercevoir.

Adosso

Addosso : *sur, dessus, contre.*

Addosso ! *Sus ! Sautez-lui dessus !*

avere addosso *(avoir sur soi, porter)*, andare addosso *(rentrer dans q.qu'un, q.chose)*, stare addosso *(suivre de près, surveiller)*, tirarsi addosso *(s'attirer)*.

Non starmi addosso! *Ne colle pas ! Pousse-toi !*

S'è tirato addosso un bel guaio. *Il s'est attiré un drôle d'ennui.*

Dietro

Dietro : *derrière.*

andare dietro *(suivre)*, correre dietro *(poursuivre)*, ridere dietro q.uno *(se moquer de q.qu'un)*, parlare dietro q.uno *(casser du sucre sur le dos de q.qu'un)*, portarsi dietro *(emporter, emmener)*, tener dietro *(suivre)*.

Si è portato dietro la suocera. *Il a emmené sa belle-mère.*

Non riesco a tenergli dietro. *Je n'arrive pas à le suivre.*

25. LETTERA A UN'AMICA

Da una località di villeggiatura in montagna, una signora scrive ad un'amica rimasta in città.

Cara Luisa,

Ti scrivo subito due righe per precisare le informazioni che ti ho dato ieri sera al telefono. Come ti dicevo, ho chiesto all'albergatore se gli rimaneva una camera. Se tu e Ernesto volete venire a passare Ferragosto qui con noi, rimane una stanza con letto matrimoniale; costa 55 000 lire a testa in pensione completa, e 45 000 in mezza pensione.

Il prezzo è un po' più alto di quanto pensassi, perché la stanza che rimane ha un bagno. Però l'esposizione è ottima e dal balcone si ha una vista magnifica sulle vette.

Penso che il posto vi piacerà. Io e Roberto ne siamo innamorati. Ci possiamo godere la calma[1], il verde, il riposo. Certo non è un posto mondano come certe località che vanno per la maggiore[2] ma, essendo in fondo alla valle, quindi fuori mano, ha ancora il fascino della vita semplice di una volta.

Scoprimmo questo paesino una decina di anni fa. Non avevamo trovato posto a Madonna di Campiglio, dove pensavamo di trascorrere qualche giorno. Stavamo dirigendoci verso Trento quando ci accorgemmo che c'era una valle secondaria. La imboccammo e capitammo un po' per caso in questo albergo. Da allora siamo venuti ogni anno a passare qualche giorno.

Ieri, per cominciare, abbiamo fatto un'escursione fino ad una baita[3] che si trova a più di 2 500 metri. Pensa che abbiamo visto dei caprioli che andavano a bere al torrente! Poi ieri sera in piazza c'era un coro che cantava delle canzoni degli alpini[4]. Speriamo solo di avere bel tempo.

Fai come credi, ma se pensate di venire, fammelo sapere subito in modo da prenotare prima che sia troppo tardi.

Allego[5] un depliant dell'albergo, così di farai un'idea del posto e dell'albergo.

Un caro abbraccio, sperando di rivederti presto,

tua Beatrice.

25. LETTRE À UNE AMIE

Depuis son lieu de vacances à la montagne, une dame écrit à une amie restée en ville.

Chère Louise,

Je t'écris tout de suite quelques mots pour préciser les renseignements que je t'ai donnés hier soir au téléphone. Comme je te l'ai dit, j'ai demandé à l'hôtelier s'il lui restait une chambre. Si Ernest et toi vous voulez venir passer le 15 août avec nous, il reste une chambre avec un lit pour deux ; ça coûte 55 000 lires par personne en pension complète et 45 000 en demi-pension.

Le prix est un plus élevé que je ne le pensais, parce que la chambre a une salle de bains. Mais l'exposition est excellente et depuis le balcon on a une vue magnifique sur les sommets.

Je pense que cet endroit vous plaira. Roberto et moi nous en sommes amoureux. Nous pouvons profiter du calme, de la verdure, du repos. Bien sûr, ce n'est pas un endroit mondain comme certaines localités à la mode, mais, étant au fond de la vallée, donc un peu à l'écart, il a le charme de la vie simple d'autrefois.

Nous avons découvert ce village il y a une dizaine d'années. Nous n'avions pas trouvé de place à Madonna di Campiglio, où nous comptions passer quelques jours. Nous nous dirigions vers Trente lorsque nous avons aperçu une vallée secondaire. Nous l'avons prise et sommes arrivés, un peu par hasard, dans cet hôtel. Depuis, tous les ans nous sommes venus passer quelques jours.

Hier, pour commencer, nous avons fait une randonnée jusqu'à un chalet à plus de 2 500 mètres. Figure-toi qu'en redescendant nous avons vu des chevreuils qui allaient boire au torrent. Ensuite, hier soir, sur la place du village, il y avait une chorale qui chantait des chants montagnards. Pourvu que nous ayons du beau temps !

Fais comme tu l'entends, mais si vous envisagez de venir, dis-le-moi tout de suite pour que je puisse réserver avant qu'il ne soit trop tard.

Je joins un dépliant de l'hôtel, ainsi tu pourras avoir une idée de l'endroit et de l'hôtel.

En espérant te revoir bientôt, je t'embrasse affectueusement,

Béatrice.

25*a*. VOCABULAIRE ET EXPRESSIONS

1. **godere la calma** : *profiter du calme.* **Godere** (même étymologie que *jouir*) est un verbe employé très fréquemment et avec des nuances différentes : *se réjouir, jouir, profiter, prendre plaisir à...*, etc.

Sembra che ci goda a stuzzicarlo.
On dirait que ça l'amuse de l'agacer.
Andiamo sul balcone a goderci il fresco.
Allons sur le balcon pour profiter de la fraîcheur.
Quell'attore gode d'una grande popolarità.
Cet acteur jouit d'une grande popularité.
Me la son goduta un mondo.
J'en ai bien profité / Je me suis bien amusé.
À connaître aussi, dans un registre familier :
Che goduria ! *Quel pied !*
Proverbe : **Chi si contenta gode.**
On profite des choses quand on sait se contenter.

2. **vanno per la maggiore** : sont à la mode. Expression qui équivaut à **essere di moda, essere in voga.**

3. **baita** : *maison de berger.* C'est une petite maison, en pierre et en bois, utilisée à la montagne comme habitation pour les bergers pendant l'été. Le mot est aujourd'hui utilisé aussi comme synonyme de *chalet.*

4. **gli alpini** : *les chasseurs alpins.* C'est un corps de l'armée de terre italienne, très célèbre et populaire, et numériquement important du fait de la configuration territoriale de l'Italie. Les **alpini** sont reconnaissables à une plume sur leur chapeau. Leurs chansons, souvent anonymes, composées pendant la Première Guerre mondiale, ont donné naissance à celui qui est sans doute le plus important répertoire de musique populaire commun à tous les Italiens.

L'adjectif **alpino** se rapporte à tout ce qui concerne la montagne.

Abbiamo trovato una stella alpina.
Nous avons trouvé un edelweiss.
Domani partiamo con una guida alpina.
Demain nous partons avec un guide.

5. **Allego** : *je joins.* Dans ce contexte précis, **allegare** signifie *joindre.*

Troverà in allegato fotocopia dell'ordinazione.
Vous trouverez ci-joint une photocopie de la commande.
Dans un document, **gli allegati** sont *les pièces jointes, les annexes.*

25*b*. GRAMMAIRE

LA PHRASE COMPARATIVE DE DIFFÉRENCE

Più di quanto pensassi

1. Dans les propositions comparatives introduites par **più** ou **meno**, la corrélation peut se faire de différentes façons : **che, di quanto, di come, di quel che**. Ces conjonctions ou locutions conjonctives ne sont pas interchangeables, mais il y en a une qui est universelle : **di quanto**.

2. Le mode de la comparative est l'indicatif ou le subjonctif, selon que l'on veut insister sur la réalité ou sur la possibilité.

3. On ne met pas en italien le pronom anaphorique représenté en français par *le*.

4. La négation **non** est facultative.
C'era meno gente di quanto credessi.
Il y avait moins de monde que je le croyais.

☞ **A.** *Traduire :*
1. C'est un film moins amusant qu'on ne me l'avait dit. 2. Cette voiture est plus rapide que je ne le croyais. 3. Cet exercice est plus difficile qu'il ne semble. 4. J'imaginais cette ville beaucoup plus grande qu'elle n'est en réalité. 5. Je suis arrivé plus tard que vous l'aviez prévu. 6. C'est plus cher que tu me l'avais dit. 7. Cet endroit est encore plus beau que je l'espérais. 8. Il arrivera plus tôt qu'il vous l'avait annoncé. 9. Ce meuble a plus de valeur que vous ne le croyez. 10. Il a été payé moins vite qu'on le lui avait dit.

L'ORDRE DES PRONOMS SUJETS

Tu e Ernesto
Io e Roberto

Lorsqu'il y a plusieurs sujets dont le pronom **io**, l'italien place toujours en premier **io**.

Cet emploi n'a rien de désobligeant ; il n'est pas non plus le signe d'un égotisme inné, mais est dû à des raisons d'euphonie, afin d'éviter le hiatus qui se produirait dans la chaîne « ... **e io** ».

Lorsque les sujets sont des pronoms personnels, l'ordre normal est **io** – **tu (te)** – **lui (lei)** – **noi** – **voi** – **loro**.

Io e lui non siamo mai andati d'accordo.
Lui et moi, on ne s'est jamais bien entendu.

Ci potreste andare insieme, tu e lui.
Vous pourriez y aller ensemble, lui et toi.

L'EMPLOI DU « PASSATO REMOTO »

Scoprimmo questo paesino una decina di anni fa.
La imboccammo e capitammo...

Jusqu'à un passé récent, l'italien oral employait le passé simple (**passato remoto**) beaucoup plus que le français. Avec une différence cependant : dans les régions méridionales, on l'utilisait même pour des événements récents, alors que dans le Nord on préférait le passé composé (**passato prossimo**) pour tous les récits au passé. C'est ainsi qu'on pouvait entendre dans le Sud :

Ieri andai a vedere la partita allo stadio.

et dans le Nord :

Mio padre è stato trasferito a Milano vent'anni fa.

Aujourd'hui, le déclin du passé simple dans la langue orale commence à se propager dans toutes les régions. Il en est autrement dans la langue écrite, surtout littéraire.

La difficulté dans l'emploi du passé simple est réelle, car c'est certainement le temps le plus « irrégulier » de toute la conjugaison. S'il n'est pas absolument nécessaire pour s'exprimer correctement dans la langue usuelle, il faut cependant savoir le reconnaître.

☞ **B.** *Remplacer le passé simple par le passé composé :*
1. Giuseppe Verdi nacque a Roncole di Busseto nel 1813. **2.** Appena arrivato, si accorse che c'era qualcosa di strano. **3.** Lo costrinse a fare quel che voleva lui. **4.** Fu un concerto magnifico, il pianista concesse tre bis. **5.** Lesse la lettera e capì cosa era successo. **6.** Quando ci vide, ci riconobbe subito e ci strinse la mano. **7.** Quando giunsero sulla vetta, guardarono giù nella valle e scorsero l'ultimo campo base. **8.** Nonostante gli sforzi, non riuscimmo a ritrovarli prima di sera. **9.** Ti ricordi? Veniste tutti e due, tu e tuo cugino, e facemmo una gita in barca. **10.** Questi fatti accaddero nella notte tra il 30 e il 31 maggio del 1912.

25*c*. COMMUNICATION

LA CORRESPONDANCE

L'enveloppe

Distinta famiglia	Egr. Sig.
Roberto CRIVELLI	Giacomo BONELLI
via Dante 19	Piazza Statuto
20100 MILANO	10100 TORINO

Expéditeur : **Mittente.**

Abréviations

Distinto : **Dist.** ; Famiglia : **fam.** ; Gentile : **Gent.** ; Gentilissima : **Gent.ma** ; Egregio : **Egr.** ; Signore : **Sig.** ; Signora : **Sig.ra** ; Signorina : **Sig.na** ; Mittente : **Mitt.**

La lettre

Registre soutenu

– Pour commencer une lettre :

On ne s'adresse jamais à quelqu'un avec le simple **Signore**, **Signora**, etc. mais on fait toujours précéder ces mots d'un adjectif. Voici les formules les plus usuelles :

Egregio signore ; **Gentile signora** ; **Gentilissima signorina**.

– Pour terminer une lettre :

Distinti ossequi ; **Cordiali** ou **Distinti saluti**.

Registre familier

– Pour commencer une lettre :

Caro ou **Carissimo** suivi du prénom.

– Pour terminer une lettre :

Un caro abbraccio ; **Un caro saluto** ; **Affettuosi saluti** ; **Saluti cari** ; **Con affetto** ; **Baci** ; **Bacioni**.

Remarques

1. Dans l'adresse, le numéro est placé après le nom de la rue.

2. Le code postal est aussi composé de 5 chiffres ; il s'appelle **Codice d'Avviamento Postale (C.A.P.)**.

3. Dans le registre soutenu, les pronoms et les adjectifs possessifs, qui se rapportent à la personne à qui l'on écrit, ont souvent les initiales en capitales :

La Sua presenza sarebbe molto gradita ; **Saremmo molto lieti di incontrarLa** ; **In attesa di una Sua cortese risposta** ; **Le porgiamo i più fervidi saluti...**

4. Toujours dans un registre soutenu, pour un carton d'invitation par exemple, on désigne l'interlocuteur par **S.V.** (**La Signoria Vostra**).

26. IERI E OGGI

Fine pomeriggio. Lucia torna a casa dove l'aspetta Bruno, suo marito.

L. = Lucia — **B.** = Bruno

L. Ciao Bruno!

B. Ciao cara. Sei già qui? Tutto bene oggi?

L. Sì. Sono andata dalla parrucchiera e ho incontrato Carla. Lo sai che aspetta un bambino per maggio?

B. Ma guarda un po'[1], era ora[2]! Non capisco neanche che abbiano aspettato tanto. Pensavo quasi che non potessero aver figli.

L. E' vero, non sono più tanto giovani. Ma sai, oggigiorno molte coppie non hanno più figli subito dopo il matrimonio, preferiscono aspettare.

B. Loro già si sono sposati tardi, volevano prima farsi la casa[3], arredarla tutta; poi, una volta sposati, se la sono spassata[4] un po' : viaggi, divertimenti... e adesso che hanno quasi la quarantina vanno a cercarsi un figlio.

L. Non esagerare Bruno. Si sono sposati tardi anche per via[5] degli studi, poi sono stati presi da impegni di lavoro e solo adesso che sono professionisti[6] affermati possono pensare ai figli.

B. Sarà, ma per conto mio[7] c'è una bella dose di egoismo in questo modo di fare. Ho letto una statistica recente secondo la quale oggi in Italia i giovani si sposano sempre più tardi; vent'anni fa, invece, si voleva essere indipendenti il più presto possibile, e metter su casa senza aspettare di avere tutto.

L. E sì, cambiano i tempi. Tutto questo dipende dalla mentalità della gente e dalle condizioni economiche del momento. Non siamo più negli anni Sessanta.

B. Senza dire che, con un primo figlio a quell'età, non ne avranno di sicuro degli altri. Guarda i nostri amici, hanno tutti un figlio solo, al massimo due. Ma che cosa hai in quella borsa?

L. Sono passata a comprare qualche gomitolo di lana. Mi è venuta voglia[8] di preparare qualcosa per il bimbo di Carla.

B. Ah, voi donne, sempre pronte a commuovervi di fronte alla maternità!

26. HIER ET AUJOURD'HUI

En fin d'après-midi. Lucie rentre à la maison où Bruno, son mari, l'attend.

L. = **Lucie** — **B.** = **Bruno**

L. Bonsoir Bruno.

B. Bonsoir chérie. Tu es déjà là ? Tout s'est bien passé aujourd'hui ?

L. Oui. Je suis allée chez la coiffeuse et j'ai rencontré Carla. Est-ce que tu sais qu'elle attend un enfant pour le mois de mai ?

B. Tiens donc, il était temps ! Je ne comprends pas qu'ils aient attendu si longtemps. Je pensais presque qu'ils ne pouvaient pas avoir d'enfants.

L. C'est vrai, ils ne sont plus très jeunes. Mais tu sais, aujourd'hui beaucoup de couples n'ont pas d'enfants aussitôt après le mariage, ils préfèrent attendre.

B. Déjà qu'ils s'étaient mariés sur le tard : ils voulaient d'abord construire leur maison, la meubler entièrement ; puis, une fois mariés, ils en ont profité un peu : voyages, loisirs... et maintenant qu'ils ont presque quarante ans ils ont décidé d'avoir un enfant.

L. N'exagère pas Bruno. Ils se sont aussi mariés tard à cause de leurs études, ensuite ils ont été pris par leurs obligations professionnelles et maintenant qu'ils ont une bonne situation, ils peuvent penser aux enfants.

B. Peut-être, mais à mon avis il y a une bonne dose d'égoïsme dans cette façon de faire. Je viens de lire une statistique récente selon laquelle, aujourd'hui, en Italie, les jeunes se marient de plus en plus tard. Il y a vingt ans, par contre, on voulait être indépendant le plus vite possible, et s'installer sans attendre de tout avoir.

L. C'est ça, les temps changent. Tout cela dépend de la mentalité des gens, et des conditions économiques du moment. On n'est plus dans les années 60.

B. Sans dire que, avec un premier enfant à cet âge-là, ils n'en auront sûrement pas d'autres. Regarde nos amis, ils ont tous un seul enfant, deux au maximum. Mais qu'est-ce que tu as dans ce sac ?

L. Je suis passée acheter quelques pelotes de laine. J'ai eu envie de préparer quelque chose pour le bébé de Carla.

B. Ah, vous, les femmes, toujours prêtes à vous attendrir devant la maternité !

26*a*. VOCABULAIRE ET EXPRESSIONS

1. **Ma guarda un po' :** expression qui traduit la surprise. *Tiens donc !* Même emploi avec le verbe sentire : **Senti un po'** !

2. **Era ora !** Là aussi, c'est l'étonnement pour un événement qui survient tardivement : *Il était temps. Ce n'est pas trop tôt.* À noter aussi :

Non vedo l'ora che/di...
Il me tarde que..., Je suis impatient de...
Non vedo l'ora di andare in ferie ! *Vivement les vacances !*

3. **farsi la casa :** acheter ou faire construire une maison, un appartement. Parmi les nombreuses expressions avec **casa**, relevons :

metter su casa : *se marier.*

4. **se la sono spassata.** Équivaut à **godersela, divertirsi, approfittarne**. Ce verbe est construit à partir de **spasso**, que nous avons déjà rencontré. Remarquer la valeur négative de certaines expressions :

mandare a spasso qualcuno : *envoyer promener quelqu'un.*
portare a spasso qualcuno : *faire marcher, leurrer quelqu'un.*
essere a spasso : *être sans emploi.*

5. **per via :** *à cause de, parce que.*

Hanno litigato per via dei soldi.
Ils se sont disputés à cause de l'argent.
Non è partito per via del lavoro.
Il n'est pas parti à cause de son travail.

6. **professionista.** Ce nom s'applique non seulement aux sportifs, mais à tous ceux qui exercent une activité libérale.

E' un libero professionista. *Il exerce une profession libérale.*

7. **per conto mio :** *à mon avis.* Autres expressions avec conto :

Tieni da conto questo libro. *Prends soin de ce livre.*
Il direttore lo tiene in gran conto.
Le directeur a beaucoup d'estime pour lui.
Fate conto che io non ci sia.
Faites comme si je n'étais pas là.

8. **Mi è venuta voglia :** *l'envie m'est venue de...* L'inversion verbe-sujet est figée dans cette expression. Relevons d'autres locutions :

di buona voglia : *volontiers.*
di mala voglia : *à contrecœur.*

26*b*. GRAMMAIRE

L'IMPARFAIT DU SUBJONCTIF

Potessero

Il est indispensable de maîtriser l'emploi de ce temps qui est l'un des plus faciles et « réguliers ». Quelques règles mnémotechniques peuvent y aider.

Rappelons d'abord les formes des verbes réguliers :

parl-	a	-ssi	mett-	e	-ssi	part-	i	-ssi
parl-	a	-ssi	mett-	e	-ssi	part-	i	-ssi
parl-	a	-sse	mett-	e	-sse	part-	i	-sse
parl-	a	-ssimo	mett-	e	-ssimo	part-	i	-ssimo
parl-	a	-ste	mett-	e	-ste	part-	i	-ste
parl-	a	-ssero	mett-	e	-ssero	part-	i	-ssero

Remarques

– Le radical est celui de l'infinitif.

– Les terminaisons de la 1re et de la 2e personne du singulier sont identiques.

– Les terminaisons des trois groupes ne se différencient que par la première voyelle de la terminaison : c'est la voyelle caractéristique que l'on a déjà à l'infinitif : -a pour le 1er groupe, -e pour le 2e groupe, -i pour le 3e groupe.

– L'accent tonique est toujours sur la voyelle caractéristique.

N.B.

1. Pour les verbes irréguliers à double radical (ex. **andare / vado** ; **venire / vengo**), il suffit de partir du radical de l'infinitif : **and-assi** ; **ven-issi**.

2. Quelques verbes (6) ont un radical différent, issu directement du latin. Ce sont **fare (facessi)**, **dire (dicessi)**, **porre (ponessi)**, **bere (bevessi)**, **condurre (conducessi)**, **trarre (traessi)**.

3. Deux verbes très fréquents ont des formes irrégulières : **dare (dessi)** et **stare (stessi)**.

4. Le verbe **essere** a les formes suivantes : **fossi / fossi / fosse / fossimo / foste / fossero**.

☞ **A.** *Mettre le verbe entre parenthèses à l'imparfait du subjonctif :*

1. Non sapevo che tu lo *(conoscere)*. 2. Credevo che loro *(venire)* con i figli. 3. Non pensavo che questa macchina *(costare)* tanto cara 4. Era meglio che tu *(dire)* subito la verità. 5. Non voleva che io *(bere)* una bibita troppo gelata. 6. Per trovarlo bastava che voi *(accendere)* la luce. 7. Era impossibile che gli operai *(riuscire)* a finire il lavoro entro i termini. 8. Si diceva in giro che lei non *(vivere)* più con suo marito. 9. Mi sembrava che non *(fare)* bel tempo. 10. Mi imprestò quel libro benché *(essere)* molto geloso delle sue cose. 11. Era logico che lui ti *(rispondere)* per le rime. 12. Se almeno *(potere)* andarci anch'io! 13. Anche se io lo *(avere)* saputo, non lo avrei detto. 14. Benché *(essere)* in ritardo, entrarono lo stesso. 15. Sarebbe meglio che voi *(andare)* a letto presto. 16. Guarda un po', io lo chiamo e lui fa come se non *(sentire)* niente. 17. Cosa credevi che io *(stare)* facendo? 18. Magari *(vincere)* un terno al lotto! 19. Speravo che voi *(capire)* più alla svelta. 20. Che bellezza se *(nevicare)* per Natale!

LA CONCORDANCE DES TEMPS

Pensavo che non potessero avere figli.

Dans une subordonnée au subjonctif, le temps du verbe de la subordonnée dépend du temps du verbe de la principale. Si celui-ci est au présent, on aura un subjonctif présent dans la subordonnée ; si le verbe de la principale est à un temps passé, on aura le subjonctif imparfait.

Vuole che andiate con lui. *Il veut que vous alliez avec lui.*
Voleva che andaste con lui.
Il voulait que vous alliez avec lui.

Cette règle est respectée dans la langue standard, c'est pourquoi il faut s'habituer à la concordance des temps. Le non respect de cet usage choque et rend la phrase incorrecte.

L'emploi de l'imparfait du subjonctif dans une phrase au passé doit devenir un automatisme.

☞ **B.** *Transformer selon l'exemple :*

Penso che non possano aver figli →
Pensavo che non potessero avere figli.

1. Credo che siano partiti. 2. Spero che vengano. 3. Voglio che restiate a casa. 4. E' meglio che tu gli telefoni subito. 5. Penso che abbia ragione lei. 6. Bisogna che ascoltiate fino alla fine. 7. Preferisco che vadano subito al cinema. 8. Aspetto che arrivino i miei genitori. 9. Non voglio che vi fermiate qui. 10. Basta che glielo diciate voi.

26c. COMMUNICATION

LES SALUTATIONS

L'emploi des salutations est fonction du type de relation que l'on a avec son interlocuteur et, souvent, du moment de la journée.

Nous allons donner les principales formules dans le registre familier (avec des interlocuteurs que l'on tutoie) et soutenu (avec des interlocuteurs que l'on vouvoie).

Registre familier

En arrivant : **Ciao, Salve !**

En partant : **Ciao, Salve, Arrivederci !**

Registre soutenu

En arrivant : **Buongiorno, Buona sera !**

En partant : **Buongiorno, Buona sera, Arrivederci, Arrivederla, Di nuovo, A presto, Buona notte !**

Remarques

1. **Buongiorno** et **Buonasera** s'emploient aussi bien en rencontrant quelqu'un qu'en prenant congé. Même chose pour **Ciao** et **Salve**.

2. **Buongiorno** et **Buonasera** sont souvent prononcés **Giorno** et **Sera**.

3. Le moment où l'on passe de **Buongiorno** à **Buonasera** varie selon les régions. En général, on attend la fin de l'après-midi, vers 18/19 h, pour dire **Buonasera**.

4. **Buongiorno** a une variante peu utilisée : **Buondì**.

5. Attention aux expressions avec *bonjour* : *donner le bonjour à quelqu'un :* **salutare**.

Se lo incontri, salutalo da parte mia (per me).
Si tu le rencontres, tu lui diras bonjour de ma part.

On embrasse très peu en Italie par rapport aux usages français. Et au maximum, en rencontrant quelqu'un de sa famille que l'on n'a pas vu depuis longtemps, on s'embrasse une ou deux fois sur la joue.

De même, on se serre rarement la main. Il n'est pas d'usage de serrer la main, par exemple, en arrivant au bureau tous les jours. Par contre, on serre la main quand on se présente ou que l'on est présenté.

27. LUNEDI MATTINA

Sul treno[1]. Lunedì mattina. Carlo e Bruno, due pendolari[2], si ritrovano come ogni giorno.

C. = Carlo — B. = Bruno

C. Ciao, Bruno, tutto bene?
B. Ciao. Sì. Ma taci, stamattina per poco non perdevo il treno. Non riuscivo ad alzarmi.
C. Ah! si vede che vai a letto troppo tardi la sera.
B. Ho voluto guardare «la Domenica sportiva[3]» e ieri sera è finita più tardi del solito.
C. Sei proprio uno sportivo in pantofole. E juventino sfegatato[4]. Ma dimmi, ha vinto almeno la Juve?
B. No, ha pareggiato[5], ma ha giocato bene e la partita era difficile. La Sampdoria va forte quest'anno.
C. Sì, mi sembra che sia una bella squadra e che possa avere delle pretese per lo scudetto[6].
B. E' vero, ma fino adesso è stata molto fortunata. Le partite più difficili le ha giocate in casa, mentre la Juve ha giocato in trasferta contro il Milan, l'Inter e il Napoli.
C. Ah, voi juventini, come tutti i tifosi, siete sempre pronti a trovare delle scuse. Vedrai che quest'anno il campionato lo vince una squadretta come la Sampdoria o il Bologna.
B. No, non penso. E' ancora troppo presto per dirlo, e poi Bologna e Sampdoria non hanno l'esperienza delle grandi squadre.
C. Però hanno grinta[7], e potrebbero farcela. Insomma staremo a vedere. Vorrei proprio che vincesse una squadra che non spende somme colossali per comprare giocatori a prezzo d'oro. I soldi hanno rovinato lo sport.
B. Sempre il solito moralista. Io trovo normalissimo che i giocatori vadano dove sono pagati meglio.
C. Così lo sport diventa solo una questione di soldi : le squadre più ricche hanno i migliori.
B. Ma questo non vuol dire che vincano per forza.
C. Meno male. Sarei felicissimo se vincesse la Sampdoria. Intanto, guarda, siamo arrivati. Se non ci spicciamo non facciamo neanche in tempo a scendere.

27. LUNDI MATIN

Dans le train. Lundi matin. Charles et Bruno, deux banlieusards, se retrouvent comme tous les jours.

C. = Charles — B. = Bruno

C. Salut, Bruno. Ça va ?

B. Salut. Ça va. Mais ne m'en parle pas, ce matin j'ai failli rater le train. Je n'arrivais pas à me lever.

C. Ah, il faut croire que tu te couches trop tard le soir.

B. J'ai voulu regarder « Domenica sportiva », et hier soir ça s'est terminé plus tard que d'habitude.

C. Tu es vraiment un sportif en pantoufles ! Et supporter fanatique de la Juventus. Mais, dis-moi, est-ce la Juve a gagné au moins ?

B. Non, elle a fait match nul, mais ils ont bien joué et le match était difficile. La Sampdoria est forte cette année.

C. Oui. Il me semble que c'est une bonne équipe et qu'elle peut prétendre à être championne d'Italie.

B. C'est vrai, mais elle a eu beaucoup de chance jusqu'à présent. Les matchs les plus difficiles, elle les a joués chez elle, alors que la Juve a joué à l'extérieur contre le Milan, l'Inter et Naples.

C. Ah, vous, les supporters de la Juventus, vous êtes comme tous les supporters : toujours prêts à chercher des excuses. Tu vas voir que cette année c'est une petite équipe comme Sampdoria ou Bologna qui va gagner le championnat.

B. Non, je ne crois pas. Il est trop tôt pour le dire, et Bologna et Sampdoria n'ont pas l'expérience des grandes équipes.

C. Mais elles ont du punch, et elles pourraient y arriver. Enfin, on verra bien. J'aimerais bien que ce soit une équipe qui ne dépense pas des sommes énormes pour acheter des joueurs à prix d'or qui gagne le championnat. L'argent a gâché le sport.

B. Comme d'habitude, tu fais de la morale. Je trouve tout à fait normal que les meilleurs joueurs aillent là où ils sont mieux payés.

C. C'est comme ça que le sport n'est plus qu'une question d'argent. Les clubs les plus riches ont les meilleurs joueurs.

B. Mais ça ne veut pas dire qu'ils gagnent forcément.

C. Encore heureux. Je serais ravi si la Sampdoria gagnait. Mais regarde, on est arrivé. Si on ne se dépêche pas, on n'a même pas le temps de descendre du train.

27*a*. VOCABULAIRE ET EXPRESSIONS

1. **Sul treno** : *dans le train.* Bien que très similaire, l'emploi des prépositions ne coïncide pas toujours en italien et en français. À noter aussi :

leggere sul giornale : *lire dans le journal.*

2. **pendolare**. Au sens premier de cet adjectif s'est superposé, au cours des dernières décennies (1965), un emploi particulier : il désigne ceux qui se rendent tous les jours à leur lieu de travail, depuis leur habitation, en empruntant les transports en commun. En effet, ils font régulièrement, comme un pendule, le même trajet.

3. **Domenica sportiva**. C'est une émission de télévision très populaire chez les passionnés de sport. Elle est diffusée le dimanche soir et suscite toujours des discussions très animées car elle propose des ralentis (la **moviola**). Il existe, bien sûr, d'autres émissions sportives, le dimanche, le lundi et même le mardi soir sur les différentes chaînes.

4. **sfegatato** : *enragé.* Emploi figuré de cet adjectif, dérivé de **fegato** *(foie)*, qui signifie au sens propre : *courageux, téméraire*; dans le vocabulaire sportif, il est utilisé dans le sens de *passionné, enragé, acharné.* À remarquer aussi l'expression :

aver fegato : *avoir du cran.*

5. **pareggiare**, toujours dans la langue du sport : *faire match nul* ou *égaliser.*

Essere (alla) pari : *être à égalité.*

Dans le langage de l'économie :

pareggiare i conti : *équilibrer les comptes.*

6. **scudetto**. Écusson en tissu qui est attribué à l'équipe qui gagne le championnat de foot italien. Elle a le droit de le coudre sur le maillot des joueurs. D'autres mots spécifiques au sport :

trasferta : *déplacement.* Ce terme est réservé aux déplacements professionnels ou sportifs. Une équipe joue **in casa** *(chez elle)* ou **in trasferta** *(à l'extérieur).*

tifosi : aujourd'hui, ce mot qui désigne même à l'étranger les supporters italiens, est réservé au sport. À noter aussi :

fare il tifo per una squadra : *être supporter d'une équipe.*

7. **grinta**. C'est l'aspect déterminé, voire menaçant de quelqu'un. Dans la langue du sport, il indique la détermination, la volonté de s'imposer. Il existe aussi un adjectif : **grintoso** : *décidé.*

Aver grinta. *Avoir du punch.*

Che grinta ! *Quel punch !*

27*b*. GRAMMAIRE

LA CONCORDANCE DES TEMPS (2)

Vorrei proprio che vincesse...

Dans une proposition au subjonctif dépendant d'un conditionnel, il faut mettre le verbe à l'imparfait.

Sarebbe meglio che tu restassi a casa.

Il vaudrait mieux que tu restes à la maison.

Preferirei che mi telefonasse dopo le dieci.

J'aimerais mieux qu'il m'appelle après dix heures.

Une seule exception : après **si direbbe che... sembrerebbe che..., penserei che..** on met le présent du subjonctif, ces conditionnels étant perçus comme une forme atténuée de l'indicatif.

Si direbbe che siano in ritardo. *On dirait qu'ils sont en retard.*

Sembrerebbe che stia per piovere.

On dirait qu'il va pleuvoir.

☞ **A.** *Transformer selon le modèle :*

Voglio che tu rimanga a casa →
Vorrei che tu rimanessi a casa.

1. Bisogna che vi alziate presto. **2.** Vogliono che andiamo a trovarli. **3.** E' meglio che partiate subito. **4.** E' bene che tu telefoni a Carlo. **5.** Desidero che chiudiate la porta. **6.** Mi dispiace che lui non ci sia. **7.** E' necessario che facciano le valigie. **8.** Voglio che tu compri questo disco. **9.** E' giusto che sia pagato subito. **10.** E' normale che faccia caldo in questa stagione.

LE SUPERLATIF RELATIF

Le squadre più ricche hanno i migliori.

Un gallicisme fréquent chez le locuteur francophone est la répétition de l'article défini dans les superlatifs devant **più** ou **meno**.

Lorsque l'article est déjà exprimé, il ne faut pas le répéter.

E' il commercialista più rinomato della città.

C'est l'expert-comptable le plus réputé de la ville.

On répète cependant l'article lorsque le nom :

– n'est pas précédé d'un article.

Giovanni è stato il più svelto. *Jean a été le plus rapide.*

– est précédé d'un article indéfini.

Ho comprato un ombrello, il meno caro.

J'ai acheté un parapluie, le moins cher.

– est précédé d'un adjectif démonstratif.
Questo francobollo è il più prezioso della mia raccolta.
Ce timbre est le plus précieux de ma collection.
– est précédé d'un adjectif possessif.
I suoi quadri sono i più originali.
Ses tableaux sont les plus originaux.

☞ **B.** *Traduire :*
1. C'est le film le plus amusant que j'aie jamais vu. 2. Apporte-moi, s'il te plaît, la boîte la plus grosse. 3. Cette bouteille est la plus vieille qui me reste. 4. Le mois prochain se tiendra le sommet des pays les plus industrialisés. 5. Le TGV est le train le plus rapide du monde.

STRUCTURE MARQUÉE

Il campionato lo vince una squadra come...

La langue parlée utilise fréquemment une structure emphatique déstinée justement à mettre en relief le sujet : le C.O.D., placé au début de la phrase, est rappelé par un pronom et le sujet rejeté après le verbe :

La macchina la guido io. *C'est moi qui conduis la voiture.*

Dans cette phrase, l'accent principal est mis sur le sujet, l'accent secondaire sur le C.O.D. Cette structure est réservée à la langue parlée ou à la langue écrite reproduisant un dialogue.

☞ **C.** *Transformer selon le modèle :*
Tu hai dimenticato le chiavi →
Le chiavi le hai dimenticate tu.
1. Ha comperato quel vestito. 2. I bambini non possono guardare la televisione. 3. Io ho chiamato l'idraulico. 4. Noi abbiamo suonato il campanello. 5. Lui ha rotto il vetro.

LES IMPÉRATIFS MONOSYLLABIQUES

Rappelons que quelques verbes ont l'impératif composé d'une seule syllabe : **dare → da'** ; **dire → di'** ; **stare → sta'** ; **fare → fa'** ; **andare → va'**. Lorsque ces verbes sont suivis d'un pronom personnel, le pronom se soude au verbe, comme toujours avec l'impératif, mais avec un redoublement de la consonne initiale (sauf avec **gli** qui commence déjà par une double consonne) : **di' + mi = dimmi**.

27*c*. COMMUNICATION

LES ONOMATOPÉES

Si la langue orale se sert peu d'onomatopées, par contre certaines formes de publicité ou les bandes dessinées les utilisent fréquemment. La plupart des onomatopées sont facilement compréhensibles, mais parfois leur transcription diffère par rapport au français : ainsi, si quelqu'un qui frappe à la porte fait **toc toc**, la sonnerie du téléphone, elle, fait **drin drin**, les cloches **din dan don**, etc...

La catégorie la plus curieuse est celle des cris d'animaux. Ainsi en italien :

le chien fait **bau ! bau !**, le chat **miao !**, la vache **muh !**, le coq **chicchirichi !**, la poule **coccodè !**, le poussin **pio pio !**, l'oiseau **cip ! cip !** et l'âne **hi ! ho !**

Bizarre, n'est-ce pas, que ces bruits soient entendus différemment ! Même l'éternuement n'est pas le même : les Italiens éternuent en disant **Eccì !** Le moyen le plus sûr pour savoir si quelqu'un est italien ou français, c'est de l'écouter lorsqu'il éternue ; s'il fait **Eccì !** il est italien, s'il fait *Atchoum !* il est français !

La bande dessinée utilise de nombreuses onomatopées. Elles sont pour la plupart d'origine anglaise ou américaine. De la bande dessinée, elles sont passées, pour certaines, dans le jargon des jeunes. Les plus connues sont :

clap ! clap ! pour l'applaudissement ; **slam !** pour une porte qui claque ; **sob ! sob !** pour les sanglots ; **sniff ! sniff !** pour le reniflement ; **smack !** pour un baiser sonore ; etc.

☞ **D.** *Transformer suivant le modèle :*

Ci vai ? → Vacci !

1. Mi stai a sentire ? **2.** Ci dai da bere ? **3.** Lo fai subito ? **4.** Glielo dai ? **5.** Ci dici cosa hai fatto ? **6.** Mi fai un piacere ? **7.** Me la dai ? **8.** Glielo dici ? **9.** Ci fai vedere le foto ? **10.** Me le fai vedere ?

28. CHE SCALOGNA!

Fabrizio e Roberto, due studenti liceali, sono in vacanza. Avevano un appuntamento con due compagni per andare a giocare a tennis, ma gli amici non si sono fatti vedere. Tornano a casa di Roberto.

M. = la madre di Roberto — **R.** = Roberto — **F.** = Fabrizio
Sig.ra = la madre di Giacomo

M. Siete già qui? Come mai[1]?
R. Beh, mamma, lo sai che dovevamo andare a giocare al circolo tennistico con Piero e Giovanni. Li abbiamo aspettati mezz'ora, ma noi non potevamo entrare, non abbiamo la tessera[2].
M. Non glielo avevate detto?
R. Come no! Ci eravamo messi d'accordo la settimana scorsa. Ci avevano promesso che sarebbero venuti tutti e due.
M. Si vede che se lo sono scordati o che non hanno potuto. Non vi sarete sbagliati nel dare l'appuntamento?
R. Mi sembra di essere stato preciso. Quel che mi scoccia[3] è che è la seconda volta che ci giocano questo brutto tiro. Già una volta Piero aveva detto che ci avrebbe fatti entrare gratis al circolo, poi non si è fatto vivo. Adesso quando lo vedo, gli dico io il fatto suo.
M. Su, non drammatizziamo, capiterà di nuovo. Non avete nient'altro da fare?
F. Sì, ma lo sa com'è, signora, i primi giorni di vacanza è sempre così, non si fa un tubo[4] di niente.
R. Pensavamo di andare a fare un giro in bici, ma per stamattina è troppo tardi. Senti Fabrizio, si potrebbe fare un salto da Giacomo, abita qui a due passi; dovrebbe essere a casa, mi ha detto che non parte prima del 15. Si potrebbe combinare[5] qualcosa per oggi pomeriggio anche con lui.
(Da Giacomo, al citofono)
R. Buongiorno signora, sono Roberto. C'è Giacomo?
Sig.ra No, non c'è. E' andato in campeggio con i cugini.
R. Mi aveva detto che non sarebbe partito prima del 15.
Sig.ra Effettivamente, non era previsto, ma lo hanno convinto di andare in campeggio con loro.
R. Grazie Signora; buongiorno.
F. Che scalogna! Cominciano male le vacanze.

28. MANQUE DE CHANCE !

Fabrice et Robert, deux lycéens, sont en vacances. Ils avaient un rendez-vous avec des camarades pour aller jouer au tennis, mais leurs amis ne se sont pas manifestés. Ils retournent chez Robert.

M. = la mère de Robert — R. = Robert — F. = Fabrice
Mme. = la mère de Jacques

M. Vous êtes déjà là ? Qu'est-ce qui se passe ?
R. Eh bien, maman, tu sais, nous devions aller jouer au club de tennis avec Pierre et Jean. Nous les avons attendus une demi-heure, mais nous ne pouvions pas entrer, nous n'avons pas la carte.
M. Mais vous ne leur aviez pas dit ?
R. Bien sûr ! On s'était mis d'accord la semaine dernière. Ils nous avaient promis qu'ils viendraient tous les deux.
M. Il faut croire qu'ils ont oublié ou qu'ils n'ont pas pu. Mais est-ce que vous ne vous seriez pas trompés en vous donnant rendez-vous ?
R. Je crois que j'ai été précis. Ce qui m'énerve, c'est que ça fait la deuxième fois qu'ils nous jouent ce sale tour. Une fois déjà Pierre nous avait promis qu'il nous ferait entrer gratuitement au club, et après il ne s'est pas montré. Dès que je les vois, je leur dis ce que je pense.
M. Allons, n'exagérons rien. Ce sera pour une autre fois. Vous n'avez rien d'autre à faire ?
F. Si, mais vous savez, madame, les premiers jours de vacances c'est toujours pareil, on passe son temps à glandouiller.
R. Nous avions envie d'aller faire un tour en vélo, mais pour ce matin c'est trop tard. Écoute Fabrice, on pourrait passer voir Jacques, qui habite tout près. Il devrait être chez lui, il m'a dit qu'il ne partait pas avant le quinze du mois. On pourrait organiser quelque chose ensemble pour cet après-midi.
(Chez Jacques. À l'interphone)
R. Bonjour madame, c'est Robert. Est-ce que Jacques est là ?
Mme Non, il n'est pas là ; il est parti camper avec ses cousins.
R. Il m'avait dit qu'il ne partirait pas avant le 15.
Mme Effectivement, ce n'était pas prévu, mais ils l'ont convaincu d'aller faire du camping avec eux.
R. Merci madame, au revoir.
F. Manque de chance ! Ça commence mal les vacances.

28*a*. VOCABULAIRE ET EXPRESSIONS

1. **Come mai ?** : *Comment se fait-il ?* L'adverbe **mai** renforce l'interrogation.

Come mai non siete venuti ?

Pourquoi donc n'êtes-vous pas venus ?

À noter aussi plus bas : **come no !** : *bien sûr !*

2. **la tessera** : c'est la carte d'adhésion à un club, un parti, un syndicat, un mouvement. Les adhérents s'appellent donc les **tesserati**. **Tessera**, c'est aussi la carte d'abonnement.

Devo rinnovare la tessera ferroviaria.

Il faut que je fasse refaire ma carte de réduction.

3. **quel che mi scoccia** : *ce qui m'énerve.* Ce verbe et ses dérivés sont assez fréquents dans la langue parlée.

Smettila di scocciare ! *Arrête de nous embêter !*

Quel tizio è uno scocciatore. *Ce type est un casse-pieds.*

Ancora una scocciatura ! *Encore un embêtement !*

4. **un tubo** : *rien.* Dans le langage familier, **tubo** *(tuyau)* est devenu synonyme de *rien du tout.*

Non ci capisco un tubo. *Je n'y comprends que dalle.*

Questo robo non vale un tubo. *Ce machin ne vaut rien.*

5. **combinare** : ce verbe présente un éventail très vaste d'emplois depuis *arranger, organiser, assortir,* jusqu'à *faire, fabriquer, ficher.*

Abbiamo combinato di andare insieme al ristorante.

Nous avons projeté d'aller ensemble au restaurant.

E' riuscito a combinare un buon affare.

Il a réussi à réaliser une bonne affaire.

Oggi non combino niente di buono.

Aujourd'hui, je ne fais rien de bien.

Sta' attento a non combinare guai.

Fais attention à ne pas faire de bêtises.

Remarquer aussi que :

– le mot combine *(entente illicite, frauduleuse)* se dit : **trucco, intrallazzo, imbroglio** ;

– le mot **combinazione** n'a pas d'acception négative, mais signifie *hasard, circonstance fortuite.*

Che combinazione, ho incontrato tuo fratello proprio dieci minuti fa. *Quelle coïncidence, j'ai rencontré ton frère il n'y a pas dix minutes.*

28*b*. GRAMMAIRE

LE FUTUR DANS LE PASSÉ

Avevano promesso che sarebbero venuti.
Aveva detto che ci avrebbe fatto entrare gratis.

Une phrase subordonnée qui exprime le futur par rapport à un temps passé est au conditionnel passé en italien, et non au conditionnel présent comme en français.

Dice che verrà con noi ([oggi] dice che [domani] verrà) : la subordonnée exprime un futur par rapport à un présent.
Il dit qu'il viendra avec nous.

Aveva detto che sarebbe venuto con noi ([in passato] aveva detto che [in seguito] sarebbe venuto) : la subordonnée exprime un futur par rapport à un temps passé.
Il avait dit qu'il viendrait avec nous.

☞ **A.** *Transformer selon le modèle :*
Credo che farà il possibile per arrivare in tempo → Credevo che avrebbe fatto il possibile per arrivare in tempo.
1. Dice che sabato sarà troppo tardi per prenotare. 2. Non so in quanti verranno. 3. La meteo prevede che farà bello. 4. I miei hanno deciso che per le ferie andremo in montagna. 5. Mi ha promesso che appena arrivati ci telefoneranno. 6. Il governo pensa che sarà possibile ridurre l'inflazione. 7. Pensa che non ce la faremo. 8. Hanno annunciato che il treno arriverà in ritardo. 9. Il meccanico mi ha assicurato che la macchina sarà pronta venerdì sera. 10. Gli ho promesso che andremo a trovarlo.

GLI / LORO ?

Ma non glielo avevate detto ?
Quando li vedo, gli dico io due paroline.

De plus en plus, les Italiens utilisent le pronom **gli** à la place de **loro** comme pronom personnel indirect. Ainsi, on entend **gli dico** à la place de **dico loro**.

Cet emploi, presque général dans la langue parlée, s'étend aussi progressivement à la langue écrite.

Il faut avouer que **loro** est plutôt embarrassant. Tout d'abord parce que c'est un mot de deux syllabes, alors que les autres pronoms de même fonction (**mi, ti, gli/le, ci, vi**) sont monosyllabiques. Ensuite, parce qu'il se place après le verbe, et non avant le verbe comme les autres pronoms.

Ho visto Angelo ; gli ho proposto di venire con noi.

Ho visto Angelo e Carlo ; ho proposto loro di venire con noi.

Ces irrégularités sont sans doute la cause de ce changement qui est accepté dans le registre normal de la langue parlée.

Par contre, l'emploi de **ci** (**ci ho detto**) pour **gli** et **loro** (**gli/le ho detto ; ho detto loro**) est à proscrire.

☞ **B.** *Remplacer le groupe entre parenthèses par les pronoms personnels. S'exercer à utiliser les deux possibilités :*

1. Hanno telefonato i tuoi. Ho detto (ai tuoi) che passerai a trovarli stasera. 2. Come mai non sono arrivate Laura e Paola ? Avevo dato appuntamento (a Laura e Paola) per le otto e un quarto. 3. Non abbiamo ancora risposto agli auguri dei Rossi. Dobbiamo subito mandare (ai Rossi) un bigliettino. 4. I ragazzi sono usciti stasera, ma ho raccomandato (ai ragazzi) di non tornare tardi. 5. Quando andremo dagli amici, dobbiamo portare (agli amici) le foto fatte insieme.

L'INFINITIF SUBSTANTIVÉ

nel dare l'appuntamento

L'infinitif d'un verbe peut être utilisé comme un nom : il peut être alors précédé de l'article, d'une préposition ou d'un adjectif.

Furono svegliati dallo squillare del telefono.

Ils furent réveillés par la sonnerie du téléphone.

Par rapport au nom correspondant, l'infinitif substantivé met en relief l'action plus que l'état.

☞ **C.** *Traduire :*

1. Nel cadere si è rotto una gamba. 2. Tutto quel gironzolare mi ha stancato. 3. Hai un bel dire, non ci potevo fare niente. 4. Nel vedere come andavano le cose ho provato una bella soddisfazione. 5. Nel sentire quelle menzogne, si è arrabiato.

28*c*. COMMUNICATION

LES INTERJECTIONS

La langue orale est caractérisée par l'emploi fréquent d'interjections et de locutions interjectives.

– **Ah !** pour indiquer la surprise *(Ah ! Ha !)*.
Ah ! Sei tu ? *Ah ! C'est toi ?*
– **Ahi !** manifeste la douleur, la déception *(Ahi ! Aïe !)*.
Ahi, mi son fatto male ! *Aïe, je me suis fait mal !*
– **Beh, Be'**... pour conclure ou interroger *(Bon, Eh bien, et alors...)*.
Be', e adesso che si fa ?
Bon, et maintenant qu'est-ce qu'on fait ?
– **Bah !** indique la résignation, la déception, le doute *(Bof !)*.
Bah ! Sarà come dici tu ! *Bof, tu as peut-être raison !*
– **Boh !** pour exprimer le doute, l'incertitude (correspond à *J'sais pas*).
Cosa ne pensi ? - Boh ! *Qu'est-ce que tu en dis ? – J'sais pas.*
– **Eh ! Eh ?** pour exprimer la surprise ou pour demander à quelqu'un de répéter ce qu'il vient de dire *(Hein ?)*.
Eh ? Cosa hai detto ? *Hein ? Qu'est-ce que tu as dit ?*
– **Ehi !** pour attirer l'attention de quelqu'un *(Hé !)*
Ehi tu ! Vieni qui ! *Hé toi, viens là !*
– **Ehm !** indique le doute, l'hésitation ou la menace *(Hum !)*
Ehm... non so come dirglielo.
Hum, je ne sais pas comment le lui dire.
– **Ohibò !** pour marquer le dégoût *(Berk !)*. Dans le même registre, on entend fréquemment **Che schifo !** *(Quelle horreur !)*.
Un capello nella minestra ? Ohibò, che schifo !
Un cheveu dans la soupe ? Berk, c'est dégoûtant !
– **Sss, Sst** pour inviter quelqu'un à se taire *(Chut !)*.
Sss, state zitti, bambini ! *Chut, taisez-vous, les enfants !*
– **Uffa !** pour exprimer la lassitude ou la contrariété *(Zut !)*.
Uffa, che barba ! *Zut, la barbe !*

Remarque

Dans les interjections monosyllabiques, le **h** se place toujours après la première voyelle.

29. SULL'AUTOSTRADA

S. = Silvia — **M.** = Marco

S. Eccoci allo svincolo dell'autostrada del Brennero. Attento a non sbagliare direzione!
M. Come l'ultima volta, ti ricordi? Ero distratto e abbiamo dovuto continuare fino al primo casello. Ma sta' tranquilla, questa volta non ci casco[1]. Ecco, ci siamo, direzione Bologna.
S. Però, che traffico! Penso che sia proprio una delle autostrade più trafficate!
M. E' in un certo senso il passaggio obbligato tra il Nord Italia e il Centro per uno che viene dalla Germania o dalla Svizzera. Guarda quante targhe straniere. Sono tutti macchinoni, sempre sulla corsia di sorpasso.
S. Lasciali correre. Io preferisco andare tranquillamente. Magari ci metteremo mezz'ora di più, ma come dice il proverbio, « Chi va piano... » Anzi, io mi fermerei quasi a bere un caffé, che ne dici?
M. Ma sì, c'è un area di servizio[2] fra due chilometri. Così, intanto che si siamo, faccio anche benzina[3]. Ho paura di essere un po' scarso[4] per arrivare fino a Firenze.
S. Attento a quel TIR[5], sta rallentando forte!
M. Certo, ma non posso sorpassare, è tutta una fila sulla corsia di sinistra.
S. Ma frena, dai[6]! Non mi piace quando freni all'ultimo momento. Mi metti paura.
M. Va' bene, va bene... Guarda, mi piazzo dietro il camion, e me ne sto buono buono. Fretta non ce n'è.
S. Ma non stargli addosso così; se frenasse, andresti a sbatterci contro. E poi non si vede niente dietro quel bestione.
M. E cosa vuoi vedere? Siamo ancora alla periferia di Modena. Aspetta che arriviamo sull'Appennino, lì sì che ci sono dei bei paesaggi.
S. Non era quello che volevo dire. Volevo dire che non puoi vedere i cartelloni. Marco! ecco... non hai visto la freccia per l'area di servizio e... Sempre il solito sbadato. Se tu fossi stato attento, lo avresti visto!
M. Accidenti! hai ragione... Pazienza!
S. E io che avevo voglia di un buon caffè!
M. Scusami, ti prometto che mi fermo al prossimo autogrill, così avrai il tuo caffé.

29. SUR L'AUTOROUTE

S. = Sylvie — M. = Marc

S. Nous voici arrivés à la bretelle de l'autoroute du Brenner. Fais attention de ne pas te tromper de direction !
M. Comme la dernière fois, tu t'en souviens ? J'étais distrait et il a fallu continuer jusqu'à la première sortie. Mais ne t'en fais pas, cette fois je ne vais pas me faire avoir. Ça y est, direction Bologne.
S. Tout de même, quelle circulation ! Je crois vraiment que c'est une des autoroutes les plus encombrées.
M. Sans compter que c'est en quelque sorte le passage obligé entre l'Italie du Nord et du Centre pour ceux qui viennent d'Allemagne ou de Suisse. Regarde toutes ces plaques d'immatriculation étrangères. Ce ne sont que de grosses voitures, toujours sur la voie de gauche.
S. Laisser-les filer. J'aime mieux rouler tranquillement. Il nous faudra peut-être une demi-heure de plus, mais, comme dit le proverbe, « Chi va piano... » Et même, je m'arrêterais bien pour prendre un café, qu'est-ce que tu en dis ?
M. D'accord ! Il y a une station-service dans deux kilomètres. Comme ça, pendant qu'on y est, je prendrai de l'essence. J'ai peur d'être un peu juste pour arriver à Florence.
S. Fais attention à ce poids lourd, il ralentit.
M. Bien sûr, mais je ne peux pas doubler, les voitures sont à la queue leu leu sur la voie de gauche.
S. Mais freine donc ! Je n'aime pas que tu freines au dernier moment. Tu me fais peur !
M. Bon ! Bon ! Regarde, je me mets derrière ce camion, et je me tiens bien tranquille. On n'est pas pressé.
S. Mais ne reste pas si près, s'il freinait, tu lui rentrerais dedans. Et puis on n'y voit rien derrière ce gros machin.
M. Qu'est-ce que tu veux voir ? On est encore dans la banlieue de Modène. Attends qu'on soit dans les Apennins, là tu pourras voir de beaux paysages.
S. Ce n'est pas ce que je voulais dire. Je voulais dire qu'on ne peut pas voir les panneaux ! Marc... Tu n'as pas vu l'indication pour la station-service et... Quel étourdi ! Si tu avais fait attention, tu l'aurais vue !
M. Zut ! Tu as raison... Tant pis.
S. Et moi qui avais envie d'un bon café !
M. Excuse-moi, je te promets que je m'arrête au prochain restaurant, comme ça, tu auras ton café.

29*a*. VOCABULAIRE ET EXPRESSIONS

1. **non ci casco :** *je ne vais pas me faire avoir.* Le verbe **cascare** a la même signification que **cadere** (*tomber*), qu'il concurrence surtout dans les régions du Nord et du Centre. Il appartient à la langue orale ; on l'emploie de préférence à **cadere** dans les expressions figurées.

Quando glielo ho detto, è cascato dalle nuvole.
Quand je lui ai dit ça, il est tombé des nues.
Mi cascano le braccia. *Les bras m'en tombent.*
Non casca il mondo... *Ce n'est pas la fin du monde...*

2. **area di servizio :** *station-service.* Sur l'autoroute, c'est l'endroit où l'on trouve la station-service à proprement parler, mais aussi le café-restaurant (**autogrill**) et les toilettes.

3. **faccio benzina :** *je prends de l'essence.*
Relevons quelques emplois spécifiques du verbe **fare**.
Che mestiere fa ? - Fa il dottore.
Quel est son métier ? – Il est médecin.
Questo appartamento non fa per noi.
Cet appartement ne nous convient pas.
Da quando ha aperto il negozio nuovo, si è messo a far soldi.
Depuis qu'il a ouvert son nouveau magasin, il a commencé à gagner beaucoup d'argent.

4. **scarso :** *juste,* en quantité insuffisante ou à peine suffisante.
E' scarso di (a) quattrini. *Il est à court d'argent.*
E' un alunno scarso in matematica.
C'est un élève insuffisant en maths.
Questa giacca ti è un po' scarsa.
Cette veste est un peu étriquée pour toi.
Signora, questo arrosto fa un chilo scarso.
Madame, ce rôti fait un peu moins d'un kilo.
C'era un pubblico scarso ma entusiasta.
Il y avait un public peu nombreux mais enthousiaste.

5. **TIR.** Appellation générique souvent attribuée à tous les poids lourds. Lorsqu'ils n'ont pas ce label, il faudrait les appeler **autotreni**.

6. **dai ! :** *s'il te plaît.* Impératif du verbe **dare** employé comme interjection pour encourager ou inciter quelqu'un à faire un effort *(Allez! Vas-y!).*

Se dit aussi tout simplement et familièrement pour demander un service :
Portami a casa, dai ! *Ramène-moi à la maison, s'il te plaît !*

29*b*. GRAMMAIRE

LA PHRASE HYPOTHÉTIQUE (2)

Se frenasse, andresti a sbatterci contro.
Se tu fossi stato attento, lo avresti visto.

1. Dans les propositions hypothétiques au conditionnel, le verbe de la subordonnée est toujours au subjonctif.

2. Le temps du subjonctif est déterminé par le temps du conditionnel : avec un conditionnel présent, il faut mettre l'imparfait du subjonctif; avec un conditionnel passé, le plus-que-parfait du subjonctif.

Se mettessimo dei fiori sul balcone, sarebbe più bello.
Si on mettait des fleurs sur le balcon, ce serait plus joli.
Se fossi partito subito, li avresti visti.
Si tu étais parti tout de suite, tu les aurais vus.

☞ **A.** *Transformer selon le modèle :*
Se frena, gli vai addosso → Se frenasse, gli andresti addosso.
1. Se vieni con me, andiamo a fare una passeggiata. **2.** Se fa bello, potete uscire. **3.** Se ho abbastanza soldi, mi compro un maglione. **4.** Se trovo un distributore, mi fermo a far benzina. **5.** Se partite subito, arrivate prima di loro. **6.** Se ho tempo, ti vengo a trovare. **7.** Se posso, vado al cinema. **8.** Se volete, possiamo andarci insieme. **9.** Se vuoi, puoi riuscire. **10.** Se arriva in ritardo, non lo aspettano.

☞ **B.** *Transformer les mêmes phrases selon le modèle :*
Se frena, gli vai addosso →
Se avesse frenato, gli saresti andato addosso.

FORME PARTICULIÈRE DU SUPERLATIF

Me ne sto buono buono.

Une forme particulière du superlatif consiste dans la répétition de l'adjectif ou de l'adverbe : **buono buono** équivaut à **molto buono.**

Cette forme est caractéristique de la langue orale; elle correspond à une intention particulière, emphatique ou émotive.

Camminava piano piano. *Il marchait tout doucement.*
C'erano dei nuvoloni neri neri.
Il y avait de gros nuages tout noirs.

LES MOTS ALTÉRÉS : LES AUGMENTATIFS (« ACCRESCITIVI »)

Sono tutti macchinoni
Quel bestione

Nous avons déjà vu qu'une des particularités morphologiques de l'italien consiste dans la possibilité de modifier les noms et les adjectifs par l'adjonction de suffixes qui en altèrent le sens originel ; ainsi le suffixe **-one** donne au mot une dimension de grandeur. Par rapport à **casa**, **casona** c'est une grande maison ; ainsi **palazzone** est un grand immeuble, **librone** un gros livre, etc.

En général, les mots altérés conservent le même genre, sauf dans quelques cas où le changement de genre a pour effet de renforcer encore la nuance augmentative : dans notre texte, **macchinone** au lieu de **macchinona**, **bestione** au lieu de **bestiona** (qui se dira plutôt au sens propre).

Attention cependant :

1. Il existe des « faux-altérés » : **bottone** *(bouton)* n'a rien à voir avec **botto** *(explosion)* ou **botte** *(tonneau)*, tout comme **burrone** *(ravin)* ne vient pas de **burro** *(beurre)* ou **mattone** *(brique)* de **matto** *(fou)*;

2. C'est l'usage qui détermine quels sont les mots altérés à employer. Ils sont donnés par la plupart des dictionnaires.

LE SUBJONCTIF APRÈS LES VERBES D'OPINION

Penso che sia una delle autostrade più trafficate.

Les phrases surbordonnées introduites par un verbe exprimant une opinion, un doute, sont au subjonctif, qu'elles soient affirmatives ou négatives.

Il est vrai que l'indicatif est possible lorsque l'on veut souligner la réalité de ce qu'on affirme, mais il est important de s'habituer à utiliser le subjonctif qui est le mode par excellence de l'opinion.

Penso che abbia ragione. *Je pense qu'il a raison.*

☞ **C.** *Transformer selon le modèle :*
Secondo me non è vero → Penso che non sia vero.
1. Secondo me ha sbagliato. 2. Secondo me sono già arrivati. 3. Secondo me sta cercando una cabina telefonica. 4. Secondo me si sono dimenticati di venire. 5. Secondo me il governo prepara una manovra economica. 6. Secondo me la situazione è preoccupante. 7. Secondo me è troppo tardi. 8. Secondo me vuole tornare a casa. 9. Secondo me vi aspettano per partire. 10. Secondo me non capiscono l'importanza della questione.

29c. COMMUNICATION

INTERJECTIONS, JURONS, TICS DE LANGAGE

Comme les interjections, les **imprecazioni** sont des mots ou des locutions qui expriment une réaction de surprise, de colère, de déception... mais elles utilisent des mots qui ont un sens par ailleurs.

Leur étymologie est souvent liée au domaine sexuel (*cf.* la fiche sur les gros mots dans le chapitre suivant, p. 193) ou à la religion.

Dans la première catégorie, on peut faire rentrer **cazzo** ! Pour éviter ce gros mot, qui est presque devenu un tic de langage (**un intercalare**), on dit **Cavoli** ! (*choux-fleurs* sic !), **Caspita** !, **Cacchio** !, **Capperi** !

La raison de cette substitution réside dans le fait que tous ces mots commencent par la même syllabe.

Afin d'éviter le blasphème, les jurons font appel aux dieux de l'Antiquité ou à la déformation des mots que l'on ne veut pas prononcer.

Dans le premier cas, on a :
Per Giove ! Per Bacco ! Perbacco !

Dans le deuxième cas :
Madosca ! Perdinci ! Perdiana ! Perdirindindina ! Porco Diaz !

Dans cette dernière expression, le pauvre général Diaz (1861-1928) n'y est pour rien : c'est la première syllabe de son patronyme qui lui vaut d'être injurié.

Parmi les autres jurons ou interjections de ce type, citons :
Accidenti ! Accipicchia ! Acciderba ! Accidempoli ! Porca miseria ! Porco cane !
Diavolo ! Santo cielo ! Mamma mia ! Poveri noi ! Per amor di Dio !, etc.

Il existe aussi des interjections destinées à encourager. Les plus connues sont :
Su ! Via ! Dai ! Animo ! Coraggio ! Ecco ! Avanti ! Forza !

D'autres interjections expriment la mise en garde, la déception, la résignation :
Guai ! *(Gare !)*, **Peccato !** *(Dommage !)*, **Pazienza** *(Tant pis !)*...

30. DAI, VIENI ANCHE TU!

Al bar, un gruppo di amici, tra cui Simone e Alessandro, si sta organizzando per andare ad un concerto rock. Arriva Carlo.

C. = Carlo — **S.** = Simone — **A.**= Alessandro

C. Salve ragazzi. Ero sicuro di trovarvi qui.

S. Ciao Carletto. Capiti al momento giusto; stavamo discutendo per combinare di andare al concerto di Vasco Rossi. Lo sai che viene tra quindici giorni al Palasport?

C. Ah sì? No, non lo sapevo, ma a me non me ne frega niente[1].

A. Ma come? Noi pensavamo che saresti venuto.

C. No. Mi da sui nervi quel casino[2] che fanno ogni volta che lui fa un tour. E poi sono stufo del suo rock.

S. Questa è bella! Sentitelo un po', lui che ci sfotteva[3] quando siamo andati al concerto di De André! Adesso è stufo del rock!

C. Cosa tiri in ballo[4]? Se non sono venuto quella volta, è perché gli ultimi dischi di De André non mi vanno. Ma il primo De André a me mi è sempre piaciuto.

A. Non fare lo stronzo[5], che razza di amico sei[6]? Potresti venire lo stesso, per una volta che non ci tocca fare cento chilometri per andare a un concerto come si deve. Tra l'altro, lo sai che sta a te prendere su la macchina.

C. Sta già a me? Non è il tuo turno?

A. No, cocco bello! *(Agli altri)* Fa finta di niente, come se non si ricordasse!

C. No, ti assicuro che me l'ero scordato. Magari, se lo sapevo prima, ci potevo anche fare un pensierino[7], ma così, su due piedi, non so se posso. Quand'è 'sto concerto del cazzo[8]?

A. Il 19, è di domenica.

C. Domenica? Pensavo fosse sabato. A dire il vero la domenica potrei anche disimpegnarmi.

S. Dai, non fare il rompiscatole[9], vieni! L'ultima volta ci siamo divertiti un sacco!

C. Uffa, non ci potete andare senza di me? Va be', stavolta vengo, ma la prossima volta, non fate in conti senza l'oste!

A. Siamo a cavallo ragazzi. Domani vado a prendere i biglietti! Fuori la grana[10]!

30. ALLEZ, VIENS AUSSI !

Au bar, un groupe de copains, dont Simon et Alexandre, est en train de s'organiser pour aller à un concert de rock. Charles arrive.

C. = Charles — S. = Simon — A. = Alexandre

C. Salut les gars ! J'étais sûr de vous trouver ici.

S. Salut, Charlot. Tu tombes au bon moment ; nous étions en train de discuter pour voir si on peut pas aller ensemble au concert de Vasco Rossi. Est-ce que tu sais qu'il vient dans quinze jours au palais des Sports ?

C. Ah bon ! Non, je ne savais pas, mais à vrai dire je m'en fous.

A. Comment ? On pensait que tu allais venir !

C. Non, ça m'agace ce ramdam à chaque fois qu'il fait une tournée. Et puis j'en ai marre de son rock.

S. Ça alors ! Écoutez donc, lui qui se moquait de nous quand on est allé au concert de De André ! Maintenant il en a marre du rock !

C. Qu'est-ce que tu vas chercher ? Si cette fois-là je ne suis pas venu, c'est parce que je n'aime pas les derniers disques de De André. Mais le De André des débuts, moi j'ai toujours aimé.

A. Ne fais pas l'idiot, tu es un drôle d'ami ! Tu pourrais venir quand même, pour une fois qu'on n'a pas à faire cent kilomètres pour aller à un concert comme il faut. D'ailleurs, tu sais que c'est ton tour de prendre la voiture.

C. C'est déjà à moi ? Ce n'est pas ton tour ?

A. Non, mon chou. *(Aux autres)* Il fait semblant de rien, comme s'il ne s'en souvenait plus !

C. Non, je t'assure, j'avais oublié. Peut-être, si j'avais su avant, j'aurais pu y réfléchir, mais comme ça, à l'improviste, je ne sais pas si je peux. C'est quand ce fichu concert ?

A. Le 19, c'est un dimanche.

C. Dimanche ? Je croyais que c'était le samedi. À vrai dire, le dimanche je pourrai peut-être me libérer.

S. Allez, ne nous fais pas suer, viens. La dernière fois on s'est drôlement amusé !

C. Zut ! vous ne pouvez pas y aller sans moi ? Bon, cette fois je viens, mais la prochaine fois il ne faudra pas faire des projets sans l'intéressé.

A. Ça y est les gars ! Demain je vais chercher les billets. Sortez le fric !

30*a*. VOCABULAIRE ET EXPRESSIONS

1. **non me ne frega niente :** *je m'en fiche.* Expression du langage familier, assez fréquente. Variante : **e chi se ne frega ?** Dans un registre moins vulgaire : **non me ne importa niente.**

À connaître aussi **fregare** : sens propre *frotter*, sens dérivé *rouler, tromper.*

Mi son fatto fregare la bici ! *On m'a piqué mon vélo !*

Attento a non farti fregare, non c'è da fidarsi con quel tizio. *Fais attention à ne pas te faire avoir, il ne faut pas se fier à ce type.*

2. **quel casino :** *ce ramdam, ce tapage.* Ce diminutif de **casa** a pris d'abord le sens de *pavillon* (**casino di caccia**), puis de *maison close,* et enfin de *vacarme, confusion.*

Che confusione, c'era un casino di gente !

Quelle confusion, il y avait un monde fou !

Smettetela di fare casino ! *Arrête de faire ce vacarme !*

À ne pas confondre avec **il casinò** : *le casino.*

3. **ci sfotteva :** *il se moquait de nous.* **Sfottere**, familier pour **prendere in giro, deridere.** Plus vulgaire encore : **prendere per il sedere (per i c...)**

4. **Cosa tiri in ballo ? :** *Qu'est-ce que tu vas chercher ?* Les expressions figurées dérivées de **ballo** *(danse, bal)* sont nombreuses.

E' in ballo la mia reputazione.

C'est ma réputation qui est en jeu.

Tira sempre in ballo la stessa storia.

Il ressort toujours la même histoire.

Non tirarmi in ballo, io non c'entro.

Ne me mêle pas à cette histoire, je n'y suis pour rien.

Sono tornati in ballo gli stessi problemi.

Les mêmes problèmes sont revenus sur le tapis.

Proverbe : **Quando si è in ballo, bisogna ballare.**
Quand le vin est tiré, il faut le boire.

5. **Non fare lo stronzo :** *Ne fais pas l'idiot.* Expression grossière, mais très fréquente, de dérivation scatologique. À connaître aussi :

E' una stronzata. *C'est une idiotie.*

6. **che razza di amico sei ? :** *quelle sorte d'ami tu es ?* **Razza** (*race, sorte*) est employé souvent avec une valeur péjorative.

Che razza di roba è questa ? *Qu'est-ce que c'est que ça ?*

Che razza di modi ! : *En voilà des façons !*

Che razza di maleducato ! *Quel grossier personnage !*

7. **farci un pensierino :** *y réfléchir, envisager quelque chose.*

Lo so che è troppo presto per decidere, ma facci un pensierino. *Je sais bien qu'il est trop tôt pour prendre une décision, mais penses-y.*

D'autres acceptions pour **pensierino** : une *attention*, un *petit cadeau*, ou même, dans le domaine scolaire, une *petite rédaction.*

Ha sempre un pensierino per suo madre.

Il a toujours une attention pour sa mère.

Tenga, è un pensierino per lei.

Tenez, c'est un petit cadeau pour vous.

Ha imparato a scrivere e fa già dei pensierini.

Il a appris à écrire et il fait déjà de petites rédactions.

8. **sto concerto del cazzo :** *ce fichu concert.* Le mot est très grossier, il désigne l'organe sexuel masculin, mais à cause de sa fréquence dans le langage relâché, il a quelque peu perdu de sa connotation d'origine.

Peut exprimer une réaction de surprise : **Cazzo**! *Ça alors!* ou bien être utilisé avec une valeur péjorative : **E' un'idea del cazzo**! *C'est une idée idiote!* Peut renforcer une négation ou une interrogation : **Non capisco un cazzo di niente.**

Je n'y comprends rien du tout.

Che cazzo vuoi? *Qu'est-ce que tu veux?*

A aussi la valeur générique de *choses, affaires :*

Fatti i cazzi tuoi! *Occupe-toi de tes affaires*

C'est enfin une insulte : **Testa di cazzo**! *Espèce de c...!*

On l'entend souvent aussi comme tic de langage. On peut (il vaut mieux) le remplacer par **cavolo**.

9. **il rompiscatole :** familier, et même un peu grossier, pour *casse-pieds.* On dit aussi **rompiballe** ou **rompipalle**. Plus correctement, on dira **scocciatore**.

Non invitare quel rompiscatole! *N'invite pas ce casse-pieds!*

On utilise aussi le verbe **rompere** en emploi absolu :

Quanto rompi! *Ce que tu peux être casse-pieds!*

10. **la grana :** *le fric.* Mot familier pour **soldi, quattrini.**

E' pieno di grana. *Il est plein aux as.*

Quando c'è da pagare, non vuole mai scucire la grana.

Quand il faut payer, il ne veut jamais sortir son fric.

Attention, à ne pas confondre avec **una grana** : *un ennui.*

In questo periodo ha un mucchio di grane.

En ce moment, il a plein d'embêtements.

Smettila di piantar grane! *Arrête de chercher des histoires!*

30*b*. GRAMMAIRE

LA REDONDANCE PRONOMINALE

A me mi piace.

La langue orale utilise souvent la forme faible du pronom personnel avec la forme forte. Cet usage est déconseillé dans la langue écrite.

On n'écrira pas : **A me mi piace**, mais **A me piace**, ou bien **Mi piace.**

Même problème avec le pronom **ne** :

On n'écrira pas :

Di questo non ne sono sicuro, mais **Di questo non sono sicuro.**

C'EST À + PRONOM / NOM

Sta a te prendere su la macchina.

La locution *c'est à* + pronom / nom indiquant qu'il revient à quelqu'un de faire quelque chose se traduit en italien par les expressions **stare a** ou **toccare a** + le pronom ou le nom.

Oggi sta a me portare i bambini a scuola.

Aujourd'hui, c'est mon tour d'emmener les enfants à l'école.

A chi sta? *À qui est-ce le tour?* ou *C'est à qui?*

Remarques

1. On ne met pas de préposition devant l'infinitif, car celui-ci est le sujet réel du verbe être.

Sta a lui giocare. *C'est à lui de jouer.*

2. **Toccare** est employé aussi dans la langue orale avec le sens de *devoir, avoir à...* (*Cf.* le dialogue : **non ci tocca fare cento chilometri).**

Mi tocca uscire con questo freddo.

Il faut que je sorte avec ce froid.

3. Aux temps composés, on utilise toujours **toccare**. L'auxiliaire est **essere.**

Cosa mi è toccato sentire! *Qu'est-ce qu'il m'a fallu entendre!*

☞ **A.** *Traduire :*

1. C'est à vous de répondre, pas à moi. **2.** À qui est-ce de jouer? **3.** C'est à moi! **4.** Aujourd'hui, c'est à toi d'aller faire les courses. **5.** C'est au directeur de prendre la responsabilité de ce qui s'est passé. **6.** C'est aux parents d'éduquer leurs enfants. **7.** Cette fois, c'est à nous d'écrire. **8.** C'est au gouvernement de prendre les mesures nécessaires. **9.** Il a fallu qu'on fasse la queue pour voir ce film. **10.** C'est à eux de nous répondre.

30*c*. COMMUNICATION

LES GROS MOTS

Cette fiche sur les gros mots pourra paraître surprenante à certains. Elle nous semble nécessaire pour plusieurs raisons.

– La langue orale utilise des mots plus ou moins grossiers dont le sens et surtout l'impact ne sont pas toujours évidents pour quelqu'un qui n'y est pas habitué.
– Dans une langue déterminée, le degré de grossièreté n'est pas appréciable par une simple traduction mot à mot. Il est en effet fonction de la fréquence de ces mots et des sens dérivés dont ils se sont chargés.
– En écoutant parler les Italiens, et surtout en regardant les films en V.F. ou sous-titrés, on peut avoir l'impression que l'italien est très grossier. Cette impression est souvent fausse, car d'une part le genre particulier de certains films (tout spécialement la comédie italienne) se complaît dans un langage grossier ; d'autre part, lorsqu'ils sont traduits et sortis de leur contexte, ces mots acquièrent une charge détonante qu'ils n'ont pas en situation.

Pour toutes ces raisons, il est important de connaître ces mots grossiers ou à double sens afin d'éviter des maladresses, des incompréhensions, voire des méprises. Il n'est pas inutile de rappeler que le français aussi, à un niveau de langue relâché, utilise parfois abondamment quelques gros mots, qui, chez certains, viennent ponctuer systématiquement les phrases.

Les gros mots sont utilisés essentiellement comme interjections ou comme insultes. Nous donnons ici les plus fréquents, répartis selon leur étymologie, avec des substituts possibles et non vulgaires. On nous pardonnera de ne pas les traduire. Sachez seulement qu'ils sont classés dans chaque catégorie du plus faible au plus fort.

Les insultes

Minchione, **bischero** (en Toscane), **coglione**, **pirla**, **pistola** (en Lombardie), **testa di cazzo**, **fregnone**, **frescone** (à Rome).
Finocchio (mot à mot : *fenouil*), **frocio** *(pédé)*.
Stronzo.
On peut dire : **stupido, imbecille, cretino.**
Dérivés : **una coglionata, una castroneria, una stronzata.**
On peut dire : **una stupidata, una cretinata.**

Les interjections

Bischero ! Cazzo ! Minchia !

Figa ! Mona ! (en Vénétie)

On peut dire par contre : **Caspita ! Cavoli !**

Expressions à double sens

segare, chiavare, fottere, scopare, fregare. Una sega, una chiavata, una scopata.

Chi se ne frega ? On peut dire : **Non me ne importa niente !**

Non rompere le scatole (i coglioni, le palle) : On peut dire : **Non scocciare.** Et ainsi de suite, mais arrêtons-nous là. Ça peut suffire.

CORRIGÉS

1. Stasera usciamo (p. 14).

A. 1. Mi ha telefonato lui (lei). 2. Andremo a trovarli noi. 3. Hai dimenticato tu di spegnere la luce. 4. Glielo abbiamo detto noi. 5. Li ho chiamati io. 6. E' partita lei. 7. Le ho scritto io. 8. Ho vinto io. 9. Hanno deciso loro di non collaborare più con noi. 10. Ha rifiutato lui (lei) di rispondere.
B. 1. C'est lui qui m'a appelé. 2. C'est nous qui irons les voir. 3. C'est toi qui as oublié d'éteindre la lumière 4. C'est nous qui leur avons dit. 5. C'est moi qui les ai appelés. 6. C'est elle qui est partie. 7. C'est moi qui lui ai écrit. 8. C'est moi qui ai gagné. 9. Ce sont eux qui ont décidé de ne plus collaborer avec nous. 10. C'est lui (elle) qui a refusé de répondre.
C. 1. Che fatica! 2. Com'è carino! 3. Quanta gente su questa spiaggia! 4. Com'è piacevole! 5. Che velocità! 6. Che faccia tosta! 7. Come sono contento di rivederti! 8. Che bel vestito! 9. Come siete in ritardo! 10. Com'è facile!

---

2. Chieda al vigile (p. 20).

A. 1. Se finiremo prima delle otto, potremo vedere la partita. 2. Se lui telefonerà tu gli dirai che non ci sono. 3. Se non vorranno venire, partiremo da soli. 4. Suo padre gli ha promesso che se sarà promosso gli comprerà il motorino. 5. Se ci sarà sciopero dei treni non potremo partire.
B. 1. Andremo a visitare il Museo degli Uffizi se non ci sarà troppa gente. 2. Se domenica prossima vincerete la partita, andrete in finale. 3. Glielo dirò se lo vedrò. 4. Se passerà un vigile gli spiegherò che non avevo più moneta. 5. Se il deficit pubblico non diminuirà, il governo sarà costretto a aumentare le tasse.
C. 1. Torna dall'ufficio alle sette. 2. Le chiavi della macchina sono sul tavolino. 3. E' partito con la macchina dei genitori. 4. Siediti pure sulla poltrona, io mi metto sul divano. 5. Nella mia azienda ci sono cinquanta dipendenti. 6. E' una bevanda energetica, è la bevanda degli spor-

tivi. 7. Non dirlo agli altri, deve restare segreto. 8. Ci ha mandato una cartolina dalla Francia. 9. Qual'è la marca del tuo computer? 10. E' appena tornato da un viaggio negli Stati Uniti.

D. 1. Non sono tedeschi, sono austriaci. 2. Sono difetti fisici. 3. Sono giochi elettronici. 4. Sono degli sciocchi. 5. Sono guasti meccanici. 6. Sono problemi politici. 7. Sono prodotti tipici. 8. Sono quadri realistici. 9. Sono mobili antichi. 10. Sono spettacoli magnifici.

---

3. **In mensa** (p. 26).

A. 1. ci sono. 2. c'è. 3. c'è. 4. ci sono. 5. c'è. 6. c'è. 7. ci sono. 8. c'è. 9. ci sono. 10. ci sono.

B. 1. Ne me raconte pas de mensonges! 2. Pourquoi cherchez-vous ce papier? Ça n'en vaut pas la peine. 3. N'écoutez pas ce vaurien, vous pourriez le regretter. 4. Tu dois t'en souvenir tout seul, je ne peux pas le répéter chaque fois. 5. Tu vas voir qu'aujourd'hui aussi il va arriver en retard.

C. 1. A che ora arriverete? 2. Aiutalo, non ci riesce da solo. 3. Quando siamo arrivati erano già partiti. 4. Gli è già capitato di dimenticare un appuntamento. 5. Non prendertela, può capitare (succedere) a chiunque. 6. Ci telefonerà non appena sarà arrivato. 7. Perché non sei contento? Cosa ti succede? 8. Ho fatto tutto quel che ho potuto, ma non sono riuscito a convincerlo. 9. (Ci) riesci a prender quel libro lassù? Io non sono abbastanza alto. 10. Camminando di questo passo, arriveremo in cima tra due ore.

---

4. **Niente male**! (p. 32).

A. 1. Non rovinare questo libro. E' mio. 2. Sono tue queste carte? 3. E' la casa dei miei genitori. 4. Non so di chi è (sia) questo ombrello 5. E' mio.

B. 1. Mi piace. 2. Mi piacciono. 3. Mi piace. 4. Mi piace. 5. Mi piace. 6. Mi piacciono. 7. Mi piacciono. 8. Mi piacciono. 9. Mi piace. 10. Mi piacciono.

C. 1. Ti è piaciuto il film? 2. Non gli è piaciuto. 3. Ti è piaciuto il giro in barca? 4. Gli sono sempre piaciute le ragazze rosse. 5. Al ristorante abbiamo mangiato delle cozze, ma a Paola non sono piaciute. 6. Vi sono piaciuti i modelli di Versace? 7. Non gli piace l'arte contemporanea. 8. Mi piacerebbe partire qualche giorno al mare. 9 Ci è piaciuto

molto quello spettacolo. 10. Sono sicuro che questo romanzo ti piacerà, devi leggerlo.
D. 1. Sono cose incredibili. 2. Sono turiste inglesi. 3. Sono leggi recenti. 4. Sono discussioni animate. 5. Sono faccende personali. 6. Sono posizioni assurde. 7. Sono bambine vivaci. 8. Sono domande imbarazzanti. 9. Sono offerte convenienti. 10. Sono proposte inaccettabili.

---

5. **Domani smetto di fumare** (p. 38).

A. 1. Ha promesso di portarti un regalo. 2. Mi ero dimenticato di dirvi di non aspettarmi. 3. Stanno guardandola (La stanno guardando) 4. E' talmente antipatico che nessuno vuole mai invitarlo (lo vuole mai invitare). 5. Mi sembra di averlo lasciato al bar. 6. Che bel film! se avessi potuto, sarei rimasto a vederlo una seconda volta. 7. Ha promesso ai figli di portarli in vacanza al mare. 8. Corrigli incontro! 9. Non dirle che ci siamo visti, potrebbe insospettirsi. 10. Sta spiegandogli (Gli sta spiegando) perché è in ritardo stamattina.
B. 1. Non dimenticare di telefonarmi stasera. 2. Non ho avuto il coraggio di dirgli la verità. 3. Con queste indicazioni, non potrete sbagliarvi. 4. Mi dia un chilo di arance, per favore. 5. Ha un carattere piuttosto difficile, non si sa mai come parlargli. 6. Quando sei arrivato tu, stavo appunto spiegandogli (gli stavo appunto spiegando) quel che è successo. 7. Vorrei fargli un regalo per il suo compleanno. 8. Non avete voluto ascoltarci (non ci avete voluto ascoltare)... peggio per voi! 9. E' tanto testardo che non riuscirai a convincerlo. 10. Lasciatelo tranquillo, ha pure il diritto a un po' di riposo!

---

6. **Videogioco o trenino** (p. 44).

A. 1. Non voleva venire. 2. Avevano ragione. 3. Pensavamo di tornare entro sera. 4. Venivano insieme. 5. Non diceva mai niente. 6. Non capiva quello che dicevano. 7. Appena beveva un goccio di vino, gli girava la testa. 8. Non ne poteva più. 9. Usciva dall'ufficio alle 5. 10. Stavi leggendo il giornale.
B. 1. Fate come se io non ci fossi. 2. Mi guardava come se non avesse sentito la domanda. 3. Vuole comandare tutti come se fosse lui il direttore. 4. Si veste come se avesse

ancora vent'anni. 5. Hanno continuato come se non fosse successo niente.

---

7. Alla fermata dell'autobus (p. 50).

A. 1. Non l'avevo visto da due anni. 2. Eravamo rientrati da dieci minuti quando sono arrivati. 3. Gli ho scritto un mese fa e non mi ha ancora risposto. 4. Si frequentano da un anno. 5. Finalmente! E' mezz'ora che vi aspetto.
B. 1. Bisogna che questo lavoro sia finito entro la fine della settimana. 2. Sarò pronto fra un quarto d'ora. 3. I tuoi genitori hanno chiamato dieci minuti fa; richiameranno fra un'ora. 4. Sbrigati (Spicciati)! Il treno parte fra tre minuti. 5. Bisogna liberare la camera prima delle undici.
C. 1. Nemmeno loro erano arrivati. 2. Nemmeno una cartolina mi ha mandato. 3. Neanche voi ci siete andati. 4. Nemmeno un minuto ho potuto parlargli. 5. Dicono che neanche oggi pioverà.
D. 1. Non siamo stati invitati neanche noi. 2. Non potrò venirti a trovare neanche domani. 3. Non ne ha sentito parlare neanche Carlo. 4. Non è rimasto nemmeno un'ora. 5. Non hai capito quel che voleva dire neanche tu.
E. 1. Mi fido di te, so che sei un amico. 2. Se foste stati puntuali, li avreste visti. 3. Non c'è il treno per andare in quel paese; bisogna prendere la corriera. 4. Avreste fatto meglio a non comprarli. 5. Ti va di uscire stasera? 6. Il metrò era pieno zeppo, eravamo stretti come delle acciughe. 7. Si deve sempre fare la fila a questo sportello. 8. Le vendite di autovetture munite di marmitte catzalitiche sono aumentate in modo spettacolare. 9. A quest'ora c'è un traffico incredibile. 10. Non si può più andare avanti così. Bisogna fare qualcosa.

---

8. Gli scrutini (p. 56).

A. 1.Ha avuto un incidente col motorino, ma è stato fortunato, se l'è cavata con qualche graffio. 2. Non sa cosa farà dopo la maturità. 3. Gli ho detto che eravamo di fretta (avevamo fretta), ma lui se l'è presa comoda. 4. Hanno visitato un bel po' di appartamenti, ma non hanno trovato. 5. E' un ragazzo intelligente, ma fa fatica a concentrarsi.
B. 1. Sono andati a comprare i biglietti. 2. Appena ha visto che era promosso, è corso ad annunciare la buona notizia ai genitori. 3. Verremo a prendervi alle 8 e mezzo. 4. Vado

su in casa ad avvertire mia moglie e vengo con voi. 5. E' sceso a vedere se c'era posta nella cassetta delle lettere.
C. 1. Ammetto di aver torto. 2. Ha dimostrato di essere capace di farlo. 3. Hanno deciso di partire insieme. 4. Ha dichiarato di non aver visto niente. 5. Avete creduto di essere da soli.
D. 1. Scusi (Dica, Senta), signora! 2. Grazie mille. 3. Siediti pure! 4. Niente male (Mica male). 5. Non è sbagliato. 6. Non ci credo proprio (per niente). 7. Avreste fatto meglio ad andarci subito. 8. Storie! (Frottole!, fam. : Balle!) 9. Fidati di me. 10. C'è qualcosa da mangiare qui? 11. To', ti racconterò una barzelletta. 12. Dov'è andato a finire? (Dove si è cacciato?) 13. Hai finito? – Macché! (Per niente, Niente affatto). 14. Non mi era mai capitato. 15. Aspettami un attimo! 16. Chi vuole ancora un po' di torta? – Io! 17. (Lui) Si sbaglia, hai ragione tu. 18. Le ho tentate (provate) tutte, ma non sono riuscito a smettere. 19. Già! 20. Cosa t'è saltato in mente?

---

9. **Prezzi convenienti** (p. 62).

A. 1. Fammi vedere la videocassetta che hai comperato ieri. 2. Ecco i libri che mi ha chiesto. 3. Sapete dove sono le mie chiavi? Le avevo laciate sul tavolino nell'ingresso. 4. Ci ha guardato (guardate), ma non ci ha riconosciuto (riconosciute). 5. Il vicino mi ha restituito gli attrezzi che gli avevi imprestato.
B. 1. Non ho mai visto tanti turisti! 2. Ci sono poche probabilità che possa rientrare prima di sera. 3. Ha poca pazienza con i bambini. 4. Se le ciliegie costano troppo (sono troppo care), comprale, ma poche. 5. Tutti vorrebbero guadagnare molti soldi, ma senza darsi troppo da fare (senza affaticarsi troppo).
C. 1. Non comperare spaghetti, ne restano due scatole. 2. Era un viaggio molto interessante : abbiamo visitato chiese, abbazie, castelli, palazzi e musei. 3. Potete portare salume e formaggio; al resto ci penseremo noi. 4. Non ho più fiammiferi, dammi il tuo accendino. 5. Ha buon senso e spirito d'iniziativa, riuscirà certamente.

---

10. L'ora legale (p. 68).

A. 1. Bisognava pensarci prima. 2. Per fare questo dolce ci vogliono uova, farina e cioccolato. 3. Bisognerebbe che mi imprestassi la (tua) macchina, la mia è dal meccanico. 4. Bisogna che non restiate così vicino alla televisione. 5. Non bisogna dimenticare di imbucare la sua lettera. 6. Bisogna che vi sbrighiate (spicciate) per non perdere il treno ; ci vuole un quarto d'ora per andare alla stazione. 7. Ecco quello che ha ordinato, Signora. Le occorre altro ? 8. Ci vorrebbe un vaso più grande per questi fiori. 9. Ci vogliono due ore di macchina per andarci. 10. Bisognerebbe andare a far spesa stasera.

B. 1. Avec tous les diplômes qu'il a, il a accepté cette place. Que veux-tu, il faut bien vivre. 2. Ses parents font tout leur possible pour lui faire plaisir. 3. Il arrêté de fumer, et sa femme aussi. 4. Faites donc (Je vous en prie), je peux attendre. 5. Tout en étant riches, ils habitent un appartement modeste. 6. Ne vous dérangez pas, restez assis. 7. Vous aussi vous avez un garage dans la cour ? 8. Même le dimanche je dois me lever de bonne heure. 9. Même si je le voulais, je ne pourrais pas le faire. 10. Je te l'avais bien dit de faire attention.

---

11. Maltempo e ambiente (p. 74).

A. 1. Non comprare il giornale ! 2. Non andare a casa ! 3. Non restate qui ! 4. Non prendere la macchina ! 5. Non bere questa medicina ! 6. Non aprite il libro ! 7. Non pagare in contanti. 8. Non telefonargli subito ! 9. Non essere indulgente con lui ! 10. Non farlo aspettare !

B. 1. Non esca adesso, sta piovendo. 2. Non vada lì, è pericoloso. 3. Non si preoccupi, ci penso io. 4. Non risponda a quello screanzato ! 5. Non faccia complimenti, prenda pure ! 6. Non si lasci imbrogliare da quella gente ! 7. Non beva quell'acqua, non è potabile. 8. Non so sporga dal finestrino. 9. Non si dimentichi di convalidare il biglietto. 10. Non parta oggi, resti fino a domani.

C. 1. Sono state ricompensate dei loro sforzi. 2. E' stata delusa. 3. Ci sono stati molti danni. 4. Sono stati ricevuti dal direttore. 5. C'è stata una riunione in ufficio. 6. Non siamo stati ascoltati. 7. Siete stati ingannati. 8. Ci sono

sempre stati molti bambini in quella casa. **9.** Era già stata chiamata. **10.** Sono stati ritrovati dalla polizia.
D. 1. Ti telefonerò. **2.** Prenderà un taxi. **3.** Ci andremo insieme. **4.** Tornerò prima di sera. **5.** Verremo a trovarvi alle cinque. **6.** Ti farò un assegno. **7.** Non vorranno aprire. **8.** Te lo spiegherò io. **9.** Rimarrà qui una settimana. **10.** Mangeremo appena sarà pronto.

---

12. In banca (p. 80).

A. 1. Me lo hai comprato? **2.** Non te lo ho spedito perché non conoscevo il tuo indirizzo. **3.** Te li porterò domani. **4.** Te ne sei ricordato? **5.** Spero proprio che me li restituiscano domani. **6.** Te lo faccio subito, o vai a prenderlo al bar? **7.** Se l'è comprato ai saldi di fine anno. **8.** Antonio mi ha chiesto di imprestargliela. **9.** Non me ne importa niente. **10.** Fammela tu per favore.
B. 1. Si, ve la manderò. **2.** Sì, glieli ho fatti fare. **3.** Sì, me ne ricordo. **4.** Sì, me lo hai già detto. **5.** Sì, te le ho fatte. **6.** Sì, se ne occupa lui. **7.** Sì, gliene parlo io. **8.** Sì, ce le potete lasciare (Sì, potete lasciarcele). **9.** Sì, te lo posso imprestare (Sì, posso imprestartelo). **10.** Sì, gliel'ho mandato.
C. 1. Ha comprato alcuni panini e due birre. **2.** Hanno aspettato alcuni minuti, poi sono partiti. **3.** Ti scriverò tra alcuni giorni. **4.** Non dimenticarti di mettere nella valigia alcuni maglioni, fa freddo in montagna. **5.** Ci sono ancora alcuni posti liberi. **6.** Sono riuscito a leggere alcune pagine, poi mi sono addormentato. **7.** Vorrei fare alcune foto, ma ho finito il rullino. **8.** A settembre ci sono ancora alcuni villeggianti, ma ormai sono andati via quasi tutti. **9.** Dammi alcuni fazzolettini di carta, mi sono sporcata la camicetta. **10.** Ci vogliono solo alcuni minuti per andare a casa sua.
D. 1. Vorrei farle alcune domande (qualche domanda). **2.** Bisogna comperare qualche regalo (alcuni regali) per Natale. **3.** Si è preso qualche giorno (alcuni giorni) di ferie per fare il trasloco. **4.** Ti ho portato qualche francobollo (alcuni francobolli), so che fai la raccolta. **5.** Non lo conosco bene, l'avrò incontrato un paio di volte. **6.** Fuori programma, il pianista ha suonato alcuni preludi di Chopin. **7.** Abbiamo speso quasi tutto, ci resta solo qualche dollaro (ci restano solo alcuni dollari). **8.** C'è qualche biscotto (Ci sono alcuni biscotti) da mangiare col tè? **9.** Al loro matrimonio c'erano solo

i genitori e qualche amico (alcuni amici). **10.** I pochi soldi che mi restavano li ho spesi dal panettiere.

---

13. Domenica prossima (p. 86).

A. 1. Mi potrebbe indicare la stazione? 2. Mi darebbe quella scatola! 3. Ci aiutereste? 4. Vorrei sapere dove sono andati. 5. Mi farebbe la cortesia di chiudere quella porta? 6. Gliene parleresti tu al direttore? 7. Mi andresti a comprare un pacchetto di sigarette? 8. Ci dareste una mano? 9. Dovrebbe compilare questo modulo. 10. Domattina mi potresti svegliare alle sette.
B. 1. Sarei molto lieto di conoscerla. 2. Mi piace molto quella macchina; la comprerei volentieri, ma è troppo cara. 3. Come potremmo fare senza di te? 4. Sarebbe un peccato se non potesse venire. 5. Mio figlio vorrebbe lavorare durante il mese di luglio per poter partire con gli amici in agosto. 6. Secondo i giornali, i prezzi sarebbero calati durante l'ultimo mese. 7. Cosa direste di andare a mangiare una pizza stasera? 8. Mi piacerebbe molto andare in montagna questo week-end. 9. Cosa fareste voi al mio posto?
C. 1. Il postino glielo ha consegnato. 2. Dagliene un pezzo. 3. Gliene parlerò domani. 4. Gliele farò vedere. 5. Portaglielo!

---

14. Cambiar casa (p. 92).

A. 1. è ingrassata. 2. è già cominciato. 3. è molto cambiato. 4. sono aumentate. 5. non siamo riusciti.
B. 1. Ho cominciato a leggere un libro nuovo. 2. Da due anni i prezzi dei computer sono calati molto. 3. Accidenti! Mi è bruciato l'arrosto! 4. Il meccanico ha cambiato le gomme, erano lisce. 5. Tuo figlio è cresciuto molto questi ultimi tempi. 6. E' un filosofo che è vissuto nel secolo scorso. 7. Il corso del dollaro è sceso. 8. Il fatturato è stazionario, ma l'utile netto è aumentato. 9. Il concerto è cominciato con quindici minuti di ritardo. 10. Durante quel viaggio abbiamo vissuto dei momenti indimenticabili.
C. 1. Sta attento, è pericoloso sporgersi dalla finestra. 2. Come era piacevole sentirlo suonare il piano! 3. E' impossibile sapere quel che faranno. 4. E' vietato sostare qui. 5. Sarebbe formidabile poter partire insieme. 6. Era impossibile riconoscerlo in quella folla. 7. E' sbagliato dire che lo

sapevano tutti. **8.** Sarebbe magnifico trovare un biglietto per il concerto di stasera! **9.** Com'è fastidioso non avere la macchina! **10.** E' molto pratico avere la TV via cavo.
D. 1. E' la mia casa (casa mia). **2.** Sono degli amici che ho conosciuto l'anno scorso a Cervinia. **3.** Vedi quel bambino sulla foto? Sono io quando avevo sei anni. **4.** Vorresti che io ti comprassi quelle scarpe? Ma sono troppo care! **5.** Guarda quella cima che supera tutte le altre, è il Monviso. **6.** Quel che gli manca ancora è il mutuo. **7.** Sono prodotti italiani. **8.** Sono (dei) capolavori! **9.** Vuoi sapere chi gli ha detto tutto? Ebbene, sono (stato) io! **10.** Sei tu, Michele? – No, sono Roberto.

---

15. **Staremo a vedere** (p. 98).

A. 1. Sto imparando a guidare. **2.** Sta telefonando ai suoi genitori. **3.** Stavo partendo quando è arrivato Luca. **4.** A chi stai scrivendo? **5.** Sta cercando l'indirizzo di Paola. **6.** Dove state andando? **7.** Stanno giocando a tennis. **8.** Non li hai visti perché stavi guardando da un'altra parte. **9.** Sta lavando la macchina. **10.** Stiamo preparando da mangiare.
B. 1. Gli sto spiegando cosa è successo. **2.** Dove stavate andando? **3.** Stanno aspettando l'autobus. **4.** Stanno dormendo tutti. **5.** Sta componendo una canzone. **6.** Stanno salendo sul treno. **7.** Cosa sta facendo? **8.** Cosa stavi dicendo? **9.** Si sta mettendo la giacca. **10.** Stanno partendo.
C. 1. Cosa è successo? **2.** Quanto costa? **3.** Chi ti ha scritto? **4.** Mi ha chiesto di comprargli dei francobolli, ma non so quanti ne vuole (voglia). **5.** Qual è il libro che preferisci? **6.** Cosa hai fatto ieri sera? Ho sentito rumore fino alle 11 (undici). **7.** (Che) Cos'è tutta questa storia? Chi te l'ha raccontata? **8.** Quale di queste camicette ti piacerebbe avere? **9.** Vuole delle mele, signora? Quante gliene metto? **10.** (Che) Cosa mi racconti di bello?

---

16. **Apparecchia la tavola** (p. 104).

A. 1. I suoi genitori non vogliono che lui esca di sera. **2.** Quanti anni ha il suo bimbo (suo figlio), signora? **3.** Conosco tuo cugino, lavoriamo nella stessa ditta. **4.** I (suoi) nonni gli hanno regalato un album per la sua raccolta di francobolli. **5.** Vado a prendere i miei genitori alla stazione, tornano stasera. **6.** Tuo figlio è cresciuto molto, adesso

è più alto di te. 7. Benché sia al primo piano, il vostro appartamento è molto luminoso. 8. I loro figli hanno finito gli studi e sono già sistemati. 9. Dovresti scrivere a tua madre, lo sai che si preoccupa per un nonnulla. 10. Se continui, lo dico ai tuoi genitori.
B. 1. Ci siamo resi conto che era troppo tardi per tornare à casa. 2. Questa ragazza si è messa in testa di fare l'attrice. 3. Ci siamo preparati uno spuntino per il viaggio. 4. E' caduta e si è rotta un braccio. 5. Si sono dimenticati i lasciarci il loro numero di telefono.

---

17. Guarda chi si vede ! (p. 110).

A. 1. Cosa starà facendo ? 2. In quanti saranno ? 3. Che ore saranno ? 4. Cosa vorrà ? 5. Quanto avrà pagato ? 6. Quanto si fermerà ? 7. Dove andranno ? 8. Come avrà fatto ? 9. Cosa gli starà raccontando ? 10. Cosa avrà combinato ancora ?
B. 1. Non ti ha salutato ; non ti avrà riconosciuto. 2. Non è venuto ; si sarà dimenticato che avevamo appuntamento. 3. Stamattina è in ritardo ; non avrà sentito la sveglia. 4. Non ci sono più biscotti ; li avranno mangiati i bambini. 5. La macchina non parte, sarà per via dell'umidità. 6. Lo stadio è pieno, ci saranno quarantamila spettatori. 7. Il telefono suona sempre occupato ; avrà messo giù male la cornetta. 8. Non ha scritto ; avrà perso l'indirizzo. 9. Non si parlano più ; avranno litigato. 10. Non li vedo da una settimana ; saranno partiti in ferie.
C. 1. Sono stanca di camminare, fermiamoci qui. 2. Mettiti là e non muoverti più. 3. Sono andata a far visita ad un'amica, ma non era in casa. 4. Bambini, venite qui accanto a me. 5. Parti tranquillamente, ti manderò laggiù tutte le informazioni di cui avrai bisogno. 6. Per il suo compleanno c'erano tutti i suoi amici. 7. Saremo là alle sei. 8. Non passate di qua, passate piuttosto di là. 9. Vedi, ho qui tutti i pezzi per montarmi il mobile. 10. Non restate qui, è pericoloso per voi.

---

18. Basta pubblicità ! (p. 116).

A. 1. Bisogna andare a fare spesa, non c'è più niente da mangiare. 2. Ho ancora tre camicie da stirare. 3. Ha tanti libri da non sapere più dove metterli. 4. Bisogna che chieda a mia madre la sua macchina da cucire. 5. Va matto per le macchine da corsa. 6. Che sete! c'è ancora qualcosa da bere? 7. Partiamo domani per il mare e non ho ancora comprato il costume da bagno. 8. Cosa avete da ridere? non è per niente divertente! 9. Mi ha lasciato il suo biglietto da visita. 10. Siamo in anticipo, c'è ancora da aspettare un quarto d'ora.

B. 1. Non mi ricordo più l'autore del libro di cui mi hai parlato. 2. Ho apprezzato la gentilezza di cui ha fatto prova in quella circostanza. 3. Non trovo più il cacciavite di cui mi sono servito un attimo fa. 4. E' un romanzo da cui è stato tratto un film. 5. E' un prodotto di cui fanno la pubblicità alla TV. 6. Il Duomo, la cui costruzione risale al Trecento, è un chiaro esempio di gotico italiano. 7. Dovrebbe consultare quello specialista di cui tutti dicono un gran bene. 8. I contribuenti la cui denuncia dei radditi sarà giunta dopo il termine prescritto, dovranno pagare una maggiorazione del 5 %. 9. Lavora in una società la cui sede si trova a Roma. 10. Mi è piaciuta molto quella storia la cui fine è davvero sorprendente.

---

19. In ambulatorio (p. 122).

A. 1. Finalmente è tornato! 2. Dove è andato la settimana scorsa? 3. Non sapevo che aveva (avesse) cambiato casa. 4. Sono contento di rivederla. 5. Entri pure e si sieda, vengo subito. 6. Le ho scritto ieri per invitarla alla mostra. 7. Non si dimentichi di convalidare il biglietto. 8. Venga con noi, c'è posto anche per lei. 9. Non l'ho visto(a) ieri sera? Dov'era? 10. Mi può imprestare il suo trapano elettrico? Glielo restituisco domani.

B. 1. Quando è arrivato? 2. Ho trovato la pratica che cercava. 3. Mi scusi, non l'avevo riconosciuto(a). 4. Cameriere, ci porti una bottiglia d'acqua minerale per piacere. 5. Avrebbe dovuto avvertirmi, sarei venuto a prenderla alla stazione. 6. Non si muova, potrebbe farsi male. 7. Si ricordi quel che Lei gli ha detto l'ultima volta che lui è venuto a trovarla. 8. Le ho portato un campionario dei nostri prodotti. 9. E' sua questa macchina? Potrebbe spostarla? Devo uscire. 10. Dovrebbe riposarsi un po', Lei sembra stanco.

---

20. Un regalo per il compleanno (p. 128).

A. 1. di. 2. di. 3. di. 4. che. 5. che. 6. che. 7. di. 8. che. 9. che. 10. che.
B. 1. quei tempi. 2. questo libro. 3. quel bicchiere. 4. quell'ora. 5. quel film. 6. queste pile. 7. quella casa. 8. quel famoso giocatore. 9. questa poltrona. 10. questo o quello.
C. 1. Una camicia di flanella. 2. Una giacca di pelle. 3. Un fazzoletto (fazzolettino) di carta. 4. Un maglione di lana. 5. Un orologio d'oro.

---

21. Ultimi preparativi (p. 134).

A. 1. Accendi la televisione, sta per cominciare il film. 2. Guarda quell'aereo, sta per atterrare. 3. Sto per tornare a casa. 4. Vacci subito, il negozio sta per chiudere. 5. Sta per piovere.
B. 1. Arriveranno oggi pomeriggio. 2. Stavo per telefonargli quando sono arrivati. 3. Resteranno (Staranno qui) qualche giorno. 4. Sali presto, il treno sta per partire. 5. Sta per spuntare il sole. 6. Domani ci consegneranno un divano nuovo. 7. Stavo per addormentarmi quando è squillato il telefono. 8. Siediti, ti faccio (farò) vedere le foto delle vacanze. 9. Non rimanete fuori, sta per scoppiare il temporale. 10. Ascoltami bene, ti spiego (spiegherò) tutto.
C. 1. Sì, ce l'ho. 2. Sì, ce l'ho. 3. Sì, ce l'abbiamo. 4. Sì, ce l'ha. 5. Sì, ce l'abbiamo (lo abbiamo). 6. Sì, ce l'ho. 7. Sì ce l'hai (lo hai). 8. Sì, ce l'ho. 9. Sì, le abbiamo noi. 10. Sì, ce l'avevo.
D. 1. Andiamo al cinema. Venite anche voi? 2. E i tuoi genitori? Ci saranno anche loro? 3. Devo comprare un pacchetto di sigarette anche per mia sorella. 4. Anche Isabella adora questa musica. 5. Anche stasera tornerò tardi. 6. Sei tutto inzuppato; cambiati il maglione, e anche i pantaloni. 7. Chiedigli di comprare del prosciutto; e anche del burro. 8. Domani sera andiamo dai Rossi. Anche i bambini sono invitati (I bambini sono invitati anche loro). 9. Anche questa settimana avrai molto lavoro? 10. Quel film non mi è piaciuto per niente, e neanche ai miei compagni.
E. 1. Ho riflettuto molto, ma non riesco a decidermi. 2. Hanno viaggiato poco, ma sono già andati negli Stati Uniti. 3. Ha lavorato molto questi ultimi tempi, dovrebbe

prendersi un pó di reposo. 4. Bambini, avete giocato abbastanza, adesso bisogna tornare in casa alla svelta. 5. Avrei guardato volentieri quella trasmissione, ma andava in onda troppo tardi. 6. Non ho capito bene quello che hai detto, vuoi (ti dispiace) ripetere per favore? 7. Ti fanno male gli occhi perché hai letto troppo. 8. Ho camminato abbastanza, mi fermerò un po'. 9. Ha insistito tanto che ho finito col cedere. 10. Avete bevuto troppo, siete un po' brilli!

F. 1. Ho visto tutto. 2. Non ha preso niente. 3. Gli avevo spiegato (per) bene, ma ha dimenticato tutto! 4. Partite già? Ma non avete mangiato niente! 5. Non ha voluto sapere niente. 6. Gli ho detto tutto, così imparerà a dire bugie (a mentire). 7. Non avete ancora fatto niente? Cosa aspettate per cominciare? 8. I tifosi hanno rotto tutto e sono partiti alla svelta. 9. Vuol sempre fare tutto, e poi chiede che lo aiutino. 10. Vorrei ricominciare tutto, ma non faccio più in tempo.

---

22. **Gli extracomunitari** (p. 140).

A. 1. Non penso che siano già arrivati. 2. Bisogna che tu mi creda. 3. Vuole che ci andiate subito. 4. E' meglio che tu resti con noi. 5. Mi sembra che siano molto soddisfatti del loro viaggio. 6. Te l'ho detto perché tu sappia come regolarti con lui. 7. I suoi genitori sperano che lui possa avere quel posto. 8. Benché piova a dirotto, hanno deciso di partire lo stesso. 9. Esigo che tu finisca i compiti prima di uscire. 10. Spero proprio che tu riesca a vincere quel concorso.

---

23. **Al mercato** (p. 146).

A. 1. Sono dovuti partire subito. 2. Hai voluto scrivere una lettera. 3. Siamo potuti restare mezz'ora. 4. Avete voluto andare al cinema. 5. Ho potuto rimandare la partenza. 6. Non sono potuti tornare prima delle otto. 7. Non son voluto rimanere qui. 8. E' dovuto scappare via. 9. Non ha potuto sorpassare. 10. Siamo dovuti correre alla stazione.

B. 1. Ha fatto pessima impressione. 2. Lo abbiamo ascoltato con la massima attenzione. 3. E' un'ottima idea. 4. E una sclerza. 5. Siamo andati in un ottimo ristorante.

C. 1. C'era molta gente; abbiamo dovuto fare la fila per entrare. 2. Lo avrebbero comprato anche se avessero dovuto prendere in prestito dei soldi. 3. Siamo arrivati alla stazione in ritardo ; abbiamo dovuto aspettare il treno successivo. **4.** Il motore si era scaldato. Abbiamo dovuto fermarci perché si raffreddasse. **5.** Aveva cambiato parere, abbiamo dovuto insistere per convincerla.

---

24. **Lo smaltimento dei rifiuti domestici** (p. 152).

A. 1. Le posate vanno messe in questo cassetto. **2.** Questa relazione va ultimata entro domani sera. **3.** E' vero che ci avevano avvertiti, però va detto che la loro lettera l'abbiamo ricevuta solo stamattina. **4.** Va ricordato che domani sera entra in vigore il nuovo codice stradale. **5.** Questo prodotto va conservato in un luogo asciutto e fresco.
B. 1. Con il nuovo treno ad alta velocità basteranno due ore per andare da Milano a Firenze. **2.** Mi è bastato vederlo per farmi un'opinione su di lui. **3.** Non gli sono bastati due panini, ne ha voluto un terzo. **4.** Affinché questo lavoro sia fatto per bene, basterà spiegargli tutto nei minimi particolari. **5.** Saremo in sei a tavola, basteranno due bottiglie.
C. quel ragazzo, quegli amici, quella macchina, quello studente, quella finestra, quei bambini, quella stazione, quello zaino, quegli sportivi, quel telefono, quella cabina, quei documenti, quell'enigma, quei rifiuti, quelle strade, quel biglietto, quell'incidente, quegli sci, quei panini, quello strappo, quella gara, quegli uomini.

---

25. **Lettera a un'amica** (p. 158).

A. 1. E' un film meno divertente di quanto mi avessero detto. **2.** Questa macchina è più veloce di quanto pensassi. **3.** Questo esercizio è più difficile di quanto (di quel che) sembri (sembra). **4.** Immaginavo quella città molto più grande di quanto (non) sia in realtà. **5.** Sono arrivato più tardi di quanto aveste (di quel che avevate) previsto. **6.** E' più caro di quanto (di quel che) mi avessi detto. **7.** Questo posto è ancora più bello di quanto (di quel che) sperassi (speravo). **8.** Arriverà più tardi di quanto aveste annunciato. **9.** Questo mobile ha maggior pregio di quanto (che non) crediate. **10.** E' stato pagato meno rapidamente di quanto (di quel che) gli avessero (avevano) detto.
B. 1. Giuseppe Verdi è nato a Roncole di Busseto nel 1813. **2.** Appena arrivato, si è accorto che c'era qualcosa di strano. **3.** Lo ha costretto a fare quel che voleva lui. **4.** E'

stato un concerto magnifico, il pianista ha concesso tre bis. 5. Ha letto la lettera e ha capito cosa era successo. 6. Quando ci ha visto, ci ha riconosciuto subito e ci ha stretto la mano. 7. Quando sono giunti sulla vetta, hanno guardato giù nella valle e hanno scorto l'ultimo campo base. 8. Nonostante gli sforzi, non siamo riusciti a ritrovarli prima di sera. 9. Ti ricordi? siete venuti tutti e due, tu e tuo cugino, e abbiamo fatto una gita in barca. 10. Questi fatti sono accaduti nella notte tra il 30 e il 31 maggio del 1912.

---

26. **Ieri e oggi** (p. 164).

A. 1. conoscessi. 2. venissero. 3. costasse. 4. dicessi. 5. bevessi. 6. accendeste. 7. riuscissero. 8. vivesse. 9. facesse. 10. fosse. 11. rispondesse. 12. potessi. 13. avessi. 14. fossero. 15. andaste. 16. sentisse. 17. stessi. 18. vincessi. 19. capiste. 20. nevicasse.

B. 1. Credevo che fossero partiti. 2. Speravo che venissero. 3. Volevo che restaste a casa. 4. Era meglio che tu gli telefonassi subito. 5. Pensavo che avesse ragione lei. 6. Bisogna che ascoltaste fino alla fine. 7. Preferivo che andassero subito al cinema. 8. Aspettavo che arrivassero i miei genitori. 9 Non volevo che vi fermaste qui. 10. Bastava che glielo diceste voi.

---

27. **Lunedì mattina** (p. 170).

A. 1. Bisognerebbe che vi alzaste presto. 2. Vorrebbero che andassimo a trovarli. 3. Sarebbe meglio che partiste subito. 4. Sarebbe bene che tu telefonassi a Carlo. 5. Desidererei che chiudeste la porta. 6. Mi dispiacerebbe che lui non ci fosse. 7. Sarebbe necessario che facessero le valigie. 8. Vorrei che tu comprassi questo disco. 9. Sarebbe giusto che fosse pagato subito. 10. Sarebbe normale che facesse caldo in questa stagione.

B. 1. E' il film più divertente che io abbia mai visto. 2. Per favore, portami la scatola più grossa. 3. Questa bottiglia è la più vecchia che mi rimanga. 4. Il mese prossimo si svolgerà il vertice dei paesi più industrializzati. 5. Il TGV è il treno più veloce del mondo.

C. 1. Quel vestito l'ha comperato lui (lei). 2. La televisione i bambini non possono guardarla. 3. L'idraulico l'ho chia-

mato io. 4. Il campanello l'abbiamo suonato noi. 5. Il vetro l'ha rotto lui.
D. 1. Stammi a sentire! 2. Dacci da bere! 3. Fallo subito! 4. Daglielo! 5. Dicci cosa hai fatto! 6. Fammi un piacere! 7. Dammela! 8. Diglielo! 9. Facci vedere le foto! 10. Fammele vedere!

---

28. Che scalogna! (p. 176).

A. 1. Diceva che sabato sarebbe stato troppo tardi per prenotare 2. Non sapevo in quanti sarebbero venuti. 3. La meteo prevedeva avrebbe fatto bello. 4. I miei avevano deciso che per le ferie saremmo andati in montagna. 5. Mi aveva promesso che appena arrivati ci avrebbero telefonato. 6. Il governo pensava che sarebbe stato possibile ridurre l'inflazione. 7. Pensava che non l'avremmo fatta. 8. Avevano annunciato che il treno sarebbe arrivato in ritardo. 9. Il meccanico mi aveva assicurato che la macchina sarebbe stata pronta venerdì sera. 10. Gli avevo promesso chc saremmo andati a trovarlo.
B. **1a**. Hanno telefonato i tuoi. Gli ho detto che passerai a trovarli stasera. **1b**. Ho detto loro che passerai a trovarli stasera. **2a**. Come mai non sono arrivate Paola e Laura? Gli avevamo dato appuntamento per le otto e un quarto. **2b**. Avevamo dato loro appuntamento per le otto e un quarto. **3a**. Non abbiamo ancora risposto agli auguri dei Rossi. Dobbiamo mandargli subito un bigliettino. **3b**. Dobbiamo subito mandare loro un bigliettino. **4a**. I ragazzi sono usciti stasera, ma gli ho raccomandato di non tornare tardi. **4b**. Ma ho raccomandato loro di non tornare tardi. **5a**. Quando andremo dagli amici, dobbiamo portargli le foto fatte insieme. **5b**. Dobbiamo portare loro le foto fatte insieme.
C. 1. En tombant, il s'est cassé une jambe. 2. Ça m'a fatigué de vadrouiller comme ça. 3. Tu as beau dire, je n'y pouvais rien. 4. En voyant comme les choses se passaient, j'ai été bien content. 5. Lorsqu'il a entendu ces mensonges il s'est fâché.

---

29. Sull'autostrada (p. 182).

A. 1. Se tu venissi con me, andremmo a fare una passeggiata. 2. Se facesse bello, poteste uscire. 3. Se avessi abbastanza soldi, mi comprerei un maglione. 4. Se trovassi un distributore, mi fermerei a far benzina. 5. Se partiste subito, arrivereste prima di loro. **6.** Se avessi tempo, ti verrei a trovare. **7.** Se potessi, andrei al cinema. **8.** Se voleste, potremmo andarci insieme. **9.** Se tu volessi, potresti riuscire. **10.** Se arrivasse in ritardo, non lo aspetterebbero.

B. 1. Se tu fossi venuto con me, saremmo andati a fare una passeggiata. **2.** Se avesse fatto bello, saremmo potuti uscire. **3.** Se avessi avuto abbastanza soldi, mi sarei comprato un maglione. **4.** Se avessi trovato un distributore, mi sarei fermato a far benzina. **5.** Se foste partiti subito, sareste arrivati prima di loro. **6.** Se avessi avuto tempo, ti sarei venuto a trovare. **7.** Se avessi potuto, sarei andato al cinema. **8.** Se aveste voluto, saremmo potuti andarci insieme (ci saremo potuti andare). **9.** Se tu avessi voluto, avresti potuto riuscire. **10.** Se fosse arrivato in ritardo, non lo avrebbero aspettato.

C. 1. Penso che abbia sbagliato. **2.** Penso che siano già arrivati. **3.** Penso che stia cercando una cabina telefonica. **4.** Penso che si siano dimenticati di venire. **5.** Penso che il governo prepari una manovra economica. **6.** Penso che la situazione sia preoccupante. **7.** Penso che sia troppo tardi. **8.** Penso che voglia tornare a casa. **9.** Penso che vi aspettino par partire. **10.** Penso che non capiscano l'importanza della questione.

---

30. **Dai, vieni anche tu!** (p. 188).

A. 1. Sta (Tocca) a voi rispondere, non a me. **2.** A chi sta (tocca) giocare? **3.** Sta (tocca) a me! **4.** Oggi sta (tocca) a te andare a fare le spese. **5.** Sta al direttore assumersi la responsabilità di quello che è successo. **6.** Sta ai genitori educare i propri figli. **7.** Stavolta sta (tocca) a noi scrivere. **8.** Sta al governo prendere le misure necessarie. **9.** Ci è toccato fare la fila per vedere quel film. **10.** Sta (tocca) a noi rispondere.

MEMENTO GRAMMATICAL

L'article défini

Masculin

Singulier	Pluriel	
il (il ragazzo)	i (i ragazzi)	devant consonne
l' (l'amico)	gli (gli amici)	devant voyelle
lo (lo studente)	gli (gli studenti)	devant : s + consonne z, x, ps et i + voyelle

Féminin

Singulier	Pluriel	
la (la ragazza)	le (le ragazze)	devant consonne
l' (l'amica)	le (le amiche)	devant voyelle

L'article indéfini

Masculin

un (un ragazzo, un uomo)	devant consonne ou voyelle
uno (uno studente, uno zero)	devant s + consonne, z, x, ps et i + voyelle

Féminin

una (una ragazza)	devant consonne
un' (un'amica)	devant voyelle

Les articles contractés

L'article défini se combine avec les prépositions formant ainsi les articles contractés (*preposizioni articolate*).

	a	**di**	**da**	**in**	**su**	**con**
il	al	del	dal	nel	sul	col
l'	all'	dell'	dall'	nell'	sull'	-
lo	allo	dello	dallo	nello	sullo	-
i	ai	dei	dai	nei	sui	coi
gli	agli	degli	dagli	negli	sugli	-
la	alla	della	dalla	nella	sulla	-
l'	all'	dell'	dall'	nell'	sull'	-
le	alle	delle	dalle	nelle	sulle	-

Le nom : la formation du pluriel

On peut répartir les noms en trois classes, selon leur terminaison qui porte la marque du singulier ou du pluriel.

	singulier	pluriel
1re classe	noms en **-a** (la ragazza) (il problema)	féminin → **-e** (le ragazze) masculin → **-i** (i problemi)
2e classe	noms en **-o** (il ragazzo)	→ **-i** (i ragazzi)
3e classe	noms en **-e** (il padre)	→ **-i** (i padri / le madri)

Noms invariables :

– les noms monosyllabiques : **il re** → **i re** ;
– les noms tronqués : **la città** → **le città** ;
– les noms étrangers : **il film** → **i film** ;
– les noms en **-i** : **la crisi** → **le crisi** ;
– les noms féminins en **-o** (souvent des abréviations) : **la foto** → **le foto**.

L'adjectif : la formation du féminin et du pluriel

On peut répartir les adjectifs en trois classes, selon leur terminaison qui porte la marque du genre et du nombre.

1re classe : Adjectifs en **-o** au masculin ; **-a** au féminin

	singulier	pluriel
masculin	il ragazzo alto	i ragazzi alti
féminin	la ragazza alta	le ragazze alte

2e classe : Adjectifs en **-e** au masculin et au féminin

	singulier	pluriel
masculin	il ragazzo francese	i ragazzi francesi
féminin	la ragazza francese	le ragazze francesi

3e classe : Adjectifs en **-a** au masculin et au féminin

	singulier	pluriel
masculin	l'uomo egoista	gli uomini egoisti
féminin	la donna egoista	le donne egoiste

Les pronoms personnels

Le pronom personnel sujet

M.	F.
io	
tu	
egli / lui	essa / lei
noi	
voi	
essi / loro	esse / loro

Le pronom personnel complément : les formes fortes

M.	F.
me	
te	
lui	lei
noi	
voi	
loro	

Le pronom personnel complément : les formes faibles

Formes pour le C.O.I.

M.	F.
mi	
ti	
gli	le
ci	
vi	
loro	

Formes pour le C.O.D.

M.	F.
mi	
ti	
lo	la
ci	
vi	
li	le

Les possessifs

L'adjectif

Singulier		Pluriel	
M.	F.	M.	F.
mio	mia	miei	mie
tuo	tua	tuoi	tue
suo	sua	suoi	sue
nostro	nostra	nostri	nostre
vostro	vostra	vostri	vostre
loro (inv.)			

Le pronom

Mêmes formes précédées de l'article.

Le verbe

Les verbes italiens se divisent en trois groupes, reconnaissables à la terminaison de l'infinitif : parl-**are** / tem-**ere** / part-**ire**.

La voyelle qui permet de les reconnaître est appelée voyelle caractéristique ou thématique ; c'est **-a-** pour le 1er groupe ; **-e-** pour le 2e ; **-i-** pour le 3e.

Le 1er groupe est celui qui comporte le plus grand nombre de verbes.

Le 2e comprend un nombre très élevé de verbes irréguliers.

Le 3e présente une catégorie particulière de verbes : *les inchoatifs* ou *fréquentatifs*. À certaines personnes du présent de l'indicatif et du subjonctif, ces verbes présentent un infixe en **-isc-** : **capisco, finisco**...

1. Les auxiliaires

essere						
ind. prés.	**imp. ind.**	**passé simple**	**futur ind.**	**cond. prés.**	**subj. prés.**	**subj. imp.**
sono	ero	fui	sarò	sarei	sia	fossi
sei	eri	fosti	sarai	saresti	sia	fossi
è	era	fu	sarà	sarebbe	sia	fosse
siamo	erava-mo	fummo	saremo	sarem-mo	siamo	fossimo
siete	eravate	foste	sarete	sareste	siate	foste
sono	erano	furono	saranno	sareb-bero	siano	fossero
imp. : sii/state			*part. passé* : stato		*gér.* : stando	

avere						
ho	avevo	ebbi	avrò	avrei	abbia	avessi
hai	avevi	avesti	avrai	avresti	abbia	avessi
ha	aveva	ebbe	avrà	avreb-be	abbia	avesse
abbia-mo	aveva-mo	avem-mo	avremo	avrem-mo	abbia-mo	avessi-mo
avete	avevate	aveste	avrete	avreste	abbiate	aveste
hanno	aveva-no	ebbero	avran-no	avreb-bero	abbia-no	avesse-ro
imp. : abbi/abbiate			*part. passé* : avuto		*gér.* : avendo	

2. Les verbes réguliers

1er groupe : **parlare**						
parlo	parlavo	parlai	parlerò	parlerei	parli	parlassi
parli	parlavi	parlasti	parlerai	parle-resti	parli	parlassi
parla	parlava	parlò	parlerà	parle-rebbe	parli	parlas-se
parlia-mo	parla-vamo	parlam-mo	parlere-mo	parle-remmo	parlia-mo	parlas-simo
parlate	parla-vate	parlaste	parlere-te	parle-reste	parliate	parlaste
parlano	parla-vano	parlaro-no	parle-ranno	parle-rebbero	parlino	parlas-sero
imp. : parla/parlate			*part. passé* : parlato		*gér.* : parlando	

2e groupe : **temere**						
temo	temevo	temetti	temerò	temerei	tema	temessi
temi	temevi	temesti	temerai	temeresti	tema	temessi
teme	temeva	temette	temeà	temerebbe	tema	temesse
temiamo	temevamo	tememmo	temeremo	temeremmo	temiamo	temessimo
temete	temevate	temeste	temerete	temereste	temiate	temeste
temono	temevano	temettero	temeranno	temerebbero	temano	temessero
imp. : temi/temete			*part. passé* : temuto		*gér.* : temendo	

3e groupe : **partire**						
parto	partivo	partii	partirò	partirei	parta	partissi
parti	partivi	partisti	partirai	partiresti	parta	partissi
parte	partiva	partì	partirà	partirebbe	parta	partisse
partiamo	partivamo	partimmo	partiremo	partiremmo	partiamo	partissimo
partite	partivate	partiste	partirete	partireste	partiate	partiste
partono	partivano	partirono	partiranno	partirebbero	partano	partissero
imp. : parti/partite			*part. passé* : partito		*gér.* : partendo	

3e groupe inchoatif : **capire**						
capisco	capivo	capii	capirò	capirei	capisca	capissi
capisci	capivi	capisti	capirai	capiresti	capisca	capissi
capisce	capiva	capì	capirà	capirebbe	capisca	capisse
capiamo	capivamo	capimmo	capiremo	capiremmo	capiamo	capissimo
capite	capivate	capiste	capirete	capireste	capiate	capiste
capiscono	capivano	capirono	capiranno	capirebbero	capiscano	capissero
imp. : capisci/capite			*part. passé* : capito		*gér.* : capendo	

3. Les verbes irréguliers

Les verbes irréguliers les plus fréquents :

dare						
do	davo	diedi	darò	darei	dia	dessi
dai	davi	desti	darai	daresti	dia	dessi
da	dava	diede	darà	darebbe	dia	desse
diamo	davamo	demmo	daremo	daremmo	diamo	dessimo
date	davate	deste	darete	dareste	diate	deste
danno	davano	diedero	daranno	darebbero	diano	dessero
imp. : da'/date			*part. passé* : dato		*gér :* dando	

stare						
sto	stavo	stetti	starò	starei	stia	stessi
stai	stavi	stesti	starai	staresti	stia	stessi
sta	stava	stette	starà	stareb-be	stia	stesse
stiamo	stava-mo	stemmo	staremo	starem-mo	stiamo	stessi-mo
state	stavate	steste	starete	stareste	stiate	steste
stanno	stavano	stettero	staran-no	stareb-bero	stiano	stessero
imp. : sta'/state			*part. passé* : stato		*gér.* : stando	

dire						
dico	dicevo	dissi	dirò	direi	dica	dicessi
dici	dicevi	dicesti	dirai	diresti	dica	dicessi
dice	diceva	disse	dirà	direbbe	dica	dicesse
dicia-mo	diceva-mo	dicem-mo	diremo	direm-mo	dicia-mo	dicessi-mo
dite	diceva-te	diceste	direte	direste	diciate	diceste
dicono	diceva-no	dissero	diranno	direb-bero	dicano	dissero
imp. : di'/dite			*part. passé* : detto		*gér.* : dicendo	

fare						
faccio	facevo	feci	farò	farei	faccia	facessi
fai	facevi	facesti	farai	faresti	faccia	facessi
fa	faceva	fece	farà	farebbe	faccia	facesse
faccia-mo	faceva-mo	facem-mo	faremo	farem-mo	faccia-mo	facessi-mo
fate	faceva-te	faceste	farete	fareste	facciate	faceste
fanno	faceva-no	fecero	faranno	fareb-bero	faccia-no	facesse-ro
imp. : fa'/fate			*part. passé* : fatto		*gér.* : facendo	

andare						
vado	andavo	andai	andrò	andrei	vada	andassi
vai	andavi	andasti	andrai	andresti	vada	andassi
va	andava	andò	andrà	andreb-be	vada	andasse
andia-mo	andava-mo	andam-mo	andre-mo	andrem-mo	andia-mo	andas-simo
andate	andava-te	andaste	andrete	andres-te	andiate	andaste
vanno	andava-no	andaro-no	andran-no	andreb-bero	vadano	andas-sero
imp. : va'/andate			*part. passé* : andato		*gér.* : andando	

venire						
vengo	venivo	venni	verrò	verrei	venga	venissi
vieni	venivi	venisti	verrai	verresti	venga	venissi
viene	veniva	venne	verrà	verreb-be	venga	venisse
venia-mo	veniva-mo	venim-mo	verre-mo	verrem-mo	venia-mo	venissi-mo
venite	veniva-te	veniste	verrete	verreste	veniate	veniste
vengo-no	veniva-no	venne-ro	verran-no	verreb-bero	venga-no	venis-sero
imp. : vieni/venite			*part. passé* : venuto		*gér.* : venendo	

potere						
posso	potevo	potei	potrò	potrei	possa	potessi
puoi	potevi	potesti	potrai	potresti	possa	potessi
può	poteva	poté	potrà	potreb-be	possa	potesse
possia-mo	poteva-mo	potem-mo	potre-mo	potrem-mo	possia-mo	potessi-mo
potete	poteva-te	poteste	potrete	potres-te	possia-te	poteste
posso-no	poteva-no	potero-no	potran-no	potreb-bero	possa-no	potes-sero
imp. : -			*part. passé* : potuto		*gér.* : potendo	

volere						
voglio	volevo	volli	vorrò	vorrei	voglia	volessi
vuoi	volevi	volesti	vorrai	vorresti	voglia	volessi
vuole	voleva	volle	vorrà	vorreb-be	voglia	volesse
voglia-mo	voleva-mo	volem-mo	vorre-mo	vorrem-mo	voglia-mo	volessi-mo
volete	voleva-te	voleste	vorrete	vorres-te	vogliate	voleste
voglio-no	voleva-no	vollero	vorran-no	vorreb-bero	voglia-no	voles-sero
imp. : (vogli)/vogliate			*part. passé* : voluto		*gér.* : volendo	

dovere						
devo	dovevo	dovetti	dovrò	dovrei	debba	dovessi
devi	dovevi	dovesti	dovrai	dovres-ti	debba	dovessi
deve	doveva	dovette	dovrà	dovreb-be	debba	doves-se
dobbia-mo	dove-vamo	dovem-mo	dovre-mo	dovrem-mo	dobbia-mo	doves-simo
dovete	dove-vate	doveste	dovrete	dovres-te	dobbia-te	doveste
devono	dove-vano	dovet-tero	dovran-no	dovreb-bero	debba-no	doves-sero
imp. : -			*part. passé* : dovuto		*gér.* : dovendo	

sapere						
so	sapevo	seppi	saprò	saprei	sappia	sapessi
sai	sapevi	sapesti	saprai	sapresti	sappia	sapessi
sa	sapeva	seppe	saprà	saprebbe	sappia	sapesse
sappiamo	sapevamo	sapemmo	sapremo	sapremmo	sappiamo	sapessimo
sapete	sapevate	sapeste	saprete	sapreste	sappiate	sapeste
sanno	sapevano	seppero	sapranno	saprebbero	sappiano	sapessero
imp. : sappi/sappiate			*part. passé :* saputo		*gér.* : sapendo	

tenere						
tengo	tenevo	tenni	terrò	terrei	tenga	tenessi
tieni	tenevi	tenesti	terrai	terresti	tenga	tenessi
tiene	teneva	tenne	terrà	terrebbe	tenga	tenesse
teniamo	tenevamo	tenemmo	terremo	terremmo	teniamo	tenessimo
tenete	tenevate	teneste	terrete	terreste	teniate	teneste
tengono	tenevano	tennero	terranno	terrebbero	tengano	tenessero
imp. : tieni/tenete			*part. passé :* tenuto		*gér.* : tenendo	

uscire						
esco	uscivo	uscii	uscirò	uscirei	esca	uscissi
esci	uscivi	uscisti	uscirai	usciresti	esca	uscissi
esce	usciva	uscì	uscirà	uscirebbe	esca	uscisse
usciamo	uscivamo	uscimmo	usciremo	usciremmo	usciamo	uscissimo
uscite	uscivate	usciste	uscirete	uscireste	usciate	usciste
escono	uscivano	uscirono	usciranno	uscirebbero	escano	uscissero
imp. : esci/uscite			*part. passé* : uscito		*gér.* : uscendo	

QUESTIONS DE COMPRÉHENSION/EXPRESSION

1. Stasera usciamo

A) VRAI OU FAUX? **1.** Vittorio e Gianni hanno fatto in fretta per venire. **2.** Laura vuole tornare presto. **3.** Cecilia è stanca. **4.** Se le ragazze sono in ritardo, è colpa di Laura. **5.** Cecilia prende le chiavi di casa.
B) TROUVER LE MOT OU L'EXPRESSION DU TEXTE QUI CORRESPOND À LA DÉFINITION. **1.** Movimento di veicoli in una strada. **2.** Tipo particolare di panino. **3.** Vicino alla città. **4.** Non affrettarsi, fare le cose con calma. **5.** Luogo di ritrovo, di spettacolo.
C) COMPLÉTER CES PHRASES. **1.** Le ragazze saranno pronte... un attimo. **2.** Cecilia ha voluto... la doccia. **3.** Cecilia è sempre pronta per... ballare. **4.** Vittorio lo... dicendo a Laura. **5.** Chi guida stasera?... tu?

---

2. Chieda al vigile

A) VRAI OU FAUX? **1.** L'automobilista è pratico di Milano. **2.** E' la direzione giusta per andare in Piazza Duomo. **3.** Nell'isola pedonale non si può andare in macchina. **4.** Al primo semaforo deve girare a sinistra. **5.** Ci sono dei lavori in corso.
B) TROUVER LE MOT OU L'EXPRESSION DU TEXTE QUI CORRESPOND À LA DÉFINITION. **1.** Zona della città riservata ai pedoni. **2.** Dispositivo luminoso per il traffico stradale. **3.** Posto dove si lasciano le macchine. **4.** Strada trasversale. **5.** Passaggio di persone o di macchine.
C) COMPLÉTER CES PHRASES. **1.** Io non conosco i sensi... **2.** Non conosco bene questo quartiere, non riesco ad... **3.** Pensavano di riuscire a trovare... soli. **4.** Lui starà in macchina... lei andrà a ritirare il pacco. **5.** Il vigile potrebbe dare la...

---

3. In mensa

A) VRAI OU FAUX? **1.** Sandra non aspetta nessuno. **2.** Fiorella ha messo su due chili. **3.** La dieta mediterranea fa ingrassare. **4.** A casa Sandra misura la pasta. **5.** Per Sandra l'unica soluzione è convincere il marito di mettersi a dieta.
B) TROUVER LE MOT OU L'EXPRESSION DU TEXTE QUI CORRESPOND À LA DÉFINITION. **1.** Medico specialista in dietetica. **2.** Mettere su dei chili. **3.** Perdere dei chili. **4.** Il punto più alto di una piramide. **5.** Sottile, svelto, slanciato.
C) COMPLÉTER CES PHRASES. **1.** Sandra deve... attenta. **2.** Non riesco a capire come tu... per restare snella. **3.** Fiorella cerca di equilibrari i... tipi di alimenti. **4.** Deve convincere suo marito di... a dieta. **5.** I ragazzi hanno una fame... lupo.

---

4. Niente male !

A) VRAI OU FAUX? **1.** La macchina è di Gianpaolo. **2.** E' un turbodiesel. **3.** Ha il servosterzo. **4.** Per i diesel, bisogna pagare il superbollo. **5.** Al fratello di Gianpaolo non piacciono le Alfa.

B) TROUVER LE MOT OU L'EXPRESSION DU TEXTE QUI CORRESPOND À LA DÉFINITION. **1.** Molto appassionato di qualcosa. **2.** Rapido, con un'ottima ripresa. **3.** Macchina piccola, per la città. **4.** Macchina usata. **5.** Annuncio pubblicitario o economico su un giornale.

C) COMPLÉTER CES PHRASES. **1.** Stefano pensa che Gianpaolo... cambiato macchina. **2.** Il gasolio è meno caro... benzina. **3.** Anche a Stefano piacerebbero le macchine... **4.** Non è mia, è... mio fratello. **5.** Se senti parlare di un'occasione,... sapere.

---

5. Domani smetto di fumare

A) VRAI OU FAUX? **1.** Lorenzo non fuma più da un anno. **2.** Enrico non riesce a stare senza fumare. **3.** Prima Lorenzo fumava molto. **4.** Enrico ha voglia di provare i cerotti alla nicotina. **5.** Enrico ritrova l'accendino.

B) TROUVER LE MOT OU L'EXPRESSION DU TEXTE QUI CORRESPOND À LA DÉFINITION. **1.** Storiella spiritosa. **2.** Apparecchio per accendere. **3.** Radiografia. **4.** Ma no! Per niente! **5.** Rivendita di tabacchi.

C) COMPLÉTER CES PHRASES. **1.** E'... che Enrico cerca di smettere. **2.** Per smettere,... un po' di forza di volontà. **3.** Oggi uno che fuma si sente quasi una persona... evitare. **4.** Uno che fuma si rovina la... **5.** Aspetta un..., vado in quel negozio.

---

6. Videogioco o trenino

A) VRAI OU FAUX? **1.** Paola cerca un regalo per suo figlio. **2.** I ragazzini sono negati per i giochi elettronici. **3.** Secondo Paola i videogiochi non stimolano la fantasia. **4.** Ci sono delle bambole che parlano. **5.** Paola ha comprato un videogioco.

B) TROUVER LE MOT OU L'EXPRESSION DU TEXTE QUI CORRESPOND À LA DÉFINITION. **1.** Giocattolo tradizionale delle femmine. **2.** Oggetto di cui non si conosce bene il nome. **3.** Può sostituire qualcosa. **4.** Il figlio del fratello o della sorella. **5.** Parte della casa in cui si ripongono gli oggetti che non servono più.

C) COMPLÉTER CES PHRASES. **1.** Ci vuole... di riflessi. **2.** Lui va... per i videogiochi. **3.** I bambini sono... più soli. **4.** E' una reazione... adulti. **5.** Dove è... a finire il radiocomando?

---

7. Alla fermata dell'autobus

A) VRAI OU FAUX? **1.** Il signore aspetta il 7. **2.** Il 7 è in orario. **3.** Alla stazione Centrale passano molti taxi. **4.** C'è posto sul pulmann. **5.** La signora sale sul pulmann.

B) TROUVER LE MOT OU L'EXPRESSION DU TEXTE QUI CORRESPOND À LA DÉFINITION. **1.** Le guardie che regolano il traffico. **2.** L'aria inquinata delle città. **3.** I trasporti pubblici. **4.** Poter contare su qualcuno o qualcosa. **5.** Contravvenzione.

C) COMPLÉTER CES PHRASES. **1.** La signora aspetta... un quarto d'ora. **2.** Avrebbe fatto meglio... prendere un taxi. **3.** Pensava che i mezzi pubblici... più puntuali.

4. Mettono le corsie preferenziali, ma le macchine passano... **5.** Mi sembra che... arrivando il pulmann.

---

8. Gli scrutini

A) VRAI OU FAUX? **1.** Davide conosce già i risultati degli scrutini. **2.** E' bravo in matematica e in inglese. **3.** I genitori gli hanno promesso un motorino se è promosso. **4.** Vorrebbe il motorino per andare in piscina con gli amici. **5.** A Ragioneria non si fa matematica.

B) TROUVER LE MOT OU L'EXPRESSION DU TEXTE QUI CORRESPOND À LA DÉFINITION. **1.** Noioso, pesante. **2.** I risultati. **3.** Il problema, la difficoltà. **4.** È utile, pratico. **5.** Fare tutto il possibile.

C) COMPLÉTER CES PHRASES. **1.** In matematica non ha mai avuto un... voto. **2.** La Moretti dà un... di compiti. **3.** Allo Scientifico la... è la materia più importante. **4.** Se non sarà promosso, non... il motorino. **5.** C'è poco... fare, faccio fatica.

---

9. Prezzi convenienti

A) VRAI OU FAUX? **1.** Non c'è molta gente alle casse. **2.** Maria Grazia ha preso poche pere. **3.** A Luigi non piace la pasta. **4.** Luigi non ha fretta. **5.** Luigi si è dimenticato di comprare i rasoi.

B) TROUVER LE MOT OU L'EXPRESSION DU TEXTE QUI CORRESPOND À LA DÉFINITION. **1.** Dove si mettono le spese al supermercato. **2.** Stanco. **3.** Dimenticarsi. **4.** I ripiani su cui è esposta la merce. **5.** 100 grammi.

C) COMPLÉTER CES PHRASES. **1.** ... non buttava giù una pila di scatole. **2.** Non vorrebbe che le pere le... a male. **3.** Al supermercato uno compra il... di quello che avrebbe voluto. **4.** Comprano anche... bibita. **5.** Si ritroveranno... due minuti.

---

10. L'ora legale

A) VRAI OU FAUX? **1.** L'ora legale entra in vigore domani. **2.** Bisognerà mettere avanti l'orologio di un'ora. **3.** Questo sistema piace a Marta. **4.** Suo figlio ha difficoltà per abituarsi. **5.** L'Italia ha adottato presto l'ora legale.

B) TROUVER LE MOT OU L'EXPRESSION DU TEXTE QUI CORRESPOND À LA DÉFINITION. **1.** Provare difficoltà. **2.** Restare a letto la mattina. **3.** Discorsi inutili e futili. **4.** Scordarsi. **5.** Resoconto orale o scritto.

C) COMPLÉTER CES PHRASES. **1.** Ci... diversi giorni per abituarsi. **2.** La mattina il ragazzo non... ad alzarsi. **3.** L'ora legale permette di ridurre i consumi... **4.** Sarà meglio che vi... (alzarsi) presto. **5.** Bisogna che voi... di battere a macchina questa relazione.

---

11. Maltempo e ambiente

A) RÉPONDRE AUX QUESTIONS. **1.** L'ondata di maltempo continuerà? **2.** Com'è stata l'estate? **3.** Si tratta solo di un problema climatico? **4.** Basterà stanziare qualche miliardo? **5.** E' pessimista Sergio?

B) TRADUIRE. **1.** La pollution. **2.** La société de consommation. **3.** La civilisation industrielle. **4.** Les données statistiques. **5.** Les écologistes.

---

12. In banca

A) VRAI OU FAUX? **1.** Il cliente risiede in Italia. **2.** Le somme depositate sul conto corrente fruttano un interesse. **3.** Gli assegni non costano niente. **4.** Il signore vuole una cassetta di sicurezza. **5.** Il signore ha il codice fiscale.

B) COMPLÉTER CES PHRASES. **1.** E' straniero, ma in italiano... . **2.** Una volta al mese si riceve un... . **3.** Il cliente vuole il conto corrente e la... . **4.** Le operazioni si effettuano allo... . **5.** Il cliente non vuole compilare il modulo... solo.

C) TRADUIRE. **1.** Le retrait. **2.** Le formulaire. **3.** Le coffre. **4.** Le prêt. **5.** Le chéquier.

---

13. Domenica prossima

A) RÉPONDRE AUX QUESTIONS. **1.** Dove è andato Michele? **2.** Quanto starà via? **3.** Quando torna? **4.** Fin dove potrebbe andare in treno Michele? **5.** Quando prenoterà Roberto?

B) COMPLÉTER CES PHRASES. **1.** Prenderemo... sci sulla macchina. **2.** Con... amici avevamo combinato di andare a sciare. **3.** I ragazzi vanno al... posto. **4.** Sono sicura che... venuto volentieri. **5.** Michele telefonerà stasera... albergo.

C) TRADUIRE. **1.** Allô! **2.** Réserver. **3.** Je regrette! **4.** Il sera absent une semaine. **5.** Il n'y a pas de quoi.

---

14. Cambiar casa

A) RÉPONDRE AUX QUESTIONS. **1.** Perché Lucia vorrebbe cambiar casa? **2.** E' facile trovare? **3.** Quanti appartamenti hanno visitato le due amiche? **4.** Perché il terzo appartamento sarebbe comodo per il marito di Lucia? **5.** Quando andranno di nuovo a visitarlo?

B) TRADUIRE. **1.** Ils ont demandé un prêt à leur banque. **2.** C'est une copropriété **3.** Ils habitent dans un quartier excentré. **4.** C'est un appartement composé de trois pièces, avec cuisine et W.-C. **5.** Je voudrais déménager le mois prochain.

---

15. Staremo a vedere

A) RÉPONDRE AUX QUESTIONS. **1.** Ha un parere favorevole Luciano sul nuovo Presidente del Consiglio? **2.** Secondo Antonio, chi paga alla fin fine? **3.** Con la riforma del sistema previdenziale, a che età si andrà in pensione? **4.** Chi sono coloro che possono dichiarare quello che vogliono? **5.** Come si chiama la tassa per i lavoratori autonomi?

B) TRADUIRE. **1.** Réduire de moitié. **2.** Partir à la retraite. **3.** Les professions libérales. **4.** Le patronat. **5.** La fraude fiscale.

---

16. Apparecchia la tavola

A) RÉPONDRE AUX QUESTIONS. **1.** Cosa sta facendo la mamma? **2.** Che voto ha avuto Luca? **3.** Cosa deve fare per sabato? **4.** Cosa vuol fare oggi pomeriggio? **5.** Ha voglia Luca di prendere su sua sorella?

B) TRADUIRE. **1.** Ils viennent d'arriver. **2.** J'ai encore le temps. **3.** Donne-moi un coup de main! **4.** Elle est toujours pressée. **5.** Flore, tu as mis tes chaussures?

---

17. Guarda chi si vede!

A) RÉPONDRE AUX QUESTIONS. **1.** Da quanto tempo non si sono rivisti Enrico e Marco? **2.** Dove si erano conosciuti? **3.** Che cosa fa Enrico? **4.** Che cosa fa Marco? **5.** Dove abita Marco?

B) COMPLÉTER CES PHRASES. **1.** Suo padre è stato... in un'altra città. **2.** Elena si è... in legge. **3.** I suoi genitori volevano che lui... ingegnere. **4.** Ti sei sposato?...! **5.** Ha trovato lavoro in una... del posto.

---

18. Basta pubblicità!

A) RÉPONDRE AUX QUESTIONS. **1.** Quante volte hanno già interrotto il film per la pubblicità? **2.** Si paga il canone per le reti private? **3.** Dove va Cristina durante la pubblicità? **4.** Qual è la percentuale di investimenti pubblicitari che va alla TV? **5.** Da che cosa è determinato il costo della pubblicità?

B) TRADUIRE. **1.** Il faut payer la redevance. **2.** Cette émission a une bonne audience. **3.** C'est fait exprès. **4.** C'est une chaîne privée. **5.** Tout est étudié dans les moindres détails.

---

19. In ambulatorio

A) RÉPONDRE AUX QUESTIONS. **1.** Da quanto tempo non sta bene il signor Rossi? **2.** Ha febbre? **3.** Gli dà degli antibiotici il dottore? **4.** Fra quanti giorni deve telefonare se non sta meglio? **5.** Che cosa dà il dottore per la digestione?

B) COMPLÉTER CES PHRASES. **1.** Il signor Rossi non si sente a:... . **2.** Il dottore gli dice di... . il maglione e la camicia. **3.** Per le medicine, il dottore dà una.... **4.** Il signor Rossi si è... di avere un po' di febbre. **5.** Spera che l'influenza... alla svelta.

C) TRADUIRE. **1.** La tension. **2.** La prise de sang. **3.** La gélule. **4.** Le sulfamide. **5.** L'ordonnance.

---

20. Un regalo per il compleanno

A) RÉPONDRE AUX QUESTIONS. **1.** Perché Roberta vuole un regalo per il marito? **2.** Come sono i gusti del marito? **3.** Come sono le prime cravatte? **4.** Come le sta la gonna a Roberta? **5.** Allora, cosa ha comprato?

B) TRADUIRE. **1.** Demain c'est l'anniversaire de ma femme. **2.** Ce chemisier irait bien avec ma jupe. **3.** Montre-moi cette cravate-là! **4.** J'en ai assez de porter cette veste. **5.** Ça te va à merveille!

---

21. Ultimi preparativi

A) RÉPONDRE AUX QUESTIONS. **1.** Dove vanno i Brambilla per le ferie? **2.** Quando vogliono arrivare? **3.** Quando torneranno? **4.** Dove andrà la vicina in ferie? **5.** Chi ha i documenti della macchina?

B) COMPLÉTER CES PHRASES. **1.** Il padre sperava di mettere tutto nel... . **2.** Quando va al mare, la signora Brambilla prende su troppa... . **3.** Fabrizio,... a mettere su la valigia! **4.** Dopo Ferragosto il tempo... . **5.** Prima di partire bisogna... il pieno e controllare... .

---

22. Gli extracomunitari

A) RÉPONDRE AUX QUESTIONS. **1.** Perché vogliono lavare il vetro gli extracomunitari? **2.** Da quanto è la moneta che si mette per prendere il carrello? **3.** Che mansioni svolgono gli extracomunitari? **4.** Che cosa è successo in alcune città? **5.** Che cosa dovrebbe fare il governo secondo Marco?

B. TRADUIRE. **1.** Tu es passé au rouge. **2.** Je suis passé à l'orange. **3.** Il a rapporté le caddie. **4.** La situation de l'emploi est inquiétante. **5.** Heureusement, tout le monde n'est pas comme toi!

23. Al mercato

A) RÉPONDRE AUX QUESTIONS. **1.** Perché Paola è andata sul mercato invece di andare in un negozio? **2.** Perché borbotta Gianni? **3.** Quanto costa la padella? **4.** Perché il venditore fa uno strappo? **5.** Quanto ha risparmiato Paola?

B) TROUVER LE MOT OU L'EXPRESSION DU TEXTE QUI CORRESPOND À LA DÉFINITION. **1.** Negozio in cui si vendono oggetti metallici. **2.** Un vero affare. **3.** Cercare di ottenere un prezzo ridotto. **4.** Piuttosto caro. **5.** Provare vergogna.

C) COMPLÉTER CES PHRASES. **1.** Hanno... la macchina lontano. **2.** Quella marca la vende... due anni. **3.** Dica, quanto... queste padelle? **4.** Paola ha... 5 000 lire. **5.** Sabato... Gianni non ci verrà al mercato.

24. Lo smaltimento dei rifiuti domestici

A) RÉPONDRE AUX QUESTIONS. **1.** Perché mettono tre cassonetti in strada? **2.** Dove metteranno la carta Giovanni e Roberta? **3.** Basta distruggerli i rifiuti? **4.** E' aumentata la bolletta sui rifiuti? **5.** Porta giù spesso la pattumiera Giovanni?

B) COMPLÉTER CES PHRASES. **1.** Adesso in casa... tre pattumiere. **2.** ... far prova di civismo. **3.** Certi paesi sono più evoluti... noi. **4.** Questi problemi... tutti. **5.** I paesi... non hanno questi problemi.

25. Lettera a un'amica

A) RÉPONDRE AUX QUESTIONS. **1.** Quando ha telefonato Luisa all'amica? **2.** Qual è la festa che pensano di passare insieme? **3.** Quando hanno scoperto questo paesino? **4.** Piace a Beatrice e al marito questo posto? **5.** Vanno spesso in quell'albergo?

B) COMPLÉTER CES PHRASES. **1.** La prima volta Beatrice e il marito sono... per caso in quell'albergo. **2.** Per essere sicuri di avere la camera, è meglio... . **3.** E' un posto poco conosciuto, è... . **4.** Beatrice spera... bel tempo. **5.** Se pensate di venire,... sapere subito.

---

26. **Ieri e oggi**

A) RÉPONDRE AUX QUESTIONS. **1.** Dov'è andata Lucia? **2.** Quando nascerà il bambino di Carla? **3.** Quanti anni hanno Carla e suo marito? **4.** Avranno altri figli secondo Bruno? **5.** Oggi i giovani si sposano presto?

B) COMPLÉTER CES PHRASES. **1.** Si sono sposati tardi... degli studi. **2.** Dipende... mentalità della gente. **3.** Ho comprato... gomitolo di lana. **4.** Sono preso da... di lavoro. **5.** Non capisco che voi... aspettato tanto.

---

27. **Lunedì mattina**

A) RÉPONDRE AUX QUESTIONS. **1.** Cosa ha fatto Bruno ieri sera? **2.** E' finita tardi la trasmissione? **3.** Ha vinto la Juve? **4.** Perché è stata fortunata la Sampdoria? **5.** Carlo sarebbe contento se la Juve vincesse il campionato?

B) TRADUIRE. **1.** Bruno a failli rater le train. **2.** C'est une bonne petite équipe. **3.** Comment donc? **4.** Tu te couches trop tard! **5.** Je trouve tout à fait normal que la Juve gagne.

---

28. **Che scalogna!**

A) RÉPONDRE AUX QUESTIONS. **1.** Perché non sono potuti entrare al circolo i ragazzi? **2.** Quando si erano messi d'accordo con Piero? **3.** E' la prima volta che Piero non viene? **4.** Perché non vanno fare un giro in bici? **5.** Cosa aveva detto Giacomo?

B) COMPLÉTER CES PHRASES. **1.** Per entrare al circolo... la tessera. **2.** Quando vedrà Piero, Roberto gli dirà... . **3.** I due ragazzi fanno... da Giacomo. **4.** Vorrebbero... qualcosa insieme. **5.** Roberto parla al... con la mamma di Giacomo.

---

29. **Sull'autostrada**

A) VRAI OU FAUX? **1.** Silvia e Mauro vanno verso il Brennero. **2.** Sull'autostrada ci sono molte macchine straniere. **3.** A Silvia piace andare veloce sull'autostrada. **4.** Mauro ha abbastanza benzina per arrivare a Firenze. **5.** Mauro e Silvia non hanno fretta.

B) TROUVER LE MOT DU TEXTE QUI CORRESPOND À LA DÉFINITION. **1.** Placca che permette di identificare un veicolo. **2.** Spiazzo per la sosta e l'assistenza agli automobilisti sull'autostrada. **3.** In quantità insufficiente; che dispone di una quantità inferiore al bisogno. **4.** Oltrepassare un altro veicolo. **5.** Distratto, non è attento a quello che fa.

C) COMPLÉTER CES PHRASES. **1.** C'è un'area di servizio... due chilometri. **2.** Silvia (preferire)... andare tranquillamente. **3.** Attento a quei camion,... rallentando! **4.** Silvia... voglia di un buon caffé. **5.** Mauro... a Silvia che si... al prossimo grill.

---

30. Dai, vieni anche tu!

A) RÉPONDRE AUX QUESTIONS. **1.** Quando verrà Vasco Rossi? **2.** Perché a Carlo non piace Vasco Rossi? **3.** A chi tocca prendere la macchina? **4.** Fa finta di niente Carlo? **5.** Ci andrà al concerto?

B) TRADUIRE. **1.** Je m'en fiche. **2.** Ça m'énerve. **3.** Il se moque de nous. **4.** Qu'est-ce que tu vas chercher? **5.** On s'est drôlement amusé.

CORRIGÉ DES QUESTIONS DE COMPRÉHENSION

1. Stasera usciamo

A) 1. V. **2.** V. **3.** F. **4.** F. **5.** V.
B) 1. traffico. **2.** tramezzino. **3.** appena fuori città. **4.** prendersela comoda. **5.** locale.
C) 1. fra. **2.** fare. **3.** andare a. **4.** stava (sta). **5.** guidi.

---

2. Chieda al vigile

A) 1. F. **2.** V. **3.** V. **4.** F. **5.** V.
B) 1. zona (isola) pedonale. **2.** semaforo. **3.** posteggio. **4.** traversa. **5.** transito.
C) 1. unici. **2.** orientarmi. **3.** da. **4.** mentre. **5.** multa.

---

3. In mensa

A) 1. V. **2.** V. **3.** F. **4.** F. **5.** V.
B) 1. dietologo. **2.** ingrassare. **3.** dimagrire. **4.** il vertice. **5.** snello.
C) 1. stare. **2.** faccia. **3.** vari. **4.** mettersi. **5.** da.

---

4. Niente male !

A) 1. F. **2.** V. **3.** V. **4.** V. **5.** F.
B) 1. patito. **2.** scattante. **3.** utilitaria. **4.** di seconda mano. **5.** inserzione.
C) 1. abbia. **2.** della. **3.** veloci. **4.** di. **5.** fammelo.

---

5. Domani smetto di fumare

A) 1. F. **2.** V. **3.** V. **4.** F. **5.** F.
B) 1. barzelletta. **2.** accendino. **3.** lastra. **4.** macché ! **5.** tabaccheria.
C) 1. tanto (molto). **2.** basta (ci vuole). **3.** da. **4.** salute. **5.** attimo.

---

6. Videogioco o trenino

A) 1. F. **2.** F. **3.** V. **4.** V. **5.** F.
B) 1. bambola. **2.** coso. **3.** surrogato. **4.** nipote. **5.** solaio.
C) 1. prontezza. **2.** matto. **3.** sempre. **4.** da. **5.** andato

---

7. Alla fermata dell'autobus

A) 1. F. **2.** F. **3.** V. **4.** F. **5.** F.
B) 1. i vigili. **2.** lo smog. **3.** i mezzi pubblici. **4.** fidarsi di. **5.** multa.
C) 1. da. **2.** a. **3.** fossero. **4.** lo stesso. **5.** stia.

---

8. Gli scrutini

A) 1. F. **2.** F. **3.** V. **4.** V. **5.** F.
B) 1. barboso. **2.** gli esiti. **3.** il guaio. **4.** fa comodo. **5.** mettercela tutta.
C) 1. bel. **2.** mucchio (sacco). **3.** matematica. **4.** avrà. **5.** da.

---

9. Prezzi convenienti

A) 1. F. **2.** V. **3.** F. **4.** F. **5.** V.
B) 1. il carrello. **2.** stufo. **3.** scordarsi. **4.** gli scaffali. **5.** un etto.
C) 1. Per poco. **2.** andassero. **3.** doppio. **4.** qualche. **5.** tra (dopo).

---

10. L'ora legale

A) 1. F. **2.** V. **3.** F. **4.** V. **5.** V.
B) 1. far fatica. **2.** poltrire. **3.** chiacchiere. **4.** dimenticarsi. **5.** relazione.
C) 1. vogliono. **2.** riesce. **3.** energetici. **4.** alziate. **5.** finiate.

---

11. Maltempo e ambiente

A) 1. No, si sta allontanando. **2.** E' stata caldissima. **3.** No, si tratta anche di un problema di gestione del territorio. **4.** No, se non ci sarà la volontà politica. **5.** No, lui non è pessimista.

B) 1. L'inquinamento. **2.** La sociéta dei consumi. **3.** La civiltà industriale. **4.** I dati statistici. **5.** Gli ambientalisti.

---

12. In banca

A) 1. V. **2.** V. **3.** F. **4.** F. **5.** F.
B) 1. se la cava. **2.** estratto conto. **3.** carta di credito. **4.** sportello. **5.** da.
C) 1. Il prelievo. **2.** Il modulo. **3.** La cassetta di sicurezza (la cassaforte). **4.** Il mutuo. **5.** Il libretto degli assegni.

---

13. Domenica prossima

A) 1. a Roma. **2.** tre giorni. **3.** sabato. **4.** fino ad Aosta. **5.** domani.
B) 1. gli. **2.** alcuni. **3.** solito. **4.** sarebbe. **5.** dall'albergo.
C) 1. Pronto! **2.** Prenotare. **3.** Mi dispiace! **4.** Starà via una settimana. **5.** Non c'è di che.

---

14. Cambiar casa

A) 1. Perché dove abitano adesso non è più tanto grande. **2.** No, è più di un mese che cercano. **3.** Tre. **4.** Perché la metropolitana è a due passi e non avrebbe più bisogno di prendere la macchina per andare in ufficio. **5.** Sabato mattina.
B) 1. Hanno chiesto un mutuo alla banca. **2.** E' un condominio. **3.** Abitano in un quartiere fuori mano. **4.** E' un appartamento composto di tre vani più i servizi. **5.** Vorrei fare il trasloco il mese prossimo.

---

15. Staremo a vedere

A) 1. Sì, Luciano ha un parere favorevole. **2.** Pagano sempre gli stessi : i lavoratori dipendenti. **3.** A 65 anni. **4.** Commercianti, artigiani, liberi professionisti... **5.** La minimum tax.
B) 1. Dimezzare. **2.** Andare in pensione. **3.** I liberi professionisti. **4.** La Confindustria. **5.** L'evasione fiscale.

---

16. Apparecchia la tavola

A) 1. Sta facendo il soffritto. **2.** Ha avuto sette. **3.** Deve fare un tema. **4.** Andare al cinema. **5.** No, non ne ha voglia.
B) 1. Sono appena arrivati. **2.** Faccio ancora in tempo. **3.** Dammi una mano! **4.** E' sempre di fretta (Ha sempre fretta). **5.** Flora, ti sei messa le scarpe?

---

17. Guarda chi si vede!

A) 1. Da sette o otto anni. **2.** Al liceo. **3.** Lavora in uno studio notarile. **4.** Fa l'ingegnere, lavora in una ditta del posto. **5.** Nello stesso palazzo dei genitori.
B) 1. trasferito. **2.** laureata. **3.** diventasse. **4.** Complimenti! **5.** ditta.

---

18. Basta pubblicità!

A) 1. Due volte. **2.** No. **3.** A fare il caffè. **4.** Oltre il 50%. **5.** Dagli indici d'ascolto.
B) 1. Bisogna pagare il canone. **2.** Questa trasmissione ha una forta audience. **3.** E' fatto apposta. **4.** E' una rete privata. **5.** Tutto è studiato nei minimi particolari.

---

19. In ambulatorio

A) 1. Da due o tre giorni. **2.** Sì, ma solo due o tre linee. **3.** No, gli dà dei sulfamidici. **4.** Fra cinque giorni. **5.** Uno sciroppo.
B) 1. posto. **2.** togliersi. **3.** ricetta. **4.** accorto. **5.** passi.
C) 1. La pressione. **2.** Il prelievo. **3.** La capsula. **4.** Il sulfamidico. **5.** La ricetta.

---

20. Un regalo per il compleanno

A) 1. Perché è il suo compleanno. **2.** Piuttosto classici. **3.** Sono di seta, e griffate. **4.** In vita va bene, ma è un po' corta. **5.** Una cravatta, una gonna e una camicetta.
B) 1. Domani è il compleanno di mia moglie (mia moglie compie gli anni). **2.** Questa camicetta andrebbe bene con la mia gonna. **3.** Fammi vedere quella cravatta! **4.** Sono stufo (stufa) di portare questa giacca. **5.** Ti va a pennello!

---

21. Ultimi preparativi

A) 1. A Rimini, al mare. **2.** Nel primo pomeriggio. **3.** Tra due settimane. **4.** In montagna. **5.** Ce li ha il padre.
B) 1. bagagliaio. **2.** roba. **3.** dammi una mano/aiutami. **4.** si guasta. **5.** fare, le gomme.

---

22. Gli extracomunitari

A) 1. Per guadagnare due soldi. **2.** Da cinquecento lire. **3.** Le mansioni che gli italiani rifiutano. **4.** Episodi di insofferenza : frasi razziste, angherie, pestaggi. **5.** Arginare l'immigrazione selvaggia e mandare a casa i clandestini.
B) 1. Sei passato col rosso. **2.** Sono passato col giallo. **3.** Ha riportato indietro il carrello. **4.** La situazione occupazionale è preoccupante. **5.** Per fortuna non sono tutti come te!

---

23. Al mercato

A) 1. Perché a lei piace fare un giro su mercato il sabato mattina. **2.** Perché ha dovuto fare un quarto d'ora di strada a piedi. **3.** 30 000 lire. **4.** Perché è quasi mezzogiorno. **5.** 5 000 lire.
B) 1. ferramenta. **2.** un affarone. **3.** tirare sul prezzo. **4.** caruccio. **5.** vergognarsi.
C) 1. lasciato giù. **2.** da. **3.** costano. **4.** risparmiato. **5.** prossimo.

---

24. Lo smaltimento dei rifiuti domestici

A) 1. Per fare la raccolta differenziata. **2.** Nel ripostiglio. **3.** Non, non basta, bisogna riciclarli. **4.** Si, è aumentata. **5.** No, solo ogni tanto.
B) 1. ci vogliono. **2.** bisogna. **3.** di. **4.** riguardano. **5.** sottosviluppati/in via di sviluppo.

---

25. Lettera a un'amica

A) 1. Ieri sera (La sera prima). **2.** Ferragosto. **3.** Una decina d'ani fa. **4.** Sì, ne sono innamorati. **5.** Sì, ci vanno ogni anno.
B) 1. capitati. **2.** prenotare. **3.** fuori mano. **4.** di avere (che faccia). **5.** fatecelo.

26. Ieri e oggi

A) 1. Dalla parrucchiera (pettinatrice). **2.** A (In) maggio. **3.** Hanno quasi la quarantina. **4.** No, non ne avranni altri. **5.** No, si sposano sempre più tardi.
B) 1. per via. **2.** dalla. **3.** qualche. **4.** impegni. **5.** abbiate.

---

27. Lunedì mattina

A) 1. Ha voluto guarda la Domenica Sportiva. **2.** Sì, è finita più tardi del solito. **3.** No, ha pareggiato. **4.** Perché le partite più difficili le ha giocate in casa. **5.** No, Carlo sarebbe felicissimo se vincesse la Sampdoria.
B) 1. Per poco Bruno non ha perso il treno (C'è mancato poco che Bruno perdesse il treno). **2.** E' una bella squadretta. **3.** Come mai? **4.** Vai a letto troppo tardi! **5.** Trovo normalissimo che la Juve vinca.

---

28. Che scalogna!

A) 1. Perché non avevano la tessera. **2.** La settimana scorsa. **3.** No, è la seconda. **4.** Perché è troppo · tardi. **5.** Che non sarebbe partito prima del 15.
B) 1. ci vuole. **2.** il fatto suo. **3.** un salto. **4.** combinare. **5.** citofono.

---

29. Sull'autostrada

A) 1. F. **2.** V. **3.** F. **4.** F. **5.** V.
B) 1. targa. **2.** area di servizio. **3.** scarso. **4.** sorpassare. **5.** sbadato.
C) 1. a (tra). **2.** preferisce. **3.** stanno. **4.** ha. **5.** promette che si fermerà.

---

30. Dai, vieni anche tu!

A) 1. Fra quindici giorni. **2.** Perché fanno un casino quando lui fa un tour. **3.** Tocca (Sta) a Carlo. **4.** No, se l'era scordato. **5.** Sì, ci andrà.
B) 1. Me ne frego / Non me ne importa niente. **2.** Mi dà sui nervi. **3.** Ci prende in giro / Ci sfotte. **4.** Cosa vai a tirare (tiri) in ballo? **5.** Ci siamo divertiti un sacco.

INDEX GRAMMATICAL

INDEX

(Les chiffres entre parenthèses renvoient
au numéro des leçons.)

D

E

F

G

I

L

M

Table des fiches de Prononciation/Intonation/
Structures/Communication

LES LANGUES MODERNES

L'ITALIEN EN 90 LEÇONS

par Vittorio Fiocca

L'italien pour vos examens, pour votre culture, pour vos voyages d'agrément, pour vos voyages professionnels.

Premier contact ? Perfectionnement ? Recyclage ? *La méthode 90* s'adresse aux débutants, aux étudiants, techniciens, cadres, hommes d'affaires.

Une présentation claire, méthodique, concrète, pour comprendre, parler, lire, écrire...

La version sonore de cette méthode comporte 5 cassettes (6 heures d'écoute).

LES LANGUES MODERNES / BILINGUE
Série italienne dirigée par Christian Bec

DINO BUZZATI
Barnabo des montagnes / Bàrnabo delle montagne
(François Livi - Michel Breitman)

DINO BUZZATI
Le K / Il Colombre
(François Livi)

ALBERTO MORAVIA
Portraits de femmes / Ritratti di donne
(Jean-Michel Gardair - Claude Poncet)

PIER PAOLO PASOLINI
Promenades romaines / Passeggiate romane
(Jean-Michel Gardair - Claude Henry)

Nouvelles fantastiques italiennes / Novelle fantastiche italiane
(François Livi)
LUIGI PIRANDELLO . ALBERTO SAVINIO . DINO BUZZATI . TOMASO LANDOLFI . ARRIGO BOITO...

Gens et paysages du Sud / Gente e paesaggi del Mezzogiorno
(Frédérique Grignani)

Mystères italiens / Misteri italiani
(François Livi) : à paraître.

LIRE EN ITALIEN

Collection dirigée par Henri Yvinec

L'Avventura ed altre storie

Novelle italiane del nostro secolo

L'Umiltà ed altri racconti

Le Lettere anonime ed altre storie

Italo Svevo : La novella del buon vecchio e della bella fanciulla

Composition réalisée par COMPOFAC - PARIS

IMPRIMÉ EN FRANCE PAR BRODARD ET TAUPIN
Usine de La Flèche (Sarthe).
LIBRAIRIE GÉNÉRALE FRANÇAISE - 6, rue Pierre-Sarrazin - 75006 Paris.
ISBN : 2 - 253 - 08555 - 3 30/8555/2